JGH Hoppmann

Berufshoroskop

Jobchancen

und

astrologische Prognose

ArsAstrologica

⊕ *Erde*
☉ *Sonne*
☽ *Mond*
☿ *Merkur*
♀ *Venus*
♂ *Mars*
♃ *Jupiter*
♄ *Saturn*
♅ *Uranus*
♆ *Neptun*
♇ *Pluto*
tr *Transit*
☌ *Konjunktion*
⚹ *Sextil*
□ *Quadrat*
△ *Trigon*
☍ *Opposition*
⊗ *Glückspunkt*

Herausgeber: Bookmundo Direct
Umschlaggestaltung, Buchsatz und Verlag:
ArsAstrologica, Krischelstraße 13, 02826 Görlitz
Gemälde auf Foto im Backcover:
Waltraut Geister, Jauernick-Buschbach
Vollkorn Variable Font: Friedrich Althausen, Schwielowsee
Lato font family: tyPoland Lukasz Dziedzic, Warszawa
StarFont: Anthony I.P. Owen, København

ISBN 978-9403623764

Zum Geleit

⊕

Die heutzutage in der westlichen Welt praktizierte Astrologie entstand in den 70er- und 80er-Jahren des 20. Jahrhundert, als Nachhall des Hippie-Zeitalters. Es war eine Zeit der Proteste gegen altherkömmliche, verstaubte und erstarrte Denkformen. Alternativen waren gefragt - und sind es auch heute noch.

Doch in jener Ära der Flow Power boomten die Jobmaschinen, herrschte kontinuierliches Wirtschaftswachstum. Damals war es viel leichter, aus dem bürgerlichen Leben auszusteigen und dann ein wie auch immer geartete Alternative durch gelegentliche, lukrative Jobs zu finanzieren. Das ist anders geworden. Spätestens mit den harten Folgen der weltweiten Globalisierung stellt sich nicht mehr die Frage, ob man aus dem System aussteigt, sondern wie man drin bleibt bzw. überhaupt hinein kommt.

Die folgenden Texte solle die Kluft zwischen blauäugiger Hippie-Astrologie und eiskalten Unternehmens-Astrologie überbrücken. Sie wenden sich an Arbeitssuchende, Teil- und Vollbeschäftigte sowie Freiberufler. Hier wird kein geschlossenes, spirituelles Weltbild vermittelt. Denn die Wirtschaftswelt ist nicht so. Diese astrologische Berufsprognose ist widersprüchlich wie das Leben selbst. Tabuthemen werden angesprochen, unfaire Methoden empfohlen. Es ist vielleicht nicht besonders edel, seine Ellenbogen zu gebrauchen. Aber es hilft beim Überleben im Haifischbecken der Berufswelt.

Möge Ihnen diese astrologische Berufsprognose, eine gründliche Überarbeitung meiner bereits 2001 veröffentlichten Fassung als Software-Deutungsprogramm, dabei helfen, sich mit der Wirklichkeit besser zu arrangieren. Willkommen im Jetzt und Hier auf Planet Erde!

Manchmal haben wir die Gelegenheit, einen Termin zu optimieren, nach vorne oder hinten zu verschieben. So soll zum Beispiel der astrologiegläubige Filmschauspieler Ronald Reagan, als er die Wahl zum Gouverneur Kaliforniens gewann, seine offizielle Vereidigung auf einen Zeitpunkt kurz nach Mitternacht gelegt haben. Später dann als amerikanische Präsident beauftragte er seine Astrologin Joan Quigley. Mit großer Akribie hatte sie die laufenden Konstellationen zu studieren. Präsidentengattin Nancy Reagan markierte danach den Terminkalender entsprechend mit grünen, gelben und roten Farben. So wurden unter anderem die wichtigen Termine für amerikanisch-russische Abrüstungsverhandlungen mit UDSSR-Präsident Michail Gorbatschow astrologisch ausgewählt.

Heutzutage sind Horoskopdeutungen für alle Menschen zugänglich. Die Berechnung nimmt uns der Computer ab. Wir können günstige Zeiten wählen, die Chancen scheinbar ungünstiger Zeiten erkennen und klug handeln. Mit ein wenig Selbsterkenntnis und Selbstverantwortung finden wir den rechten Weg.

Astrologie und konkrete Ereignisse

Astrologische Prognose beschreibt sehr exakt die für einen Menschen jeweils aktuellen Lern- und Entwicklungsaufgaben. In der Praxis, also exoterisch, handeln wir dann, erfahren Begegnungen mit Menschen, spüren tiefe Emotionen, erleben Glück und Leid. Wir leben das Leben. Wie jedoch die Ereignisse ganz konkret aussehen, hängt von zwei Faktoren ab: Zum einen von den Grundkonstellationen des Geburtshoroskops (Radix) und zum anderen von den ständig weiterlaufenden Bahnen der Planeten (Transite, Progressionen, Direktionen, Tertiär, Solar).

Unsere Persönlichkeitsanlagen, die den einzelnen Planeten- und Häusern des Horoskops zugeordnet sind, entwickeln sich immer weiter. Aus der Sichtweise der Astrologie ist der Mensch kein statisches Wesen, sondern ein energetisches Gebilde, sich fortwährend entwickelnd in Raum und Zeit.

Die Planeten und Achsen des Horoskops symbolisieren die Persönlichkeit mit all ihren Stärken und Schwächen. Die eigenen Charakteranlagen formen das Schicksal. Zugleich entwickelt sich die Seele an der Reibung mit dem Schicksal weiter.

Hier ein paar Stichworte zur praktischen Deutung: Die Sonne gibt Aufschluss über das persönliche Entfaltungspotenzial. Der Mond steht für Launen und Stimmungen. Kommunikation wird dem Merkur zugeordnet. Venus sagt im Berufshoroskop etwas über berufliche Beziehungen und das Betriebsklima aus. Mars symbolisiert Tatkraft und Durchsetzungsfähigkeit. Wachstumsmöglichkeiten und Motivation gehören zum Jupiter. Saturns Reich ist das der Struktur, Hemmung, Konzentration, Verantwortung und Konsequenz.

An der Position des Uranus liest der Astrologe plötzliche Veränderungen, Selbstständigkeit und Unabhängigkeit ab. Neptun steht für geheime Stärken und Sensibilität. Bei Pluto stellt sich die Frage der Macht. Am Aszendenten lässt sich das persönliches Auftreten sowie das Beziehungsverhalten ablesen. Medium Coeli gibt Aufschluss über gesellschaftliche Position, Karriere, Ämter und Würden.

Die astrologische Berufsprognose deutet die zeitlichen Auslösungen, die Ereignisse und Sensationen in Bezug auf das Geburtshoroskop. Empfehlenswert ist also gleichzeitig ein gründliches Studium der Radix-Deutungen - und vor allem die persönliche Beratung durch einen professionellen Astrologen. Prognose hat nur dann einen Sinn, wenn sie dem Menschen Hilfen zu besserem Verstehen und harmonischerem Entwickeln seiner inneren Fähigkeiten bieten kann: Wisse, was Du werden willst, dann wirst du, was du bist!

Planetenaspekte in der Prognose

Das richtige Timing für die Karriere

Dieses Deutungsbuch bündelt die Winkelverbindungen zwischen einem gerade am Himmel laufenden Gestirns (Transit) zu Himmelspositionen, die zur Zeit der Geburt des Horoskopeigners (Radix) aktuell waren in drei Gruppen: Neutral, Harmonie und Spannung.

Die neutrale Konjunktion ☌ (null Grad) eines Transitors über eine Radixposition intensiviert stets die Charaktereigenschaften. Im Berufsleben wird man zu diesen Zeiten zur Stellungnahme gezwungen, spürt bestimmte Fähigkeiten, Stärken und Schwächen überdeutlich. Die Konjunktion ist im Prinzip immer ein guter Aspekt, ein starker und mächtiger, der die besten Qualitäten aus einem herauskitzelt. Oft ist man sich zu dieser Zeit auch gar nicht so recht des eigenen Handelns bewusst. Man agiert spontan, unreflektiert, total aus dem Bauch heraus. Für die Kollegen, die Firmenleitung, die Kunden und die Arbeit ist diese eine Ausnahmesituation. Kurz gesagt: Man hat sehr viel Energie. Und die kann positiv oder negativ für die eigene Karriere und den Job eingesetzt werden. Wichtig ist, dass man klug und bewusst handelt. Und gerade das ist bei der Konjunktion oft nicht möglich. Der Blick in die astrologische Prognose kann zeigen, wie man diese kraftvollen Phasen dennoch gut übersteht, ohne allzu viel Unfug anzurichten.

Der Quadrataspekt □ (90 Grad) und die Opposition ☍ (180 Grad) gelten als schwierig, ebenso Unteraspekte Semiquadrat (45 Grad) und Sesquiquadrat (135 Grad), allerdings in stark abgeschwächter Form. Dazuzurechnen seien auch Konfinis (30 Grad) und Quincunx (150 Grad). Die bringen einen in immer wieder leicht paradoxe Lebenssituationen.

Die Opposition ist ein Begegnungsaspekt. Man stößt auf Widerstand, gerät in Konkurrenzsituationen. Meinung prallt auf Meinung. Die Kraft dieser Reibung ist explosiv. Es kommt leicht zum Streit. Allerdings ist dieser Aspekt, klug genutzt, ganz hervorragend für die Kontaktaufnahme. Man kann ihn im Marketing nutzen, in der Kunden-Akquisition oder bei offensiver Job-Bewerbung. Die Opposition von sanften Planeten wie Venus, Merkur oder Jupiter sei besonders zu empfehlen.

Eine Spannung des Quadrataspektes werden jedoch nur Meister der Diplomatie und absoluten Leistungsmenschen sinnvoll umsetzen. Wer eine schwierige Sache unbedingt durchboxen will, ein Arbeitstier ist und sogar große Mühen nicht scheut, der wird unter dem Transit-Quadrat z.B. von Saturn Widerstand und ganz besonderes Durchhaltevermögen entwickeln. Generell ist man unter solch einem Planetenaspekt mit sich selbst uneins.

Quadrat- und Oppositions-Transite ist anstrengend. Solche Zeiten fordern Höchstleistung. Stress ist unvermeidbar. Beim Timing für die Karriere sollte man daher zusehen, dass zeitgleich auch harmonische Planetenaspekte vorhanden sind. So kann die Spannung von Quadrat und Opposition gemildert werden.

Sextil ⚹ (060 Grad) und Trigon △ (120 Grad), das sind harmonische Aspekte, also sind Chancen, die genutzt werden dürfen. Und genau da liegt das Problem: Speziell das Trigon kann man als eine ruhige Zeit erleben, in der eigentlich gar nichts Besonderes passiert. Der Job läuft, ohne dass man sich groß drum kümmern muss. Allzu schnell stellt sich Bequemlichkeit ein. Man gewöhnt sich an ein Berufsleben ohne Stress und vergisst, sich fortzubilden und zu höheren Leistungen zu zwingen.

Das Trigon erlebt man oft in Form toleranter Vorgesetzter. Es werden einem ganz unverbindlich Angebote gemacht. Das Glück drängt sich nicht auf. Und es geht nach einiger Zeit wieder, wenn man es nicht packt. Wie positiv die Zeit eines Trigons oder Sextils (das etwas schwächer wirkt) war, merkt man oft erst im Nachhinein. Dann ist es aber zu spät.

Die harten Spannungsaspekte Quadrat und Opposition wirken auf die phlegmatischen Charaktere besonders positiv, stimulieren sie. Ein Stier, Krebs oder Fisch braucht die Spannung, um aus der Reserve zu kommen.

Die weichen Aspekte Sextil und Trigon kommen am besten bei Menschen zum Tragen, die aktiv, dynamisch und streitlustig sind. Skorpione, Wassermänner und Widder stehen meistens unter Strom. Ihnen tut es gut, mal ein wenig zu entspannen.

Besonders der Skorpion, besessen von einer fixen Idee, die er auf Teufel komm raus verkaufen will, wird sich über ein Trigon freuen. Endlich kann er ungehemmt sein Netz spinnen und lang gehegte Konzepte verwirklichen. Leistungsmenschen brauchen die Toleranz harmonischer Aspekte.

Zusätzlich zu den Planetenaspekten sei noch auf die Bewegung der laufenden Planeten durch die einzelnen Segmente des Geburtshoroskops hingewiesen. Diese Transite durch Radix-Häuser aktualisieren immer einen ganz bestimmten Lebensbereich. Dabei gibt es keine Einteilung in gut oder schlecht.

Mars-Transite bringen beispielsweise stets einen heftigen Energieschub mit sich. Auseinandersetzungen können die Folge sein, beispielsweise Streit mit Vorgesetzten (10. Haus), der Lohnbuchhalterin (2. Haus) oder mit Untergebenen (6. Haus). Positiv eingesetzt kann man bei solchen Mars-Transiten eine höhere Position auf der Karriere-Leiter erkämpfen (10. Haus), sehr viel Geld machen (2. Haus) oder die eigene Arbeitssituation zu verbessern (6. Haus).

Es gibt bei den Transiten durch die Häuser also kein Gut oder Schlecht, sondern nur ein Wie. Die folgenden Texte werden Ihnen eine Vielzahl an Tipps geben, wie Sie zur richtigen Zeit das Richtige für ihr berufliches Vorwärtskommen tun können.

»Das Wetter ist eigentlich nie verkehrt. Man ist nur manchmal falsch angezogen.« Dieser Spruch gilt auch für die stellaren Klimaverhältnisse. Es gibt eigentlich keine wirklich guten oder schlechten Tage. Jede Planetenkonstellation hat ihre besonderen Qualitäten. Jede Zeit hat ihre eigenen Chancen. Man muss sie nur erkennen. Das ist doch eigentlich ganz astro-logisch, oder?

Zyklen der Sonne

☉

Persönliches Entfaltungspotenzial

Der Lauf der Sonne in der Prognose erhellt die jeweiligen Bereiche unseres Geburtshoroskops. Im Gegensatz zu allen anderen Planeten und Lichtern führt ein Transit unseres Zentralgestirns fast immer zu einem konkreten Ereignis. Wenn man sich das Leben als eine Theaterbühne vorstellt, dann ist die Sonne der Spot, der hell gleißende Punktstrahler, der die Blicke des Publikums auf die Schauspieler lenkt.

Die Transite der Sonne durch ein Radix-Haus dauern im Schnitt 30 Tage. Unser persönliches Entfaltungspotenzial ist während dieses Zeitraums genau in dem Lebensbereich am größten, der diesem Teil unserem Geburtshoroskop entspricht. Sonnentransite über spezielle Positionen der Lichter, Planeten und Achsen des Horoskops sind sehr kurz und heftig. Man kann eine Geltungsdauer von zwei bis drei Tagen veranschlagen. Spezielle Facetten unseres Charakters werden energetisch aufgetankt.

Kommt die laufende Sonne beispielsweise über die Himmelsmitte (Medium Coeli) des Geburtshoroskops, wird es man verstärkt mit Vorgesetzten und Behördenvertretern zu tun haben. Zugleich winkt einem Erfolg bei allen Aktivitäten, welche die eigene Person in den Glanz öffentlicher Anerkennung stellen. Sonnentransite (und unter ihnen speziell die Konjunktionen) bringen unsere Persönlichkeitsanteile ganz sichtbar auf die Bühne des Lebens. Plötzlich erleben wir Menschen, von denen wir uns innerlich sagen »Da bist ja eigentlich du«.

Generell gilt, dass die Sonnentransite Selbstbewusstsein verleihen. Wenn wir nach günstigen Tagen für Vorhaben suchen, die unsere persönliche Präsenz erfordert, dann sollten wir auf die Gunst der Sonne vertrauen.

Sonne tr Haus I.

Ellenbogen gebrauchen

Ein paar Wochen geht die Sonne jetzt durch Ihr erstes Horoskophaus. Sie sind beeindruckend im persönlichen Auftreten, ichbezogen, mit starker körperlicher Vitalität, ungeduldig im Handeln und streitbar. Nutzen Sie diese Zeit, um Ihre ganz persönlichen Interessen durchzusetzen. Sie haben sehr viel Mut und geben eine glänzende Erscheinung ab.

Sonne tr Haus II.

Sich absichern

Wenn die Sonne durch das zweite Haus geht, möchten Sie in Gelddingen die Weichen neu stellen. In allen materiellen Angelegenheiten sind Sie äußerst kreativ. Sie schaffen Sicherheit, zuerst einmal für sich selbst, aber auch für Ihre Firma. In keiner anderen Zeit des Jahres können Sie derart erfolgreich Lohnverhandlungen führen und Geldgeschäfte tätigen.

Sonne tr Haus III.

Kontakte herstellen

Mit der Sonne im dritten Haus wird es Ihnen gelingen, die Isolation zu durchbrechen. Sie sind nicht mehr nur auf diejenigen Menschen angewiesen, die Sie bislang kennen. Selbstbewusst bauen Sie neue Kontakte auf. Kurze Geschäftsreisen. Schriftverkehr. Feilscherei. Rabattvorteile. Vorteile durch Handel und Marktobservation.

Sonne tr Haus IV.

Heimisch werden

Der Sonnentransit durch das vierte Haus eignet sich hervorragend zum Erwerb und Handel mit Immobilien. Sie könnten in dieser Zeit z.B. auch als Location Scout arbeiten, d.h. coole Plätze für Film-Dreharbeiten oder besondere Festivitäten auskundschaften. Wer gerade erst in einer Firma neu angefangen hat, sollte sich nun verstärkt mit der Corporative Identity vertraut machen, mit der Firmenidentität und dem kollektiven Selbstverständnis der Mitarbeiter.

Sonne tr Haus V.

Alles zeigen

Mit dem Sonnentransit durch das fünfte Haus steigt für ein paar Wochen die Lust, selbstständig und eigenverantwortlich zu arbeiten. Auch hat man überhaupt keine Scheu vor der Öffentlichkeit. Melden Sie sich für Verkaufsveranstaltungen, den Messebesuch oder Vorträge vor der Hauptversammlung der Aktionäre. Publikum haben Sie dort genug.

Sonne tr Haus VI.

Fehler finden

Wenn die Sonne durch das sechste Haus geht, macht es Ihnen überhaupt nichts aus, auch mal in eine dienende Position zu gehen oder Auftragsarbeiten anzunehmen. Gerade in Spezialbereichen können Sie zeigen, wie qualifiziert Sie wirklich sind.

Übrigens ist diese Zeit auch ganz hervorragend für die Innenrevision geeignet. Sie finden ziemlich schnell heraus, wie sich die betrieblichen Abläufe optimieren lassen. Reden Sie mit den Leuten. Nehmen sie ihre Klagen ernst. Das bezieht sich auch auf die Fehlersuche in der Produktion, also z.B. Debugging von Computersoftware-Programmierungen.

Sonne ^{tr} Haus VII.

Verträge abschließen

Mit der Transit-Sonne im siebten Haus interessiert man sich grundsätzlich für andere Menschen. Man ist selbstbewusst im Kontakt mit dem Du, in Partnerschaften, reibt sich an offenen Feinden, beispielsweise der Konkurrenz oder Mitbewerbern um einen lukrativen Posten, hat jetzt aber auch das Talent, Gegner zu Freunden und Konkurrenten zu Mitstreitern umzuwandeln. In Gerichtsprozessen gelingt einem in dieser Sonnen-Phase oftmals der Vergleich, eine einvernehmliche Regelung ohne Richterentscheid.

Sonne ^{tr} Haus VIII.

Durchblick bekommen

Der Transit der Sonne durch das achte Haus bringt es mit sich, dass man die realen finanziellen Verhältnisse von Partnern und Klienten in sehr viel helleren, vielleicht sogar grellem Licht sieht. Das ist auf den ersten Blick nicht immer schön.

Ein stärkeres Selbstbewusstsein und vor allem viel Neugierde hilft, den Kontakt mit dem Dunklen, der Manipulation, verborgenen Pleiten, aber auch versteckten Konten und einbehaltenen Gewinnen erträglich zu halten. Es ist so, als ob Sie im Tresorraum einer Bank stehen und mit der Röntgenbrille in private Schließfächer hineinschauen können.

Sonne tr Haus IX.

Weit reisen

Es sind nur ein paar Wochen, in denen die Sonne durch das neunte Horoskophaus geht. Aber die werden Ihnen guttun. Sie strahlen Optimismus aus. Vergünstigungen nehmen Sie gerne an. Und sie würden am liebsten von heute auf morgen die Zelte abbrechen. All dies lässt sich durchaus mit dem Berufsleben unter einen Hut bringen. Nehmen Sie Bildungsurlaub. Gehen Sie auf einen Fortbildungskongress.

Lassen Sie sich kurzfristig in die Filiale nach Übersee versetzen. Heuern Sie auf einem Schiff an, oder einem Vergnügungspark als Animateur. Zu hoch gesteckte Ziele? Finden Sie irgendetwas, das Ihren Horizont erweitert. Schon eine Idee? Na seh'n Sie!

Sonne tr Haus X.

Anerkennung ernten

Wenn die Sonne durch das zehnte Haus geht, treten Sie sehr viel selbstbewusster in öffentlichen Einrichtungen auf. Sie brauchen jetzt die Arbeit in Hierarchien, sind statusorientiert, bis hin zum Kastendenken. All dies dient dazu, beruflich weiterzukommen, Macht und Einfluss zu erlangen.

Sie wollen es jetzt wirklich wissen. Zwangsläufig werden sich gewisse Leute in ihrem bequemen Posten bedrängt fühlen. Sie müssen mit Anfeindungen und Widerstand rechnen. Na ja, da müssen Sie halt durch.

Sonne ^{tr} Haus XI.

Sich solidarisieren

Der Transit der Sonne durch das elfte Haus macht Sie selbstbewusst im Verein mit Gleichgesinnten. Ein starker Kontakt zu Leuten, die auf Ihrer Welle sind, hilft ungemein. Allerdings könnten Sie auch Enttäuschungen erleben. Niemand akzeptiert Sie jetzt sofort als Chef. Fügen Sie sich in ein Team ein. Ihre soziale Kompetenz ist gefragt. Hierarchien sind jetzt vollkommen unwichtig, stören nur.

Sonne ^{tr} Haus XII.

Abstand finden

Mit dem Transit der Sonne durch das zwölfte Haus kommt es zu einem freiwilligen oder unfreiwilligen Rückzug. Man reibt sich an versteckten Feinden oder äußeren Umständen, die nicht so leicht zu verändern sind. Nutzen Sie diese Zeit, um im Hintergrund zu arbeiten. Diese zeitweilige Isolation hilft Ihnen, Dinge aus einer distanzierten Warte zu betrachten und neue Pläne zu schmieden. Eine gute Gelegenheit, um neue Projekte vorzubereiten. Sondieren Sie das Gelände. Analysieren Sie den Markt. Halten Sie sich nach außen hin bedeckt.

Sonne ^{tr} Sonne ☌

Feiertag

Herzlichen Glückwunsch zum Geburtstag! Dies ist ein Tag zum Feiern. Starten Sie eine große Party und laden Sie alle Freunde ein. Der Sekt soll in Strömen fließen. Die Musik kann nicht laut genug sein. Sie steigen auf den Tisch und tanzen wie noch nie. Gut so. Aber muss das alles schon morgens um neun in der Firma starten?

Wenn sie Alleininhaber sind und es sich leisten können, den Respekt Ihrer Angestellten und Kunden aufs Spiel zu setzen, dann hoch die Tassen.

Als Angestellter hingegen trumpfen Sie jetzt besser durch betont dezentes Verhalten auf. Ein kurzes Dankeschön für die Glückwünsche der Mitarbeiter. Und schon geht es wieder ans Tagesgeschäft. Ein kleiner Umtrunk nach Feierabend. Mehr nicht. Der Chef wird ganz angetan sein von Ihrer zurückhaltenden und disziplinierten Art. Und er merkt nicht, dass Ihnen diese Bescheidenheits-Show insgeheim großes Vergnügen bereitet. Loswerden können Sie ihn immer noch. Aber erst dann, wenn Sie endlich Prokurist sind, die Führung dieses Saftladens übernommen haben. Der Tag wird kommen!

Sonne ^{tr} Sonne □ ☍

Eigenblindheit

Die Transit-Sonne in Spannung zu ihrer Radixposition sollte Sie zum Nachdenken bringen. Wo sind Sie eigen-blind? Stimmen Selbstbild und Fremdbild wirklich überein? Tappen Sie nicht in die Egofalle! Sie stehen sich damit nur selbst im Wege.

Nehmen Sie sich für einen Tag zurück. Misstrauen Sie allen, die Ihnen jetzt schmeicheln. Statt Eitelkeit sollten Sie auf Herzlichkeit setzen. Dann wird man Ihre Autorität in der Firma bald wieder hergestellt sein.

Sonne tr Sonne ⚹ △

Schöpferkraft

Harmonische Transite der Sonne zu ihrer Ausgangsposition stärken das Ego. Ihre Ausstrahlung ist sehr gut. Man möchte mehr von Ihrer Persönlichkeit erleben. Sie haben Führungsqualitäten.

Ein guter Tag für alle Tätigkeiten, die Freude machen und selbstständige Entscheidungen verlangen. Mit der Kraft von zwei Herzen können Sie andere Menschen überzeugen. Kreative und Künstler spüren diese positive Zeitqualität ganz besonders gut.

Sonne tr Mond ☌

Klimaveränderung

Bei Mond im Transit über der Sonne geht es vor allem um die Atmosphäre am Arbeitsplatz, das Verhältnis zu Kollegen und Mitarbeitern. Sie können darauf Einfluss nehmen. Wenn Sie das Betriebsklima verändern wollen, dann tun Sie es doch! Das Ergebnis Ihrer Bemühungen lesen Sie umgehend in den Gesichtern Ihrer Mitmenschen ab.

Sie werden es nicht ganz schaffen, eine vertraute Atmosphäre herzustellen. Die Erfahrungen Ihrer Kindheit spielen immer mit hinein. Auch das Negative. Seien Sie also flexibel und bei aller Tatkraft auch zurückhaltend. Zwingen Sie Ihren Kollegen nicht zu viel Vertrautheit auf. Sonst erreichen Sie das Gegenteil von dem, was Sie eigentlich beabsichtigen.

Sonne tr Mond □ ☍

Gegen einander

Spannungsaspekte zwischen Transit-Sonne und Mond stören die betriebliche Zusammenarbeit. Wenn Sie ihren Willen rücksichtslos durchsetzen, spielen die Kollegen nicht mit. Anstatt sich darüber zu ärgern, sollten sie lieber ein wenig gefühlvoller und mit mehr Rücksicht agieren. Außerdem sind Sie selbst zur Zeit ganz schön launisch.

Im Prinzip wäre es besser, sich heute überhaupt nicht in den Mittelpunkt zu drängen. Geht das, können Sie das?

Sonne tr Mond ⚹ △

Hammer und Amboss

Die harmonischen Transite von Sonne zu Mond sind äußerst günstig für alle Aktivitäten, die Sie selbst in die Hand nehmen. Die Leute um Sie herum arbeiten nicht gegen, sondern für Sie. Wenn Sie wie ein Hammer die Impulse setzen, schaffen Sie Klarheit. Und da sind dann noch die anderen, die als Amboss die Schläge aufnehmen, keine Sperenzchen machen, sondern die ihnen zugewiesene Position einnehmen.

Die Rollenverteilung stimmt. Sie sind in der Lage, klare und eindeutige Anweisungen zu geben. Das verlangt man von Ihnen. Und das können Sie auch leisten. Heute ganz bestimmt.

Sonne ^{tr} Merkur ☌

Wortführerschaft

Mit der Transitsonne über Merkur sind Sie äußerst kommunikationsstark. Sie halten mit Ihrer Meinung nicht hinter dem Berg. Wenn Sie lachen, dann laut und deutlich. Zur Zeit sind Sie wirklich sehr präsent, vielleicht sogar über-präsent. Aus lauter Freude darüber, dass ihre Schüchternheit verflogen ist, bestimmen Sie Verlauf und Thema des Gesprächs. Dass Ihr Gegenüber dabei noch hin und wieder zu Wort kommt, ist wirklich erstaunlich.

Nutzen Sie diesen Tag für schwierige Außenkontakte. Dort bietet sich Ihnen genug Freiraum und Sie können Ihr Ego gekonnt einsetzen. Als Repräsentant Ihrer Firma geben Sie ein ganz passables Bild ab.

Sonne ^{tr} Merkur □ ☍

Neunmalklug

Die harten Sonnen-Transite zu Merkur machen es fast unmöglich, ein sachliches Gespräch zu führen. Entweder ist der andere zu begriffsstutzig oder Sie sind zu eitel. Wenn Sie Chef eines Unternehmens sind, gilt das Erstere.

Als Angestellter sollten Sie stets von Letzterem ausgehen - falls Ihnen Ihre Karriere lieb ist. Dieser Sonnentransit geht oft mit technischen und logistischen Problemen einher. Ursache dafür kann eine problematische Kommunikationsstruktur sein. Wenn einzig und allein die Hackordnung unter den Mitarbeitern bestimmt, wer Recht hat, kommt es zwangsläufig zu Informationsdefiziten.

Sonne ^{tr} Merkur ⚹ △

Klar und deutlich

Die harmonischen Transite von Sonne zu Merkur gehen mit einer gewissen Lässigkeit einher. Man ist so selbstsicher, dass man völlig locker und souverän auf den anderen zugehen kann. Die Gespräche gestalten Sie sachlich, aber immer mit einem gewissen Charme. Es dürfte sogar richtig herzlich werden.

Vor allem aber gibt es kaum Missverständnisse. Man legt einfach alle Fakten auf den Tisch. Und dazu gehört es auch, die eigenen Interessen unmissverständlich zum Ausdruck zu bringen. Das schreckt keineswegs ab. Ihr Gegenüber weiß, auf wen er sich einlässt. Aus diesem Grunde eignet sich diese Konstellation auch für Vertragsverhandlungen.

Sonne ^{tr} Venus ☌

Hoher Sympathiefaktor

Der Transit von Sonne über Venus zeigt klar und deutlich auf, wie Sie Ihre Beziehungen gestalten und wie es momentan um Ihren Sympathiefaktor bestellt ist. Letzteres ist im Berufsleben überaus wichtig, bestimmt beispielsweise Kaufentscheidungen zwischen vergleichbaren Produkten, gilt für politische Wahlen, wenn sich die großen Parteien in ihren Zielen nicht sonderlich unterscheiden.

Überall dort, wo es ein Überangebot auf dem Markt gibt, gibt Sympathie den Ausschlag. Sie können dieser Tage ganz bewusst Einfluss darauf nehmen und so Ihre ganz persönlichen Chancen auf dem Arbeitsmarkt steigern. Dass Sie momentan zu Bequemlichkeit neigen, ist die Schattenseite dieser Konstellation.

Sonne tr Venus □ ☍

Unlustgefühle

Bei Transit-Sonne im Spannungsaspekt zu Venus schwankt die Palette von übertriebener Eitelkeit bis hin zu absolutem Widerwillen. Beides sind zwei Seiten der gleichen Medaille. Wenn Sie in diesen Tagen ein Kleidungsstück kaufen, werden Sie damit entweder eine vermeintliche Hässlichkeit kompensieren wollen oder sich unbewusst etwas zulegen, das absolut nicht zu Ihrem Typ passt. Auf jeden Fall werden Sie das gute Stück in ein paar Tagen in den Schrank legen. Für immer. Früher oder später landet es dann in der Altkleiderspende.

Übertragen Sie dieses Beispiel auf Ihren Beruf. Natürlich können Sie diesem oder jenem jetzt schlecht sagen, dass Sie ihn bzw. seine Produkte oder Anliegen unsympathisch finden. Aber Sie denken es. Sagen Sie Meetings ab. Schieben Sie irgendeine Unpässlichkeit vor. Aufgeschoben ist nicht aufgehoben. Puh, noch einmal davongekommen!

Sonne tr Venus ⚹ △

Reines Vergnügen

Sonne im harmonischen Transit zu Venus ist eine ganz und gar verführerische Konstellation. Im Prinzip macht alles, was Vergnügen verspricht, entweder dick oder ist verboten. Doch man gönnt sich ja sonst nichts. Nicht so zimperlich sein. Man kann es sich ja leisten. Und will auch gezeigt sein.

Dies Konstellation ist hervorragend geeignet für alle Verkäufer und Mitarbeiter in der Unterhaltungsbranche, im Modegewerbe, in Konditorei und Eiscafé, der Erotikindustrie und vergleichbaren Einrichtungen. Lassen Sie Ihre Fantasie schweifen. Schauen Sie der Sünde scharf in die Augen. Halten Sie stand! Und wenn Sie dann doch einmal schwach werden sollten, können Sie hinterher immer noch beichten gehen. Ach, ist das Leben schön!

Sonne ^{tr} Mars ☌

Einsame Entscheidung

Transit-Sonne über Mars bringt immer brenzlige Ereignisse. Ganz phlegmatische, ängstliche oder sonst wie passive Gemüter werden durch Unfälle, technische Störungen oder Aggressionen dritter überrascht. Wer aber auch nur halbwegs aktiv sein Berufsleben gestaltet, wird in diesen Tagen laut aufjubeln. Keine Konstellation ist besser geeignet, die Verhältnisse aktiv umzugestalten. Damit die Dinge besser werden!

Sie fragen jetzt nicht mehr. Sie warten auch nicht ab. Sie tun einfach etwas. Und wenn es das Falsche war, dann wird halt etwas anderes probiert. Bitte Sie die Geschäftsleitung um Teilnahme an besonders schwierigen Projekten, die sofort erledigt werden müssen und keinen Aufschub dulden. Oder handeln sie ohne fremden Auftrag.

Natürlich müssen Sie die Konsequenzen Ihres Handelns verantworten. Später dann. Das alles ist immer noch besser, als von den Ereignissen überrannt zu werden. Also los!

Sonne ^{tr} Mars □ ☍

Hauen und Stechen

Die harten Spannungsaspekte von Sonne zu Mars haben oft etwas mit Autoritätskonflikten zu tun. Sie geraten irgendwo hinein, wo die Hackordnung nicht stimmt. Und deshalb arbeiten die Leute gegeneinander. Die Folge ist ein sinnloses Konkurrenzdenken, in einem Unternehmen höchst kontraproduktiv.

Man könnte Ihnen jetzt raten, nicht auf jede Provokation einzugehen. Doch diese Gestirnskonstellation ist nun einmal überhaupt nicht mit dem Kopf zu steuern.

Sie könnten sich nur selbst austricksen. Ganz bewusst. Sagen Sie sich innerlich, dass Sie den anderen abblitzen lassen, gerade um ihn zu ärgern. Soll der vor Wut kochen! Das hat der nun davon. Sie bleiben cool und souverän.

Sonne ^{tr} Mars ⚹ △

Große Taten

Mit der Sonne im harmonischen Aspekt zu Mars sammeln sich die vier Musketiere und erobern die Märkte dieser Welt, sind statt mit Pferd und Degen mit Porsche und Laptop ausgestattet. Diese Konstellation ist ganz hervorragend für Teamwork geeignet. Sie ist dynamisch und von außerordentlichem Sportsgeist beseelt. Konkurrenz wird als Stimulans empfunden. Der Beste wird siegen. Knallhart, aber fair.

Das einzige Problem dieser Konstellation ist die Unbedarftheit, mit der man an neue Projekte herangeht. Das wahre Ausmaß der damit verbundenen Probleme wird oft unterschätzt. Aber wenn dem nicht so wäre: Hätte man dann überhaupt angefangen? Mut hat auch immer ein bisschen mit Torheit zu tun. Na und?

Sonne ^{tr} Jupiter ☌

Große Gönner

Die Transit-Sonne über Jupiter zeigt ganz deutlich, wie Sie sich Unterstützung holen können und was Sie tun, wenn wirklich jemand Ja zu Ihnen sagt. Dies ist keine einfache Situation. Oft genug erlebten Sie, dass vollmundige Angebote zurückgezogen wurden, dass man Sie von einem Tag auf den anderen fallen ließ und Sie im Regen standen. Wie werden Sie also aufgrund Ihrer bisherigen Erfahrungen reagieren?

Jeder braucht Sponsoren. In der Kindheit waren das oft die liebe Tante oder ein Onkel, der einem hier und da etwas zusteckte. Personen also, zu denen man immer kommen konnte, denen man sein Leid klagte, wo es nie an Verständnis fehlte. Geblieben ist der naive Glaube an den Weihnachtsmann. Sie müssen nun selbst entscheiden, ob sie sich auf solche Beziehungen weiter einlassen wollen.

Gönnern gegenüber nimmt man gewöhnlich die Rolle des Günstlings ein. Von da ist es nicht mehr weit zur Rolle des Lakaien. Doch sollte man allein aus diesem Grunde jeden großzügigen Menschen mit Skepsis betrachten?

Sonne ^{tr} Jupiter □ ♂

Schaumschlägerei

Der harte Transit von Sonne zu Jupiter sprengt die herkömmlichen Dimensionen und Proportionen. Nur äußerst selten entsteht unter diesem Gestirn etwas Substanzielles. Leute schmücken sich mit nichtssagenden Titeln wie Honorarkonsul, Generalvertreter oder Ehrenprofessor. Andere sprechen von Zusicherungen oder Absichtserklärungen großer Banken oder Firmen. Was steckt dahinter?

Wenn Sie jetzt gedrängt werden, sehr schnell sehr viel Geld zu investieren, wenn blindes Vertrauen von Ihnen gefordert wird und von Glauben und Positivem Denken die Rede ist, dann sollten Sie zu Recht misstrauisch sein.

Sonne tr Jupiter ⚹ △

Wird schon werden

Harmonische Transite der Sonne zu Jupiter sind eigentlich immer glückhaft. Man gibt den Menschen eine Chance, liefert sich aber nicht völlig aus. Letztendlich vertraut man auf die eigene Kraft und lehnt sich nur so weit aus dem Fenster hinaus, wie es aufgrund der eigenen Position möglich ist. Und das an sich ist schon sehr viel.

Diese Konstellation eignet sich sehr gut für Kooperationsabkommen. Sie treffen auf Menschen, die ähnliche Ziele verfolgen. Und Sie finden einen Weg, miteinander vertrauensvoll umzugehen. Leben und leben lassen. Aber noch mehr: Zusammenarbeit zum gegenseitigen Nutzen. Aber ohne fatale Abhängigkeiten!

Sonne tr Saturn ☌

Wertmaßstäbe

Der Transit der Sonne über Saturn zeigt Ihnen Ihre Schwächen auf. Und er macht deutlich, wie Sie in den vergangenen Jahren gelernt haben, damit umzugehen. Dies ist auf zweierlei Weise möglich. Zum einen müssen Sie sich weiterhin bemühen, alte Mankos und Verletzungen körperlicher oder seelischer Art durch kontinuierliche Arbeit an sich selbst auszugleichen. Durch Fleiß und Mühe entwickeln Sie gerade in diesem Lebensbereich außerordentliche Fähigkeiten.

Zum anderen haben Sie im Umgang mit Autoritäten über die Jahre Geschick entwickelt. Was früher einmal, als Sie klein und hilflos waren, Vater und Mutter darstellten, kommt Ihnen heutzutage in Form von Regeln und Gesetzen, Vorgesetzten und Behördenvertretern, Prüfungsdiplomen und Geschäftsbilanzen entgegen.

Seien Sie kein Kind! Bauen Sie ein eigenes, unabhängiges Wertesystem auf. Und machen Sie es zur Maxime Ihres Handelns. Planen Sie Ihre eigene, ganz persönliche Lebenskarriere, unabhängig von äußeren, gesellschaftlich vorgegebenen Normen und Maßstäben.

Und werden Sie bitte trotz allem nicht selbstgerecht!

Sonne ^{tr} Saturn □ ☍

Enge Grenzen

Wenn die transitierende Sonne Spannungsaspekte zu Saturn bildet, wird einem klar, dass der Beruf zwar Sicherheiten bietet, aber auch ganz schön einschränkt. Innerlich rebelliert es heftig. Äußerlich kommt es zu Autoritätskonflikten. Ob Sie dabei die Rolle des Rebellen oder des Spießers einnehmen, sei dahingestellt. Beides bietet Möglichkeiten.

Letztendlich ist nur wichtig, dass Sie in diesen Tagen unleidlich sind, nicht sonderlich gut drauf. Es wird einfach anstrengend, so sehr Sie sich auch bemühen. Deshalb ist es klug, wichtige Verabredungen auf einen späteren Zeitpunkt zu verschieben. Setzen Sie sich heute nicht übermäßigen Belastungen aus. Das übersteigt Ihren Rahmen.

Sonne ^{tr} Saturn ⚹ △

Aufgabenverteilung

Die günstigen Aspekte der transitierenden Sonne zu Saturn führen eigentlich stets dazu, dass man für seinen Fleiß und Realitätssinn in der einen oder anderen Weise belohnt wird. Wenn Sie unter diesem Gestirn eine Auszeichnung erhalten oder Ihnen guter ein Job angeboten wird, dann hat das nur Hand und Fuß. Und Sie haben es sich auch verdient.

Wie sagt der Volksmund doch so schön: »Bescheidenheit ist eine Zier, doch weiter kommt man ohne ihr.« Stellen Sie Ihr Licht also nicht unter den Scheffel. Wenn zur Zeit der eine oder andere interessante oder lukrative Posten vakant ist, dann bewerben Sie sich ruhig. Stellen Sie sich in den Mittelpunkt. Wie sonst sollen Headhunter wissen, dass Sie zur Verfügung stehen?

Sonne tr Uranus ☌

Lotterie

Wenn die Sonne über Uranus steht, muss alles sehr, sehr schnell gehen. Oder es passiert überhaupt nichts und gähnende Langweile beherrscht das Parkett. Mit anderen Worten: An diesem Tag können Sie testen, ob Sie für den Beruf des Börsenmaklers geeignet sind.

Was sonst noch? Grandiose Möglichkeiten, endlich Rabatz zu machen und dem Chef seinen ganzen Krempel vor die Füße zu werfen. Schon morgen werden Sie es vermutlich bitter bereuen.

Aber wer denkt schon an morgen. Sie etwa? Na, das ist ja erstaunlich!

Sonne tr Uranus □ ☍

Verrücktmacher

Spannungsaspekte der Transit-Sonne zu Uranus machen alles dermaßen einfach, dass eigentlich nichts schief gehen kann. Und gerade deshalb passieren unter diesem Gestirn die meisten Fehler.

Man verlässt sich auf die Technik, schreibt zwischendurch irgendwelche Telefonnummern und Notizen auf Zettel, die man nicht wiederfindet, bringt rechts/links bzw. oben/unten durcheinander, gerät mit Leuten in Kontakt, die in Windeseile etwas veranstalten, was überhaupt nicht funktioniert und nur Verwirrung stiftet.

Nur wenn Sie jetzt wirklich hellwach sind und mit doppelter Sicherung arbeiten, können Sie das Schlimmste verhindern. Humor ist, wenn man trotzdem lacht.

Sonne ^{tr} Uranus ⚹ △

Freiberuflich

Harmonische Aspekte zwischen Sonne und Uranus sind ein Segen.

Es gibt wohl keinen besseren Zeitpunkt, um das Leben leicht zu nehmen. Sie leben ganz in der Gegenwart, im Hier und Jetzt.

Wenn Sie von einer selbstständigen Tätigkeit träumen, dann kommen Sie heute diesem Ziel ein Stückchen näher.

Sie verzichten auf überflüssige Absicherungen, kehren Ihre Rolle nicht so heraus, können über sich selbst lachen. Die größte Stärke dieses Tages ist die Fähigkeit, offen und ohne Forderungen auf andere Menschen zuzugehen.

Sonne ^{tr} Neptun ☌

Traum und Wirklichkeit

Transitiert die Sonne über Neptun, dann ist Ihre Fantasie ganz besonders stark ausgeprägt.

Vielleicht schaffen Sie es, davon ein Stückchen in Ihr Berufsleben herüberzuretten, beispielsweise durch Kreativität. Menschen, die in sozialen oder musischen Berufen arbeiten, welche ein besonderes Feingefühl erfordern, werden diese Tage ganz besonders genießen.

Allerdings spüren Sie jetzt auch, wie angreifbar Sie sind. Haben Sie sich aus Angst oder falscher Scham den Kollegen am Arbeitsplatz untergeordnet, dann wird man Sie das überdeutlich spüren lassen. Ihre offene Flanke nutzen manche der lieben Mitarbeiter schamlos aus.

Beobachten Sie die Situation. Versinken Sie nicht in Selbstmitleid. Nehmen Sie sich statt dessen lieber vor, in Zukunft Ihre verborgenen Stärken vermehrt einzusetzen.

Sonne tr Neptun □ ☍

Schludrigkeit

Harte Transite der Sonne zu Neptun zwingen Sie, deutlicher Stellung zu nehmen. Unklare Verhältnisse werden zunehmend zum Problem. Ihr Beruf hat Seiten, mit denen Sie sich nicht so gerne beschäftigen. Die Ablage bleibt liegen. Der Werkzeugschrank ist nicht aufgeräumt. Rechnungen wurden nicht bezahlt.

Mit gewissen Leuten sprechen Sie nicht gerne. Irgendwo gibt es ein Leck, das lange schon repariert werden sollte. Die Liste ließe sich endlos fortsetzen.

Ihre Schludrigkeit könnte Ihnen zum Verhängnis werden. Wenn Sie nicht etwas sorgfältiger arbeiten, machen Sie sich heute mehr Arbeit, als Ihnen lieb ist. Räumen Sie also ein bisschen auf. Und gehen Sie früh schlafen. Sie werden interessant träumen.

Sonne tr Neptun ⚹ △

Sanfte Autorität

Harmonische Aspekte der Transit-Sonne zu Neptun machen es Ihnen leicht, Ihre kleinen Spinnereien und Eigenarten in der beruflichen Alltagswelt einzuflechten. Sie sind höchst fantasievoll. Und Sie haben ein hervorragendes Gespür für die kleinen Sorgen und Nöte der Kollegen. Als stillschweigende Gegenleistung nehmen Sie sich die Freiheiten heraus und fordern ganz bestimmte Leistungen. Und Sie tun das nicht heimlich, sondern ganz offen.

Erstaunlich ist das Selbstbewusstsein, mit dem Sie vorgehen. Und deshalb wird man Ihnen mit Respekt begegnen. Wenn es Ihnen gelingt, einen sanften Führungsstil zu etablieren, stehen Ihnen bald noch ganz andere Wege offen.

Sonne tr Pluto ☌

Machtposition

Mit der Transit-Sonne über Pluto werden Sie so oder so in die Konfrontation gezogen. Etwas muss sich verändern. Die Frage ist nur, ob das Zukünftige Ihrem Geschmack entspricht. Wenn Sie ein Wörtchen mitreden wollen, müssen Sie eine klare Meinung haben. Untergründige Kritik oder eine trotzige Verweigerungshaltung werden Sie diesem Ziel nicht näher bringen.

Wenn Sie sich heute zu sehr auf eine ganz bestimmte Person fixieren, um Ihren ganz persönlichen Rachefeldzug auszufechten, dann dürfen Sie das ruhig tun. Eine Veränderung zum Positiven erreichen Sie damit jedoch nicht. Dazu müssen Sie nämlich erst einmal in eine Machtposition gelangen. Und das geht nur mit konstruktivem Verhalten und langem Atem.

Sonne [tr] Pluto □ ☍

Umkehren!

Die Spannungsaspekte der transitierenden Sonne zu Pluto konfrontieren Sie letztendlich immer nur mit Ihrem eigenen Dickschädel. Das ist traurig, aber wahr. Sie erkennen wieder einmal, dass Sie sich ein ganz klein bisschen verrannt haben. Ein bisschen sehr sogar ...

Aus solchen Sackgassen kommt man stets nur im Rückwärtsgang heraus. Je unauffälliger und dezenter Sie die Karre aus dem Dreck ziehen, desto eher spüren Sie wieder festen Boden unter den Füßen.

Sonne [tr] Pluto ⚹ △

Pokerface

Die harmonischen Transitaspekte der Sonne zu Pluto sichern Ihre Machtposition. Es ist gut, wenn man nicht allzu vertraulich mit seinem Wissen umgeht und die Gegner über die eigene Strategie weitgehend im Unklaren lässt.

Das gleiche Verhalten lässt sich auch gegenüber Vorgesetzten oder im Kollegenkreis erfolgreich anwenden. Sie planen große Veränderungen, und das letztendlich nicht nur zu Ihrem eigenen Nutzen. Die Firma wird davon profitieren.

Alles will gut vorbereitet sein. Ansonsten wird sich kein durchschlagender Erfolg einstellen.

Sonne tr Aszendent ☌

Neuanfang

Wenn die Sonne im Transit über den Aszendenten geht, haben Sie den individuellen Frühlingspunkt des Jahres erreicht. Zögern Sie nicht länger. Sie wissen schon seit einiger Zeit, was zu tun ist. Und das duldet keinen Aufschub. Und? Kein Zögern bitte. Jetzt nichts wie ran!

Sonne tr Aszendent □ ☍

Wenig vorteilhaft

Mit der Transit-Sonne im Spannungsaspekt zum Aszendenten geben Sie keine besonders vorteilhafte Erscheinung ab. Sie nehmen sich selbst zu wichtig und erreichen genau das Gegenteil von dem, was Sie eigentlich wollen. Gönnen Sie sich einen freien Tag. Pflegen Sie Ihre Wunden. Bald kommen bessere Tage.

Sonne tr Aszendent ⚹ △

Offenheit

Transit-Sonne im harmonischen Winkel zum Aszendenten ist eine gute Zeit, um fröhlich zu sein und seine Späße zu treiben. Sie haben eine gesunde Ausstrahlung. Damit können Sie sich überall gut sehen lassen.

Sollte momentan irgendwo am Strand von Kalifornien der Job eines Rettungsschwimmers frei werden, dann sind Sie der richtige Mann bzw. das richtige Bay-Watch-Girl. Eine Beschäftigung am Baggersee von Hintertupfingen wäre natürlich vollkommen unter Niveau.

Sonne tr Medium Coeli ☌

Positionsbestimmung

Wenn die Sonne im Transit direkt über den MC geht, treffen Sie auf wichtige Personen, die Ihre Karriere voranbringen. Zudem nimmt man Ihnen gerade jetzt ab, dass Sie Führungsqualitäten haben. Sie werden daran gemessen, was für eine Funktion Sie einnehmen oder zukünftig anstreben.

Sonne tr Medium Coeli □ ☍

Zu lebendig

Bei Sonne im Spannungsaspekt zum Medium Coeli sollten Sie öffentliche Auftritte vermeiden. Sie sind jetzt einfach zu subjektiv und lebenslustig, als dass Sie sich in jede vorgegebene Rolle nahtlos einfügen können bzw. wollen.

Müssen Sie auch nicht. Abwarten. Termin verschieben. Nicht unter Druck setzen lassen!

Sonne tr Medium Coeli ⚹ △

Gute Präsenz

Harmonische Transite der laufenden Sonne zum Medium Coeli eignen sich sehr gut, um Karrierewünsche voranzutreiben. Sie sollten zumindest kurzfristig eine aktivere Rolle in der Öffentlichkeit einnehmen. Es lohnt sich.

Gibt es bestimme Firmen, bei denen Sie sich eigentlich immer schon bewerben wollten? Gehen Sie persönlich vorbei. Ganz spontan!

Zyklen des Mondes

☽

Launen und Stimmungen

Jeder Planetenaspekt des laufenden Mondes über eine Position des Geburtshoroskops hat eine Dauer von höchsten drei Stunden. Mehr als eine Laune drücken die Planetenaspekte des Transit-Mondes also nicht aus.

Wichtiger sind seine Bewegungen durch die Häuser des Geburtshoroskops. Sie dauern circa 2 bis drei Tage. Jedes Haus stellt einen Lebensbereich dar. Je nachdem, was man vorhat, sollte man abwarten, bis der Transit-Mond in das entsprechende Horoskophaus eingetreten ist.

Mond hat immer etwas mit öffentlicher Zustimmung oder Ablehnung zu tun. Wenn man kurzfristig plant, dann lohnt es sich durchaus, die beste Zeit auszuwählen. Bei guten Mondaspekten denkt und fühlt man so wie alle anderen auch. Die Stimmung der anderen passt zur eigenen. Gerade im Verhältnis zu den Kollegen ist die Mondstellung wichtig.

Allerdings: Mond macht auch phlegmatisch. Will man sein eigenes Ding durchsetzen, dann ist der Mond ungeeignet. Diesem Gestirn fehlt jegliche Kämpfernatur. »Mond macht mit.«

Orientieren Sie sich also bei Vorhaben, die Eigeninitiative erfordern, an anderen Gestirnen wie Sonne und Mars. Die Stellung des Mondes wird Ihnen dann zusätzlich sagen, wie Sie auf die jeweiligen Befindlichkeiten Ihrer Umwelt besser Rücksicht nehmen - und wie Sie die Menschen derzeit motivieren können, Ihnen möglichst bereitwillig zu folgen.

Mond tr Haus I.

Gefühlvoll

Der Mond im ersten Haus macht sie empfänglich für alle Stimmungen und Launen. Die Seele steht Ihnen auf dem Gesicht geschrieben. Sie sind gefühlvoll im Auftreten, impulsiv, launisch und verletzbar.

Mond tr Haus II.

Empfänglich

Sie haben jetzt ein starkes Gefühl für Sicherheit und Finanzen. Der Mond im zweiten Haus stärkt Ihren guten Instinkt in Gelddingen.

Mond tr Haus III.

Rastlos

Ein transitierender Mond im dritten Haus macht nervös und unruhig. Man trägt seine Seele auf der Zunge, ist reiselustig. Eine gute Zeit für kleine Geschäfte.

Mond tr Haus IV.

Heimisch

Jetzt mit dem Transit-Mond im vierten Haus sind Sie ein wenig ruhiger. Das wirkt nicht so aufdringlich. Aber wenn Sie beruflich etwas durchsetzen wollen, dann warten Sie doch lieber noch ein paar Tage.

Mond [tr] Haus V.

Lebenslustig

Mit Mond im fünften Haus ist man gerne unter Leuten, liebt es gesellig, dramatisiert ein wenig. Gut für Kundenkontakte!

Mond [tr] Haus VI.

Diensteifrig

Wenn der Mond durch das sechste Haus geht, wird man schnell mal von Selbstzweifeln gequält. Das ist nicht unbedingt der rechte Zeitpunkt für Bewerbungsgespräche. Der Kontakt zu Kollegen und Untergebenen gestaltet sich jetzt umso besser.

Mond [tr] Haus VII.

Kumpelhaft

Mit Mond im siebten Haus hat man einen leichten Zugang zur Psyche anderer Menschen, schafft sich in der Regel sofort Sympathien. Allerdings sollte man sich unter dieser Konstellation nicht zu aufdringlich gegenüber Geschäftspartners zeigen.

Mond [tr] Haus VIII.

Vertraulich

Der Transit-Mond im achten Haus gibt ein intensives Gefühl für Verborgenes und Schicksalhaftes. Tief blicken Sie in die Abgründe Ihres jeweiligen Gegenüber. Fremde Finanzen interessieren Sie ganz besonders. Über das, was man Ihnen jetzt an Geheimnissen anvertraut, werden Sie Schweigen bewahren.

Mond tr Haus IX.

Großzügig

Wenn der Mond durch das neunte Haus zieht, packt einen das Fernweh. Man fühlt sich als Weltenbürger, will die Enge der Heimat verlassen - und sei es nur für die Dauer eines Kebabs-Menüs beim Türken oder eines Espressos beim Italiener. Die Weltoffenheit und Toleranz der Stunde schafft eine äußerst günstige Geschäftsatmosphäre.

Mond tr Haus X.

Ernsthaft

Mit dem Mond im zehnten Haus übt man sich in vornehmer Zurückhaltung, hat ein gutes Gespür für Popularität und Populismus - die Volksseele halt. Eine gewisse Spießigkeit und Reserviertheit gehört dazu. Instinktiv verhält man sich richtig. Ideal für Einstellungsgespräche!

Mond tr Haus XI.

Flippig

Der Transit-Mond durch das elfte Haus zeigt, dass Sie auch anders können. Sie legen überflüssige Verklemmtheiten ab. Gut für öffentliche Veranstaltungen, Besuch von Kongressen und Tagungen, zum Aufbau von Geschäftsfreundschaften.

Mond ^{tr} Haus XII.

Verhuscht

Wenn der Mond durch das zwölfte Haus geht, sollte man öffentliche Kontakte meiden. Diese Konstellation ist gut für Arbeiten, die man ganz alleine durchzieht. Gefühle von Einsamkeit können trotzdem aufkommen. Kontakte auf informeller Ebene sind möglich. Jemand in der Firma vertraut sich Ihnen an.

Mond ^{tr} Sonne ☌

Unterhaltsam

Mit dem Transit-Mond auf der Sonne kann man schon ein bisschen aus sich herausgehen. Auch kleine Angebereien verzeihen einem die Kollegen gerne. Es muss halt nur unterhaltsam sein.

Mond ^{tr} Sonne □ ☍

Unbeliebt

Der Transit-Mond steht unharmonisch zur Sonne. Trumpfen Sie nicht so auf. Denn damit verscherzen Sie sich jegliche Sympathien.

Mond ^{tr} Sonne ⚹ △

Passt irgendwie

Ein günstiger Mondaspekt zur Sonne und die Leute verzeihen Ihnen so gut wie alles. Machen Sie ruhig, was Sie wollen. Die anderen machen mit.

Mond ^{tr} Mond ☌

Volkes Stimme

Die Mondwiederkehr findet ungefähr einmal im Monat statt. Schlagen Sie sich auf die Seite der Belegschaft. Schauen Sie dem Volk auf Maul. Das stärkt den Rückhalt.

Mond ^{tr} Mond □ ☍

Irgendwie schräg

Der Transit-Mond in Spannung zu Radix-Mond bringt so eine komische Stimmung unter die Kollegen. Gehen Sie bloß nicht darauf ein, sonst werden Sie noch angesteckt.

Mond ^{tr} Mond ⚹ △

Gemütlich

Beim transitierenden Mond im harmonischen Aspekt zur Radixposition kommt man eigentlich mit allen ganz gut klar. Sie brauchen jetzt keine Extranummer zu spielen. Man akzeptiert Sie auch so.

Mond tr Merkur ☌

Mitteilsam

Der laufende Mond auf dem Merkur macht uns ein wenig träge und reaktionslahm. Aber wir können auch ganz gut mit den Leuten quatschen. So einfach von Du zu Du. Was man da nicht alles mitbekommt.

Mond tr Merkur □ ☍

Maulfaul

Mit Mond in Spannung zu Merkur können Sie im Gespräch nicht viel erreichen. Versuchen Sie einmal, einen schlafenden Ochsen zu wecken! Behördengänge bitte verschieben.

Mond tr Merkur ⚹ △

Ziemlich umgänglich

Mond im harmonischen Transit zu Merkur macht das alltägliche Miteinander ziemlich einfach. Besonders Routinearbeiten gehen gut von der Hand. Und heute findet sogar die Sekretärin auf Anhieb Ihre Unterlagen. Wenn das kein gutes Zeichen ist!

Mond tr Venus ☌

Obernett

Mond im Transit über Venus ist so eine nette Konstellation, dass man schon wieder misstrauisch werden könnte. Es reicht wirklich aus, wenn Sie sich eine besonders hübsche Kleidung fürs Büro heraussuchen. Aber die hochhackigen Schuhe und das geschürzte Dekolleté bzw. Cowboystiefel und Elvis-Jeans sind doch wirklich etwas übertrieben.

Mond tr Venus □ ☍

Zu hautnah

Ein Spannungsaspekt von Mond zu Venus schafft zu viel Nähe. Sie riechen die Pomade des Oberbuchhalters, die alten Socken des Chefs. Und die Frau an der Rezeption hat wieder mal Mundgeruch. Kommen Sie ein anderes Mal wieder. Puh!

Mond tr Venus ⚹ △

Ganz angenehm

Mit Mond im harmonischen Transit zum Aszendenten kann man rein gefühlsmäßig wirklich gut mit den Leuten umgehen. Dieser Aspekt öffnet Türen. Alles Weitere wird sich hoffentlich von selbst ergeben.

Mond ^{tr} Mars ☌

Etwas ruppig

Der transitierende Mond über Mars macht einen ganz schön aktiv. Und im Prinzip auch attraktiv. Aber hören Sie jetzt bitte auf die gut gemeinten Stimmen, die Ihnen sagen: Übertreib‹ es nicht!

Mond ^{tr} Mars □ ☍

Trampel

Mit Mond im harten Transit zu Mars führt man sich auf wie ein Elefant im Porzellanladen. Man will die Leute antreiben und eckt doch bloß nur überall an. Besser nicht!

Mond ^{tr} Mars ⚹ △

Ärmel hochkrempeln

Mit einem günstigen Transit des Mondes zum Mars lässt sich die Belegschaft sehr gut motivieren. Die Leute akzeptieren einsame Entscheidungen und sind eigentlich ganz froh, dass jemanden den Anfang macht.

Mond ^{tr} Jupiter ☌

Allgemeinplätze

Transitmond über dem Jupiter bringt einen in gute Übereinstimmung mit eigentlich allem. So sieht man es jedenfalls. Sie suchen und finden Gemeinsamkeiten, reden über Fußball, Fernsehen, das Wetter, Gott und die Welt. Dabei lockert sich die Stimmung und man kann das Thema gekonnt auf Geschäftliches umlenken. Und das sollte man dann auch!

Mond ^{tr} Jupiter □ ☍

Ziemlich schlapp

Mit den harten Transiten von Mond zu Jupiter stellt sich eine Bequemlichkeit ein, die nahe an der Grenze zur Faulheit steht, wenn nicht schon jenseits dessen.

Für wirklich ernsthafte berufliche Vorhaben also keine so gute Zeit.

Mond ^{tr} Jupiter ⚹ △

Gute Laune!

Mit Mond im günstigen Aspekt zu Jupiter hellt sich die Stimmung eigentlich immer auch. Auch ohne Grund. Nutzen Sie die Gelegenheit, um das Betriebsklima ein bisschen auf Vordermann zu bringen!

Mond ^{tr} Saturn ☌

Melancholie

Der Übergang des Mondes über Saturn ist zwiespältig. Sogenannte Frohnaturen werden Sie jetzt unsanft auf dem Teppich bringen. Kümmern Sie sich lieber um ältere und ernstere Mitarbeiter und Kunden. Die werden Ihre verhaltene Art zu schätzen wissen.

Mond ^{tr} Saturn □ ☍

Griesgrämig

Mond im harten Aspekt zu Saturn drückt ganz schön auf die Stimmung. Sie können mit all dem Gegacker und oberflächlichen Getue wirklich überhaupt nichts anfangen. Stopfen Sie sich notfalls Watte in die Ohren. Alles hat mal ein Ende. Verkriechen Sie sich in Ihre Unterlagen.

Mond ^{tr} Saturn ⚹ △

Äußerst seriös

Bei Mond im harmonischen Aspekt zu Saturn kommen Sie besonders bei älteren Mitarbeitern gut an. Wenden Sie sich bei Problemen an die Seniorchefin. Die wird mit verhaltener Bewunderung anerkennen, dass Ihre Bedenken durchaus ernst zu nehmen sind.

Mond ^{tr} Uranus ☌

Total egal

Mit Mond im Transit über Uranus stehen Sie eigentlich über allem. Ihr Genie ist nicht mehr von dieser Welt. Als Webmaster der Firmenhomepage werden Sie jetzt intensivste Gefühle erleben. Welcome in the world, will meinen: Willkommen in der virtuellen Welt des Cyberspace. Eine große Familie. Chatpartner von Übersee stehen Ihnen näher als der Arbeitskollege am Nachbarschreibtisch.

Die gemeinen Masse Mensch ist Ihnen doch ziemlich egal. Leider spürt die das auch. Und reagiert sauer. Das wiederum zwingt Sie zur Aufmerksamkeit. Wie unangenehm.

Wenn Ihnen die liebe Kollegenschaft wirklich total schnurz ist, dann seien Sie jetzt zu denen ganz besonders freundlich und zuvorkommend. So halten Sie sich die Bande noch am geschicktesten vom Leib.

Mond ^{tr} Uranus □ ☍

Besserwisserei

Harte Transite des Mondes zu Uranus drücken auf den Geist. Versuchen Sie jetzt bloß nicht, mit einer besonders klugen Idee herauszukommen. Damit manövrieren Sie sich gnadenlos ins Abseits. Und man drückt Ihnen obendrein noch den Stempel eines notorischen Querulanten auf die Stirne.

Mond tr Uranus ⚹ △

Pflegeleicht

Weiche Aspekte des Mondes zu Uranus erleichtern das zwischenmenschliche Miteinander ungemein. Sie stellen einfach so gut wie keine Ansprüche an den anderen. Und Gemeinsamkeiten finden sich immer. Besonders in verzwickten Situationen, wenn man z.B. ständig an bornierten Vorzimmerdamen oder Quadratschädel-Hausmeistern scheitert, ist dies eine günstige Gelegenheit. Sie tricksen diese Zerberusse am Vorhof der Hölle gekonnt aus und können Ihre Bewerbung direkt bei der Geschäftsleitung abgeben. Mal ausprobieren!

Mond tr Neptun ☌

Gefühlsei

Wenn der Transit-Mond über Neptun steht, sind Sie höchst sensibel und empfindsam. Sicherlich finden Sie jetzt jemanden, der Sie bedauert und in Ihrer der Haltung bestätigt, dass die Welt und die gesellschaftlichen Umstände und böse Menschen und das grausame Schicksal (speziell die harte Kindheit) und neuerdings auch das merkwürdige Wetter daran schuld sind, dass Sie nie und nimmer Ihren Traumjob bekommen werden.

Na ja. Schön und gut. Sie treffen jetzt aber auch auf Personalchefs, die fest an das Gute im Menschen glauben und die irgendwie das Gefühl haben, dass ausgerechnet Sie die absolute Traumbesetzung für den Job sind. Wohin auch immer Ihre schwankende Seele tendiert: Sie treffen auf Leute, die genau auf Ihrer Wellenlänge schwimmen.

Mond tr Neptun □ ☍

Unerreichbar

Spannungsaspekte von Mond zu Neptun gehen mit einer ziemlichen Verwirrung einher. Möglicherweise kommt Ihr Arbeitskollege heute mit einer starken Grippe ins Büro und niest Sie gleich an. Oder wichtige Unterlagen bleiben einfach unauffindbar.

Gewisse Leute sind unter diesem Gestirn nicht erreichbar. Wenn Sie sich über diesen Saustall aufregen wollen, dann tun Sie es halt. Heute wird das niemand verstehen.

Mond tr Neptun ⚹ △

Waffenruhe

Mit Mond im günstigen Transit zu Neptun könnten Sie in der Kosmetikbranche anfangen, alternativ dazu ein Job als Testriecher bei der Parfümindustrie beginnen. Nicht untalentiert wären Sie heute auch bei Bier- und Weinproben.

Klären Sie vorher ab, ob es sich um eine Festeinstellung handelt. Und lassen Sie Ihre Leberwerte testen.

Mond ^{tr} Pluto ☌

Dicke Luft

Mond im Transit über Pluto ist ein komischer Aspekt. Irgendwas liegt immer etwas in der Luft. Die Leute gucken so merkwürdig. Da schauen Sie halt zurück. Natürlich unauffällig. Das merken die. Is was? Nö - wieso fragen Sie? Und schon ist dicke Luft. Komisch.

Der Tag ist eigentlich ganz gut, um mal was zu entrümpeln. Fragen Sie mal unter den Kollegen rum. Die werden ganz erleichtert sein. Irgendwas findet sich immer. Und wenn sich gar nichts findet, dann sprechen Sie halt das Thema Diät an. Das löst die Spannung.

Anschließend können Sie dann zum Kaffee noch ein paar Stück in Kuchen in Büro bringen - was ganz Leichtes, möglichst mit Ballaststoffen bitte.

Mond ^{tr} Pluto □ ☍

Gefühlsschwanger

Die harten Transite von Mond zu Pluto können richtig Ärger bringen. Denn wenn Sie jetzt tiefschürfenden Reden halten oder unliebsame Themen ansprechen, dann sind Sie schnell unten durch. Die Leute wollen das einfach nicht hören. Die wollen momentan vielleicht überhaupt keinen seelischen Tiefgang.

Natürlich durchschauen Sie die Gründe. Und es reizt Sie, eine Betriebsversammlung einzuberufen, mal gründlich dieses und jenes beim Namen zu nennen.

Ein anderes Mal vielleicht. OK?

Mond ^{tr} Pluto ⚹ △

Urgemütlich

Mit Transit-Mond im harmonischen Aspekt zu Pluto hält man ganz gut zusammen. Die Fehler und Macken des anderen sind bekannt. Die Belegschaft ist ein Geflecht aus gegenseitigen Abhängigkeiten, Macht und Ohnmacht, Dominanz und Unterdrückung, Symbiose und Schmarotzertum. Aber Schwamm drüber.

Eigentlich sind wir doch eine große Familie. Und jetzt ist Mittagspause. Wer geht mit in die Kantine?

Mond ^{tr} Aszendent ☌

Aufgeweckt

Mit dem Transit des Mondes über den Aszendenten bekommen wir wieder frische Energie. Es ist doch besser, wenn man sich hin und wieder laut äußert. So wissen die Kollegen wenigstens, dass man überhaupt noch existiert. Und das eine oder andere, was stört. Lässt sich jetzt auch viel besser ansprechen. Sie müssen sich unbedingt mal Luft machen!

Mond ^{tr} Aszendent □ ☍

Peinlicher Moment

Transit-Mond in Spannung zum Aszendenten macht butterweich. Da läuft jede Eigeninitiative ins Leere. Oder man lehnt sich dagegen auf und verprellt die Mitarbeiter. Wahrhaftig kein günstiger Moment. Peinsam so oder so. Alleingänge bitte auf später verschieben!

Mond tr Aszendent ⚹ △

In Übereinstimmung

Mond in harmonischen Transit zum Aszendenten macht das Miteinander erträglich. Sie nehmen etwa Rücksicht auf Ihre Kollegen. Als Dankeschön lässt man Sie auch ungestört rumfuhrwerken. Irgendwie brauchen Sie das. Dampf ablassen. Und sich dabei auch noch nützlich machen.

Mond tr Medium Coeli ☌

Mal vorsichtig anklopfen

Transit-Mond über dem MC macht den Kontakt mit Behördenmenschen einfacher. Man gibt sich etwas ruhiger und bedächtiger. Vielleicht sollten Sie mal persönlich auf dem Amt vorbeischauen und sich nach dem Verbleib dieses und jenes Schriftstückes erkundigen? Es kann sehr von Vorteil sein, die Leute dort in den Amtsstuben persönlich zu kennen.

Mond tr Medium Coeli □ ☍

Schräg drauf

Wenn der transitierende Mond im Spannung zum Medium Coeli steht, können Sie als Abteilungsleiter nur mühsam Ihre Autorität wahren. Man hört entweder nicht zu oder ist unmotiviert. Und wenn Sie zur Belegschaft gehören, dann wollen Sie jetzt keinesfalls von oben belehrt werden. Sie reagieren einfach pampig, weil Sie sich nicht pampig kommen lassen wollen. So einfach ist das. Noch ne Frage?

Mond ^{tr} Medium Coeli ⚹ △

Ganz populär

Mit Mond im harmonischen Transit zum MC können Sie gut mit dem Chef und der Chef mit Ihnen. Man verteilt einfach die Aufgaben. Der da oben nimmt einem die Verantwortung und einen Großteil der Probleme ab. Dafür tanzen die da unten nicht aus der Reihe, sondern tun schön brav, was von ihnen verlangt wird. Na ja, heute vielleicht. Zum Streik kann man später immer noch aufrufen.

Zyklen des Merkur

☿

Kommunikation

Die Planetenaspekte des Transit-Merkur wirken in der Regel nur einen Tag. Wenn Sie also vorhaben, die Gunst des Götterboten zu nutzen, dann müssen Sie schon ganz schön aufpassen. Und Sie müssen flink sein!

In der klassischen Mythologie wandert Merkur ständig zwischen den Himmelsgöttern hin und her, tauscht Informationen aus. Das Geheimnis seines Erfolges ist die Neutralität. Die Götter liegen eigentlich immer irgendwie miteinander im Streit. Und mit Feinden redet man nicht. Also übernimmt Merkur den Job des Kommunikators. Der verdient gut dabei. Ach ja: Merkur selbst ist natürlich auch himmlischen Geblüts. Man nennt ihn den Gott der Händler und Diebe. Für beides braucht man halt ein besonderes Händchen.

Nutzen Sie die günstigen Phasen des Merkur, um den Informationsfluss voranzutreiben – und um in gefühlsbelasteten Situationen doch noch den Überblick zu behalten. Merkurtransite haben die Eigenschaft, eine sachliche, logische, technische und kaufmännische Atmosphäre zu schaffen. Unter bestimmten Merkuraspekten kann man mit Leuten zusammenarbeiten, mit denen man ansonsten wirklich nicht klarkommt.

Dieser Planet eignet sich auch hervorragend für Bewerbungsgespräche. Manche Chefs halten sich für Götter - und mit solchen Typen kann Merkur ganz gut umgehen. Und überhaupt sollte man alle Kontakte zu Menschen, die neu und wichtig sind, in seine positiven Transitzeiträume legen bzw. zumindest außerhalb seiner schwierigen.

Die Wirtschaft ist heutzutage ungeheuer eng mit der Kommunikation verknüpft. Folglich sollten wir die Stellung des Merkur bei allen geschäftlichen Transaktionen zu beachten. Generell gilt, dass die jeweilige Häuserposition des laufenden Merkur (je nach Phase zwischen zwei und 6 Wochen) auf denjenigen Lebensbereich hindeutet, der derzeit mit Informationen überschüttet wird und in dem wir eine ganz besondere Findigkeit entwickeln.

Und: Wo Merkur gerade steht, dort können wir neue Kontakte knüpfen und uns einen bedeutenden Wissensvorsprung erarbeiten. Gerade im Geschäftsleben ist dies von unschätzbarem Wert!

Merkur ^{tr} Haus I.

Der Auftritt

Wenn sich die Lage festgefahren hat und die Fronten verhärtet sind, gibt es nichts Besseres als einen schönen Merkurtransit durch das erste Haus. Man wartet nicht mehr ab, bis die anderen sich äußern, sondern macht einfach den ersten Schritt. Geschickt und schnell im Auftritt, gewitzt und gerissen. Zugegeben: Ein bisschen oberflächlich ist man jetzt schon. Aber gerade darin liegt ja auch der Vorteil. Die Zeit des Grübelns ist vorbei.

Merkur ^{tr} Haus II.

Datensicherung

Daten sind in unserer Informationsgesellschaft Gold wert. Wenn Merkur durch Ihr zweites Haus läuft, sind Sie geschickt im Finanziellen. Verlust durch Diebstahl, Betrug und Raub gehören auch in diese Zeitqualität. Deshalb ist es klug, nicht alles auszuplaudern. Im Gegenteil: Zur Zeit verfügen Sie über ein Wissen, das Sie in bare Münze umsetzen können. Wer macht Ihnen ein Angebot?

Merkur [tr] Haus III.

Herumtreiberei

Merkurs Transit durch das dritte Haus macht beweglich und ziellos, geschwätzig, geschickt in Gestik und Sprache, wissbegierig. Manche hängen in dieser Zeit permanent am Telefon. Andere treiben sich in der Weltgeschichte herum oder surfen ziellos durch Internet. Dadurch macht man sich Luft, übt die Kommunikationsfähigkeit. Der Lebensstil eines Journalisten. Nichts ist langweiliger als die Zeitung von gestern. Gutes Timing für kleine Geschäfte am Straßenrand.

Merkur [tr] Haus IV.

Gefühlsduselei

Merkur geht jetzt durch Ihr viertes Haus. Da muss irgendwie Schluss sein mit all dem oberflächlichen Gequatsche. Das kommt jetzt wirklich nicht gut an. Aktivieren Sie mal Ihr Gedächtnis. Wen haben Sie schon lange nicht mehr besucht?

Pflegen Sie persönliche Kontakte. Besuchen Sie alte Kunden. Vielleicht besteht Bedarf an den neuesten Produkten aus Ihrem Unternehmen? Innenakquisition nennt sich so etwas. Homeshopping ist ein anderes Betätigungsfeld für diesen Merkur-Transit.

Machen Sie keinen Druck. Stellen Sie das Persönliche in den Vordergrund. Viele Menschen schätzen solch einen Service und sind gerne bereit, mehr dafür zu zahlen.

Merkur tr Haus V.

Glücksrad

Es muss ja nicht gleich eine große TV-Verkaufsshow sein, die schon seit über einem Jahrzehnt erfolgreich für Produkte wirbt und dabei noch unterhaltsam ist. Aber die Idee ist gut.

Merkurs Transit durch Ihr fünftes Haus ist die beste Gelegenheit, so etwas auszuprobieren. Lassen Sie sich also für die nächste Kaffeefahrt anwerben und verkaufen Sie alten Damen Rheumadecken. Mit Erstaunen werden Sie feststellen, dass diese Ladys ganz schöne Ansprüche stellen - nicht an die Decken, sondern an Ihre Selbstdarstellungskünste. Dass die Produkte überteuert sind, wissen alle. Man kauft dennoch, wenn man nur eine gute Show geliefert bekommt. Dafür zahlen alle gerne. Etwas Abwechslung, Spannung und Entertainment braucht halt jeder.

Merkur tr Haus VI.

Notrufzentrale

Irgendwann kann immer etwas schief gehen. Bei Merkurs Transit durch das sechste Haus kommt das nicht häufiger vor als sonst auch. Sie sind in diesen Wochen prädestiniert für jede Art von Job, der mit Service, Hilfestellung und Problemlösung zu tun hat. Und wenn sich nichts Entsprechendes bietet, dann suchen Sie halt herum, bemeckern und bekritteln dieses und jenes.

Bevor Sie jetzt auch noch die Frau von der Lohnbuchhaltung zum Wahnsinn bringen, weil die Ihrer Meinung nach auf dem Gehaltsstreifen die Euro-Cents an der dritten Stelle hinter dem Komma falsch abgerundet hat, suchen Sie sich bitte lieber echte Probleme. Gehen Sie einfach mal mit dem Werkzeugkasten unter dem Arm durch die Firma. Irgendjemand spricht Sie garantiert an - und ist auch noch dankbar.

Merkur ^{tr} Haus VII.

Gesprächspartner

Merkurs Transit durch das siebte Haus lässt uns wissbegierig werden. Die wichtigsten Neuigkeiten erfährt man jetzt direkt im Gespräch. Und zwar vom anderen. Aber nur dann, wenn man zuhört. Wie jedoch das jeweilige Gegenüber zum Reden bringen?

Sie werden feststellen, dass gerade die interessantesten Leute völlig anderer Meinung sind. Versuchen Sie bloß nicht, das zu ändern. Nichts wäre ungeschickter. Der Dialog ist sofort beendet. Die Spannung fehlt. Möchten Sie ein wirklich produktives, zielorientiertes Gespräch führen, dann müssen Sie Ihr jeweiliges Gegenüber in eine Gesprächspartnerschaft einbinden.

Nicht, dass Sie ihm jetzt nach dem Munde reden oder Ihre eigenen Lippen schweigend verschließen müssen. Es geht um echte eine Partnerschaft in der Kommunikation. Auf diese Weise bereiten Sie Verträge und gute Geschäftsabschlüsse vor. Man muss mit einander reden.

Merkur ^{tr} Haus VIII.

Geheimwissen

Der Transit des laufenden Merkur durch das achte Haus bringt ungeahnte Einblicksmöglichkeiten in die ganz privaten Vermögensverhältnisse anderer Menschen. Und sofort löst sich die Fremdheit. Rechtsanwälte und Notare könnten ein Lied davon singen. Dürfen sie aber nicht! Dieser Berufsstand ist genau wie jener der Ärzte zu absolutem Stillschweigen verpflichtet.

Was also tun, wenn Sie jetzt von krummen Dingern, von Steuerhinterziehung, Schwarzgeldern, Kontakten zur Mafia, Betrug und Bestechung erfahren, von todbringenden Krankheiten, ängstlichen aber auch gierig wartenden Erben?

Am Besten schauen Sie nicht zu genau hin. Denn Sie müssen auf jeden Fall die Interessen Ihrer Mandanten wahren. Selbst wenn Sie nicht in jenen Berufen tätig sind, die auf Farben verzichten und entweder in weißem Kittel oder schwarzer Robe herumlaufen, sollten Sie diesen Rat beherzigen. Und zwar genau so lange, wie Merkur durch Ihr achtes Haus geht.

Merkur ^{tr} Haus IX.

Expertenbefragung

Bei Merkurs Transit durch Ihr neuntes Haus sollten Sie Ihre Fremdsprachenkenntnisse aktivieren. Mängel und Schwächen können durch technische Hilfsmittel und Kooperation ausgeglichen werden. Es gibt Computer-Übersetzungsprogramme. Und es gibt bestimmt Leute, die Ihnen aus reiner Gefälligkeit mal eben einen Text aus oder in das Ausland dolmetschen. Seien Sie jetzt bloß nicht pingelig. Improvisation ist alles. Toleranz und Großzügigkeit helfen weiter.

Die augenblickliche Planetenkonstellation bietet Ihnen viele Chancen, ein gutes Geschäft zu machen. Vertrauen spielt eine große Rolle. Aber schauen Sie auch genau hin. Achten Sie darauf, nur moralisch und ethisch einwandfreie Angebote anzunehmen.

Hören Sie auf Ihre innere Stimme. Und noch etwas: Sie müssen nicht alles wissen. Aber Sie sollten Experten konsultieren, die sich auskennen. Es gibt sicherlich eine Person, die Sie um Rat fragen können. Sie wissen schon, wer damit gemeint ist.

Merkur tr Haus X.

Verlautbarung

Wenn Merkur durch Ihr zehntes Haus geht, sollten Sie sorgfältig bedenken, was Sie in der Öffentlichkeit an Verlautbarungen von sich geben. Ungeschickte Bemerkungen würden Ihrem beruflichen Fortkommen schaden. Nehmen Sie Rücksicht auf die Gefühle, Verklemmtheiten und Ängste Ihre Vorgesetzten. Kritik dürfen Sie ruhig äußern, aber sie muss zurückhaltend und fundiert vorgetragen werden.

In dieser Zeit werden Sie über die wirklich wichtigen Dinge sprechen. Ihr Wort hat Autorität. Gesagtes wird auch getan. Rechtliche Folgen sind möglich.

Merkur tr Haus XI.

Intellektuellenzirkel

In der Zeit, da Merkur durch Ihr elftes Haus geht, werden Ihnen die guten Ideen nicht ausgehen. Wie schön, dass man über alles reden kann. Wo es doch keine Konsequenzen hat. Oder doch? Sie können im freundschaftlichen, informellen Kreis jetzt sehr viel leichter Kritik äußern. Man bittet Sie sogar darum.

Aber überspannen Sie den Bogen nicht. Der Chef bleibt immer noch der Chef, auch wenn er den Schlips abgenommen hat und Ihnen in der Kneipe am Tresen gegenübersteht.

Merkur tr Haus XII.

Gedankenübertragung

Wenn Merkur durch das zwölfte Haus geht, lernen Sie, mit unsichtbarer Tinte zu schreiben. Ihre telepathischen Kräfte sind im Dauereinsatz. Tonbänder, die Sie erreichen, vernichten sich nach dem Abspulen automatisch. Sie kennen das aus James-Bond-Filmen.

Noch etwas? Ach ja: Ihre Fantasie ist jetzt ausgesprochen rege, das Traumleben ausgeprägt. Hey Sie da! Ja Sie. Aufwachen. Auf der Arbeit wird nicht gepennt. Ausschlafen kann man sich zu Hause.

Merkur tr Sonne ☌

Kühl und neutral

Wenn Merkur im Transit über die Sonne geht, kann man sich einmal völlig neutral mit Themen beschäftigen, die einem ansonsten viel zu nahe gehen. An diesem Tag werden Sie bedeutsame Mitteilungen erhalten.

Sie sind ein wenig distanzierter und intellektueller als sonst. Das ist sehr gut. Denn so können Sie einmal ganz ohne störende Emotionen auf andere Menschen zugehen. In Wort, Schrift, Rede und Diskussion werden Sie sich ungewöhnlich brillant in Szene setzen.

Merkur tr Sonne □ ☍

Dumm erwischst

Merkur im Spannungsaspekt zur Sonne bringt einen Widerstreit zwischen Vernunft und Stolz.

Versuchen Sie jetzt nicht, alles über den Verstand zu erklären. Schriftliche Angelegenheiten, Absprachen, Telefonate und Gespräche, aber auch handwerkliche Arbeiten dürften an anderen Tagen weniger problematisch verlaufen als heute.

Manchmal hindert Sie falscher Stolz daran, Fehler zuzugeben und aus ihnen zu lernen. Jemand kritisiert Ihre Position und Ihr Verhalten. Und diese Person hat möglicherweise sogar recht. Diese Kröte müssen Sie schlucken. Wenn Sie Charakter zeigen wollen, dann geben Sie das ruhig zu - ohne Hochmut, aber natürlich in aller Würde.

Merkur tr Sonne ⚹ △

Virtuoses Auftreten

Transit-Merkur im günstigen Aspekt zur Sonne, das sind gute Tage, in denen Sie neue Kontakte schließen, sich und Ihre persönlichen Anliegen erfolgreich darstellen. Man hört Ihnen zu, da Sie sich jetzt sehr lebhaft ausdrücken können. Sie setzen Ihre Körpersprache geschickt ein. Kleine Gesten und eine kluge Wortwahl tun ihr Übriges.

Merkur tr Mond ☌

Mitteilungsbedürfnis

Wenn Merkur im Transit über den Mond geht, haben Sie ein großes Mitteilungsbedürfnis. Sie können Ihre Gefühle in Worte fassen. Lange Gespräche am Telefon. Sie analysieren Ihre eigenen Motive, reflektieren Ihr Unbewusstes. Emotionen werden dadurch über den Intellekt gefiltert, rationalisiert und neutralisiert. Ein guter Tag, um Gedichte zu schreiben. Der Kontakt mit den Arbeitskollegen verbessert sich.

Merkur tr Mond □ ☍

Quasselstrippe

Bei Merkur in Spannungsaspekten zum Mond finden Sie nicht genau die richtigen Worte. Vielleicht sind Sie in Ihrem Selbstausdruck zu subjektiv, sprechen über private Dinge, die wirklich nicht ins Berufsleben gehören. Privatgespräche am Arbeitsplatz. Auf hereinkommende Informationen reagieren Sie zu empfindsam, beziehen Dinge auf sich, die eigentlich gar nichts damit zu tun haben. Missverständnisse in der Kommunikation sind die Folge.

Manchmal ist Ihnen wirklich alles zu viel. Die Atmosphäre am Arbeitsplatz kommt Ihnen kalt und gefühllos vor. Aber das ist halt so. Werden Sie erwachsen!

Merkur tr Mond ⚹ △

Gute Verständigung

Bildet Merkur einen harmonischen Aspekt zur Sonne, dann kann man die Menschen emotional sehr gut erreichen. Dies erleichtert und fördert alle beruflichen Anstrengungen. Sie werden es jetzt vielleicht nicht mit den wirklich mächtigen und wichtigen Leuten zu tun haben.

Diese Kontakte beziehen sich eher auf die alltägliche Kommunikation mit Sachbearbeitern, Angestellten oder dem Servicepersonal. Aber wenn Sie nach einem guten Tag gesucht haben, um beispielsweise nach einem fehlenden Schriftstück anzufragen oder um endlich einmal die Hotline einer Softwarefirma zu konsultieren, dann zögern Sie nicht länger. Ihre emotionale Aufgeräumtheit wird Ihnen gerade bei schwierigen technischen Problemen von großem Vorteil sein.

Merkur tr Merkur ☌

Klar Tisch machen

Merkurs Wiederkehr auf seine Ausgangsposition im Geburtshoroskop bringt Ihren Verstand auf klare Linie. Ihr innerer Computer wird neu gebootet. Neustart. Alles ist klar und frisch. Sie sind vielleicht ein wenig grüblerisch. Aber das vergeht schnell wieder. Sie wissen innerlich ganz genau, was Sie wollen. Und Sie wissen auch, mit wem Sie Kontakt aufnehmen sollten, welche Schriftstücke unbedingt bearbeitet werden müssen und was sich ganz einfach logisch bewältigen lässt.

Es ist erstaunlich, mit welcher Geschwindigkeit und Präzision Sie sich durch die Aktenberge fressen und gleichzeitig ein Telefonat nach dem anderen erledigen.

Merkur ^tr^ Merkur □ ☍

Sprechende Köpfe

Das Quadrat von Merkur zu seiner Radixposition bringt eine ganze Menge Unfug. Logik und Vernunft sind fantastische Hilfsmittel, mit denen sich die Welt jedoch nie vollständig erklären lässt. Vorsicht vor intellektuellem Dünkel und Rechthaberei. Handwerkliche Arbeiten sollten jetzt mit allergrößter Sorgfalt durchgeführt werden. Im Schriftverkehr und bei Gesprächen lassen sich Missverständnisse kaum ausschließen.

Und was nicht alles geredet wird! Wem es zu viel wird, der sollte sich den Nachmittag frei nehmen und sich an der Hausbar des teuersten Hotels am Platze drei Martinis bestellen. Ob geschüttelt oder gerührt, das ist nun auch egal. Das Gespräch mit der durchreisenden Touristengruppe aus Japan ohne Übersetzer tut sein Übriges, um die drohende Kopfschmerzattacken zu verjagen.

Merkur ^tr^ Merkur ⚹ △

Alles ganz einfach

Mit Merkur im harmonischen Aspekt zur Ausgangsposition arbeitet der Verstand sehr gut und beinahe störungsfrei. Nutzen Sie diese Tage für Schriftverkehr, Absprachen, Kommunikation. Lang hinausgeschobene Reparaturarbeiten können ebenfalls erledigt werden. Arztbesuche verlaufen ohne störende Missverständnisse.

Logik und Vernunft sind fantastische Hilfsmittel, mit denen man die Welt jedoch nie vollständig erklären kann. Weil Sie das heute auch überhaupt nicht probieren, ist alles ganz, ganz einfach.

Merkur tr Venus ☌

Ganz nett eigentlich

Merkurs Transit über Venus kühlt Ihre Sinnlichkeit auf ein erträgliches Maß ab. Nicht, dass Sie jetzt vollkommen lieblos werden! Sie dürften unter diesem Gestirn sogar noch viel netter als sonst sein.

Aber Sie erwarten eigentlich nicht, dass irgendjemand diesen Flirt ernst nimmt. Im Gegenteil: Gerade weil Sie wissen, dass alles nur ein Spiel ist, können Sie mit dem netten Vertreter von auswärts oder dieser reizenden Disponentin so gut auskommen.

Eine Katastrophe wäre es jetzt natürlich, wenn frau/man all die kleinen Anzüglichkeiten ernst nimmt. Schließlich: Dienst ist Dienst. Na ja, notfalls ließe sich ja noch ein Date nach Feierabend arrangieren. Wo ist denn bloß der Terminkalender geblieben?

Merkur tr Venus □ ☍

Oberflächliches Gerede

Merkur im Spannungsaspekt zu Venus lässt uns um den heißen Brei herumreden. Es gibt Menschen, die wir nicht mögen oder zu denen wir nicht gut sind. Das kommt im Berufsleben nun einmal vor. Geschäft ist Geschäft. Und solchen Leuten sitzt man nun gegenüber. Die Wahrheit wissen eigentlich alle. Aber es wäre unhöflich, direkt darüber zu sprechen.

Meist erschöpft sich die Diskussion in nichtssagenden Floskeln. Man will sich nicht wehtun. Und hat sich damit im Grunde schon wehgetan. Wenn Sie für die Zeit, die Sie für solche Gespräch aufwenden, von Ihrer Firma bezahlt werden, dann lassen Sie ruhig alles über sich ergehen. Aber bitte nur dann!

Merkur ^{tr} Venus ⚹ △

Verkaufsfördernd

Merkurs harmonische Aspekte zur Venus machen gesprächsfreudig und reiselustig, verleihen diplomatisches Geschick. Wenn Sie es darauf anlegen, könnten Sie jetzt Kühlschränke an die Eskimos und Heizdecken in Zentralafrika verkaufen. Nutzen Sie diese Zeit, um auch direkt für sich selbst zu werben. Seien Sie Ihr eigener Agent und Manager. Gute Gelegenheiten, um ohne großes Risiko nach einer Gehaltserhöhung anzufragen, sind rar. Sie werden schon charmant genug auftreten, reden mit Engelszungen.

Ihre Argumente sind vielleicht dürftig, aber je länger der Wortwechsel dauern, umso lieber hört man Ihnen zu. Und während des Gesprächs fallen Ihnen auch noch viele neue Gründe ein, warum die Firma nicht auch ein bisschen netter zu Ihnen sein sollte.

Merkur ^{tr} Mars ☌

Rationell einfach

Geht Merkur im Transit über Venus, kann man ganz zielgerichtet, klar und nüchtern handeln – und sofort zur Tat schreiten. Eigentlich ist doch alles ganz einfach und rational erklärbar. Warum dann bloß dieses ewige Zögern, diese irrationale Warterei? Jetzt kommt der Fortschritt!

Sicherlich lassen sich viele Dinge hochmodern erledigen. Wenn Sie Techniker sind, am Computer arbeiten oder in der Logistik, dann ist dies Ihr großer Tag. Fast jeder wird Ihren Rationalisierungs- und Optimierungsvorschlägen zustimmen. Die Probleme kommen dann später. Der menschliche Faktor ist schwer kalkulierbar. Aber das ist ein ganz anderes Kapitel.

Merkur ^{tr} Mars □ ☍

Verbalattacken

Bei Transit-Merkur im harten Aspekt zu Mars hat immer nur einer recht. Aber wer? Im Zweifelsfall der Chef. Wenn Sie etwas anderes glauben, dann halten Sie gefälligst den Mund. Sind Ihre Ideen wirklich Gold wert, dann kündigen Sie eben und machen ein Konkurrenzunternehmen auf.

Sie sind sich da nicht so ganz sicher? Dann warten Sie auf bessere Zeiten. Irgendwann wird man Ihnen schon noch zuhören.

Merkur ^{tr} Mars ⚹ △

Bombenentschärfung

Bei Merkurs günstigen Transiten zu Mars kann man mit Ihnen über alles reden. Jede noch so große Frechheit wird akzeptiert. Sie brüllen vor Lachen und hauen dem Spaßvogel amüsiert auf die Schulter, sodass der nur ein paar Wochen braucht, um sich das Gelenk wieder einzurenken. Unter Kumpeln kann man schon einiges einstecken.

Das Faszinierende an dieser Konstellation ist, dass man sich jetzt wirklich in die Höhle des Löwen begibt. Und der zähnefletschende Pascha höchstselbst gewährt Ihnen ein TV-Interview. Dass er so ganz nebenbei drei Reporter von der Konkurrenz lynchen lässt ...

Nun ja. Sie übergehen die Peinlichkeit mit einem Witz über das Wetter, die Frauen und die Männer. Und schon haben Sie die Sache im Kasten. Das Video können Sie für ein Heidengeld an die Satellitensender verkaufen. Jetzt müssen Sie nur noch auf dem Rückweg heil durch die Tretminenfelder gelangen. Mit einem Liedchen auf den Lippen ist das alles halb so wild.

Merkur tr Jupiter ☌

Detailtreue

Wenn der Transit-Merkur über Jupiter steht, müssen Sie sich öffentlich erklären. Theoriegeschwafel reicht nicht aus. Man möchte, dass Sie ganz detailliert erläutern, wie Sie sich dies und das vorstellen. Große Pläne kann jeder machen. Es kommt auf die Umsetzung an. Darin liegt die große Kunst.

Ihr sprachlicher Ausdruck ist jetzt sehr wichtig. Man bietet Ihnen die Möglichkeit, in freier Rede Ihr Konzept zu erläutern. Versuchen Sie, die Zusammenhänge so einfach wie möglich darzulegen. Weniger ist mehr.

Merkur tr Jupiter □ ☍

Nebensächliches

Mit Merkur im Spannungsaspekt zu Jupiter werden Sie mit einem Wust an Informationen konfrontiert, die Sie nicht alle verarbeiten können. Es fällt Ihnen unheimlich schwer, das Wesentliche vom Unwesentlichen zu unterscheiden.

Oft erlebt man in solchen Zeiten, dass es am Detail hapert, an der praktischen Umsetzung. Was nützen Ihnen große Pläne, die in der Praxis scheitern? Sie werden jetzt eine ganze Menge an Kleinkram abarbeiten. Und zugleich müssen Sie aufpassen, dass Sie sich in Ihrem Wahn nach Vollständigkeit nicht sofort wieder mit neuem, aber genauso wertlosen Informationsmüll überfüttern.

Merkur ^{tr} Jupiter ⚹ △

Poetisch und grandios

Mit Transit-Merkur im harmonischen Aspekt zu Jupiter wird das Dichterherz in der eigenen Brust zum Klingen gebracht. Als Texter in der Werbebranche reimen Sie sich die wunderbarsten Slogans zusammen. Mit Gott und der Welt stehen Sie auf Du und Du. Sie sind ein Organisationstalent. Mit leichter Hand verwalten Sie die Buchhaltung. Auf internationalen Kongressen demonstrieren Sie Redegewandtheit. Fehlende Vokabeln werden durch Fantasieworte ersetzt. Und jeder versteht Sie.

Das einzig Schlechte an dieser inspirierten Zeitphase ist, dass sie irgendwann ein Ende hat, wie halt alles Gute auf dieser Welt. Aber darüber denken Sie jetzt bitte nicht nach!

Merkur ^{tr} Saturn ☌

Nur Fakten zählen

Merkur im Transit über Saturn ermöglicht, über ernste Dinge zu sprechen. Es ist nachgerade ein Bedürfnis, dem wir uns nicht verschließen dürfen. Geschwafel interessiert nicht. Zahlen, Fakten, Tabellen und Statistiken werden sind verlangt, ganz konkrete Lösungsmöglichkeiten.

Sie werden jetzt vermutlich weniger denn je den Mund aufmachen. Und wenn, dann muss es schon Hand und Fuß haben. Worte werden auf die Goldwaage gelegt. Erfolg haben Sie in schriftlichen Dingen. Formulieren Sie Ihre Gedanken schwarz auf weiß. Fassen Sie das Wesentliche zusammen. Kurz und bündig. Als Experte können Sie sich jetzt sehr gut profilieren, besonders bei Fragen der Optimierung und Rationalisierung. Bloß passen Sie auf, dass Sie aus lauter Vernunftgründen dem Chef nicht Vorschläge zur Einsparung Ihres eigenen Arbeitsplatzes unterbreiten!

Merkur tr Saturn □ ☍

Pedanterie

Merkur im harten Transit zu Saturn wird Sie mit Ihren eigenen Grenzen konfrontieren. Sie fühlen sich in gewisser Weise überfordert. Man wirft Ihnen möglicherweise pedantisches Verhalten vor, Kleinkrämerei. Sie können jetzt nicht nach Schema F vorgehen. Der alte Trott führt in die Sackgasse. Sie müssen geistig beweglicher werden.

Andererseits bietet Ihr Standpunkt eine echte Orientierung. Als Lektor bei einem Verlag oder in der Endkontrolle am Fließband sind Sie wirklich gut eingesetzt. Ihre Skepsis und Ihr prüfender Blick sind hier geradezu Gold wert. Der kleinste Fehler fällt Ihnen auf. Natürlich sind Sie unbeliebt! Aber sind das nicht alle großen Könner ihres Fachs? Hauptsache ist doch, dass die Firmenleitung ihre ganz besonderen Qualitäten erkennt und schätzt.

Merkur tr Saturn ⚹ △

Fachkenntnis

Merkurs harmonische Transitaspekte zu Saturn versetzen Sie in die Lage, Ihre ganz speziellen Fähigkeiten zur Geltung zu bringen. Lang und mühsam war Ihr Weg. Im Grunde ist wenig erreicht. Aber das, was Sie können, ist fundiert und sicher.

Bei Bewerbungen um eine neue Arbeitsstelle sollten Sie den schriftlichen Weg gehen. Formulieren Sie Ihre Vita kurz und bündig. Legen Sie Zeugnisse und Diplome bei. Besonders bei Bewerbungen im Verwaltungsbereich oder bei staatlichen Stellen ist dieser Planetenaspekt sehr zu empfehlen.

Merkur tr Uranus ☌

Schnell Reaktion

Mit Merkur im Transit über Uranus gleichen Sie einem Nervenbündel. Und dies können Sie so oder so verstehen.

Sie haben die freie Wahl. Entweder kommunizieren Sie nun mit jedem und allen, nehmen kein Blatt vor den Mund, überschütten die Leute mit geistreichen und geistlosen Informationen, verheddern sich bei Simultantelefonaten, bringen alles durcheinander, ernähren sich nur noch von Aufputschtabletten, Kopfschmerzmittel und Schlafmitteln - und dies in fortwährender Reihe.

Oder sie arbeiten zielgerichtet, diszipliniert und ungeheuer schnell. Das Verständnis für die Menschen ist derart groß, dass Sie alles Überflüssige weglassen und direkt zur Sache kommen können. Sie verzichten auf autoritäres Gehabe. Hierarchieebenen werden überwunden. Teamwork!

Merkur tr Uranus □ ☍

Aussetzer

Bei Merkurs Spannungsaspekten zu Uranus ist der Kopf schneller als die Zunge. Sie haben die Dinge schon verstanden, bevor der andere seinen Satz beendet hat - wenn sie ihn überhaupt zum Reden kommen lassen. Was Sie da verstehen, entspricht allerdings nicht unbedingt der Realität. Das glauben Sie nur. Und so redet man blitzschnell an einander vorbei. Missverständnisse sind in dieser Zeit mehr Regel als Ausnahme. Jede ach so gute Problemlösung schafft neuen Ärger. Und der muss wiederum gelöst werden.

Solche Tage sind oft mit gewaltigen technischen Problemen verbunden. Sie löschen versehentlich Dateien, E-Mails erreichen den falschen Empfänger, die Festplatte bricht zusammen, die Telefonleitung ist plötzlich tot.

Versuchen Sie, sich dem allgemeinen Trend der Beschleunigung bewusst zu entziehen. Bemühen Sie sich um eine klare und stresslose Kommunikation. Reden Sie Sätze zu Ende. Bringen Sie Ihr Gegenüber nicht zum Stottern. Spielen Sie nicht den großen Individualisten oder das Genie. Dann gibt es auch nicht so viele Aussetzer.

Merkur tr Uranus ⚹ △

Einfach klar

Wenn Merkur im Transit harmonische Aspekte zu Uranus bildet, klappt es mit der Verständigung ganz wunderbar. Oft liegt es einfach daran, dass zwischen den beteiligten Parteien keine Abhängigkeiten bestehen. Man kann sich frei äußern. Und man braucht dabei nicht mit negativen Konsequenzen zu rechnen.

Diese Tage eignen sich sehr gut für die Kommunikation im Team oder mit Geschäftspartner, auch im Ausland. Wollen Sie in Ihrem Unternehmen Innovationen durchsetzen? Dann sprechen Sie darüber. Je einfacher Sie die komplizierten Vorgängen darstellen, umso klarer werden Ihrem Gegenüber die Vorteile. Er kann zusagen, aber er muss es nicht. Das Angebot ist unverbindlich. Lassen Sie es jetzt erst einmal dabei. Später dann können Sie gegebenenfalls stärker nachhaken.

Merkur tr Neptun ☌

Multimedia

Geht der transitierende Merkur über Neptun, dann wird man Sie für Ihren feinen Kunstverstand loben, für diese ganz ungewöhnlichen Ideen und Ihr musisches Talent. Oder sie werden nur mit Sprachlosigkeit auf Kritik reagieren. Konfuse Konzepte, unausgegorene Projekte, wirres Auftreten, falsche Illusionen. Als ob es richtige Illusionen gäbe! Empört ziehen Sie sich in die Schmollecke zurück. Was auch sonst?

Sie könnten sich dem Volk erklären. Nun gut: Mit Worten ließe sich das nicht machen. Je mehr Sie reden, desto weniger versteht man Sie. Aber Sie könnten den multimedialen Weg wählen. Kleiden Sie sich so, dass es Ihrem inneren Verständnis am nächsten kommt. Suchen Sie sich die passende Musik aus. Zeichnen Sie. Entwerfen Sie Grafiken. Arbeiten Sie mit Bildern und Tönen.

Konzentrieren Sie sich auf den Gesamteindruck. Beziehen Sie Ihre Körpergestik in die Präsentation mit ein. Das überzeugt.

Merkur ^{tr} Neptun □ ☍

Sprachverwirrung

Die Spannungsaspekte des Transit-Merkur zum Neptun bringen Probleme, die sich vielleicht analysieren, aber dennoch nicht leicht lösen lassen. Sie treffen auf Menschen, die auf eine ganz andere Art und Weise kommunizieren, als Sie es gewöhnt sind. Während der eine rein intellektuell und rational argumentiert, operiert der andere mit inneren Bildern und Gefühlselementen. Auf diesen unterschiedlichen Ebenen lässt sich keine Verständigung erreichen. Seien Sie höchst misstrauisch, wenn Sie jetzt glauben, einer Meinung zu sein. Das ist ein Irrtum. Was tun? Worüber man nicht reden kann, darüber muss man schweigen. Vertagen Sie die Angelegenheit auf einen späteren Zeitpunkt.

Merkur ^{tr} Neptun ⚹ △

Singsang

Merkurs harmonische Transite zum Neptun bringen Sie mit interessanten Leuten zusammen. Sie brauchen sich nicht groß zu produzieren, sich kompliziert zu erklären oder nach Worten zu ringen. Der Ton macht die Musik. Auf die Stimmung kommt es an. Wenn man sich verstehen will, dann versteht man sich auch. Wenn nicht, dann nicht.

Besonders vorteilhaft sind diese Tage für Menschen, die im künstlerischen Bereich arbeiten. Die sind oft von starken Visionen besetzt. Und es fehlt ihnen an verbalen Ausdrucksmöglichkeiten. Ein Journalist, ein Galerist, ein Musikmanager oder Literaturagent übernimmt dann die Außenkontakte zur bürgerlichen Welt. Insofern bestehen jetzt auch reale Möglichkeiten, einen finanziell lukrativen Abschluss zu tätigen.

Merkur ^{tr} Pluto ☌

Offenes Geheimnis

Merkur im Transit über Pluto zwingt zur Offenlegung von Geheimnissen. Aber was ist ein Geheimnis? Natürlich kann es sich dabei um betriebsinterne Informationen handeln, die keinesfalls an die Öffentlichkeit kommen sollten. Oder Sie stoßen als Journalist bei Recherchen auf Informationen, die in der Öffentlichkeit einen Skandal auslösen könnten.

Die allergrößten Geheimnisse liegen jedoch in Ihrem Inneren. Es handelt sie um die Pläne und Konzepte, die Sie ganz alleine entwickelt haben und die Sie eigentlich schon immer der Firma vorstellen wollten. Riskieren Sie ruhig, Ihre Meinung offen zum Ausdruck zu bringen - bevor ein anderer Ihre Pläne abkupfert und sich mit fremden Lorbeeren schmückt.

Merkur ^{tr} Pluto □ ☍

Peinliche Wahrheiten

Bei Merkur in Spannung zu Pluto durchschaut man so ziemlich alles. Zumindest glaubt man das. Und was man da sieht, ist furchtbar. Zumindest schaut es so aus. Aber was ist wirklich Realität und was nur Fiktion, Spukgespenst, Ausgeburt eigener Angstfantasien?

Sie könnten in diesen Tagen die Feinde überall sehen. Hat der Buchhalter diesen Überweisungsfehler wirklich nur aus Versehen gemacht? Wie ist jene Bemerkung des Chefs zu verstehen. Eine der Angestellten hüstelte so merkwürdig, als Sie vorübergingen.

Alle Indizien zeigen in Richtung auf eine konzertierte Aktion gegen Ihre Persönlichkeit. Eine Verschwörung! Seien Sie tapfer, denn es kommt noch schlimmer. Wenn Sie ganz genau hinschauen, entdecken Sie die Ursache für das ganze Dilemma: Ihre eigene, überbordende Fantasie. Eine wahrhaft unangenehme Erkenntnis.

Merkur ^{tr} Pluto ⚹ △

Selbsterkenntnis

Die harmonischen Transite Merkurs zu Pluto machen es uns möglich, eigene Fehler zu erkennen und damit umzugehen. Dadurch gewinnen wir Macht über die einzige Person, die uns gefährlich wird: uns selbst. Wem all dies zu psychologisch ist, der weiß nicht um die Wichtigkeit von Menschenführung in Unternehmen. Dieser Tage bieten sich genug Möglichkeiten, entspannt und selbstsicher in der Firma aufzutreten. Gerade weil Sie um Ihre eigenen Fehler wissen, können Sie die der anderen besser verstehen.

Und weil Sie so sehr an Ihrer eigenen Persönlichkeit arbeiten, können Sie mit der notwendigen Gelassenheit Verhaltensänderungen bei Ihren Mitmenschen erreichen.

Merkur tr Aszendent ☌

Meinungsäußerung

Merkurs Transit über den Aszendenten bringt uns schlagartig mit den richtigen Leuten in Kontakt. Alle inneren Hemmungen sind so gut wie weggeblasen. Nur übertreiben sollte man es jetzt nicht.

Sie haben Mut, Ihre Meinung zu sagen. Das war in den vergangenen Wochen nicht der Fall. Aus gutem Grunde. Denn so etwa löst natürlich Gegenreaktionen aus. Und die müssen Sie sich natürlich auch gefallen lassen.

Merkur tr Aszendent □ ☍

Wortwechsel

Die harten Transite Merkurs zum Aszendenten bringen unangenehme Mitteilungen. Es hat jetzt überhaupt keinen Zweck, sich besonders wichtig zu tun oder in den Mittelpunkt zu drängen.

Vermeiden Sie spontane Überreaktionen. Bemühen Sie sich um eine Klärung der Situation im beiderseitigen Einverständnis.

Merkur tr Aszendent ⚹ △

Ohne große Förmlichkeiten

Mit Merkur im günstigen Winkel zum Aszendenten können Sie klug und geschickt auftreten. Sie verstehen, dass es manchmal vorteilhaft ist, persönlich vorstellig zu werden. Man weiß, mit wem man es zu tun hat. Und wenn es dann unbedingt sein muss, kann man Sie sicherlich auch direkt erreichen.

Lassen Sie sich eine Visitenkarte machen. Geben Sie Ihre Telefonnummer und ggf. E-Mail-Adresse an. Man soll Sie ruhig bei Rückfragen kontaktieren. Es ist ganz erstaunlich, wie leicht sich auf dem kleinen Dienstweg und bei informellen Treffen Probleme lösen lassen.

Merkur tr Medium Coeli ☌

Ködern

Bei Merkurs Transit über die Himmelsmitte treffen Sie auf Menschen, die Sie kleinmachen, kontrollieren und reglementieren wollen. Frustration ist die Folge. Diese Besserwisser setzen sich immer durch. Keine Chance, dagegen anzugehen.

Keine Chance? Mitnichten! Sie müssen diese Typen nur richtig nehmen. Die wollen halt auch nur Karriere machen. Genau wie Sie. Ziehen Sie das Gespräch ein bisschen in die Länge. Geben Sie denen ein Gefühl von Wichtigkeit (auch wenn das nun wirklich nicht der Fall ist). Sie haben es hier zwar mit Funktionsträgern in Amt und Würden zu tun.

Aber das sind doch auch nur Menschen. Zeigen Sie sich souverän und üben Sie sich in bedeutungsvollem Schweigen. Und antworten Sie auf wichtige Dinge erst, nachdem man Sie dreimal darum gebeten hat. Betonen Sie die Unwichtigkeit Ihrer persönlichen Meinung und warten Sie dann mit ein paar knallharten Fakten auf. Wenn der Fisch nach den Brocken zu schnappen beginnt, haben Sie ihn an der Angel. Und der merkt das nicht einmal!

Merkur ^{tr} Medium Coeli □ ☍

Auswahlverfahren

Merkurs Spannungsaspekte zum Medium Coeli bescheren Ihnen Gespräche, die Sie nicht weiterbringen, und versorgen Sie mit Infos, deren Nutzwert gleich null ist. Warum sollten Sie sich mit so etwas belasten?

Machen Sie aus der Not eine Tugend. Lernen Sie, noch besser zu selektieren. Dabei sollte persönliche Eitelkeit nicht der Maßstab aller Dinge sein. Würden Sie so vorgehen, dann mussten Sie auch zu Hause alle Wurfsendungen mit glücksverheißenden Einladungen zu dubiosen Lotteriespielen annehmen, Briefe vom Finanzamt und Rechnungen der Telefongesellschaft aber beleidigt in den Papierkorb werfen. Und tun Sie das? Nein. (Wir wollen es zumindest hoffen.)

Merkur ^{tr} Medium Coeli ⚹ △

Bescheidene Nachfrage

Harmonische Transite Merkurs zum MC fördern strategisches Vorgehen. Niemand hat je davon gesprochen, dass Sie für den freigewordenen Posten des Bezirksleiters infrage kommen. Nein, sicherlich nicht. Wahrscheinlich sind Sie nicht einmal ins Gespräch gebracht worden.

Ohne Frage wären Sie für den Posten qualifiziert. Aber darum geht es nicht. Selbstverständlich werden Sie sich nicht aufdrängen. Entsprechende Anfragen dementieren Sie natürlich.

Wenn man Sie allerdings drängen würde ... Weil die Firma Ihre Talente nun einmal braucht ... Und weil Not am Mann ist .... Und weil Sie natürlich jederzeit in die Bresche springen, wenn die Pflicht ruft. Gut unterrichtete Kreise munkeln da schon. Nun ja. Irgendwie sind Sie schon im Gespräch. Man tut halt, was man kann.

Zyklen der Venus

♀

Berufliche Beziehungen, Betriebsklima

Nur ein oder zwei Tage dauern die Transitaspekte der laufenden Venus zu den Radix-Planeten. Es sind wichtige Momente. Wir sind zwar nicht besonders produktiv, treffen jedoch auf Menschen, mit denen wir langfristig Geschäfte machen können.

Beziehungen sind nicht alles. Man muss auch über Kompetenz, Fleiß und Qualifikation verfügen, um im Beruf Erfolg zu erlangen. Letztendlich ist alles viel, viel leichter, wenn man zur richtigen Zeit die richtigen Leute kennenlernt. Gute berufliche Beziehungen verbessern das Betriebsklima.

Leider hat die Liebesgöttin Venus auch eine fatale Neigung zu Psycho-Spielchen. Das kann dazu führen, dass man/frau trotz fachlicher Eignung den Job verliert. Selbst Minister können durch Amors Pfeil abgeschossen werden. Studieren Sie also auch die schwierigen Aspekte der Venus, damit Sie nicht in jene Venusfalle tappen, die ihnen missliebige Konkurrenten am Arbeitsplatz aufbauen.

In der Tat müssen in einer astrologischen Berufsprognose die Venus-Aspekte vollkommen anders als im Geburtshoroskop gedeutet werden. Sprechen wir es offen aus: Sex am Arbeitsplatz ist Kündigungsgrund, wenn aus enttäuschter Liebe der Vorwurf sexueller Nötigung wird. Deshalb wird bei der Berufsdeutung der Venus-Aspekte nicht nur der Faktor Nähe, sondern auch die aktuelle Fähigkeit zu bzw. der Mangel an Distanz gewertet. Und aus all diesen Gründen möge man die schwierigen astrologischen Aspekte der Transit-Venus besondere Beachtung schenken.

Die Bewegung der laufenden Venus durch die Häuser dauert circa einen Monat. Der entsprechende Lebensbereich wird in diesem Zeitraum erotisiert werden. Bei guten zwischenmenschlichen Kontakten steigt unsere Motivation und Leistungsbereitschaft.

Allerdings steht Venus auch für Bequemlichkeit. Eine gewisse Schlampigkeit könnte sich in diesem Zeitraum schon einstellen. Verbesserte zwischenmenschliche Beziehungen werden dieses Manko wieder ausgleichen.

Venus ^{tr} Haus I.

Liebeskampf

Sie sind endlich wieder voll einsatzfähig. Vielleicht nimmt man das noch nicht ganz wahr. Aber die Wochen, in denen Venus durch das erste Haus zieht, werden Sie die Blicke auf sich lenken. Alles Schöne wird durch die eigene Person erobert und dargestellt. Gute Konstellation für Eroberungsfeldzüge.

Venus ^{tr} Haus II.

Abtrotzen

Wenn Venus durch Ihr zweites Haus zieht, sollten Sie sich Angebote machen lassen. Und sich verweigern.

Sie haben ein sehr gutes Selbstwertgefühl und können bis zum letzten Moment pokern. Wer was von Ihnen will, muss auch einen entsprechenden Gegenwert auf den Tisch legen.

Venus tr Haus III.

Telefonstimme

Auch wenn es normalerweise nicht Ihr Metier ist: Kontaktieren Sie die Leute übers Telefon. Notfalls sind auch kleine Besuche erfolgversprechend. Eine etwas doppeldeutige, leicht erotisch-anzügliche Stimme, verbunden mit der dazugehörigen Gestik, tut ihr Übriges. Die Leute kaufen Ihnen einfach alles ab, solange Venus durch das dritte Horoskophaus zieht.

Venus tr Haus IV.

Verwöhnaroma

Der Lauf der Venus durch das vierte Haus ist ideal für Kundenbesuche. Auch könne Sie Ihre eigene Wohnung jetzt ganz hervorragend geschäftlich nutzen, beispielsweise als Casting-Agentur (nein, das ist wirklich ganz seriös gemein!) oder für Tupper-Partys. In vertrauter Atmosphäre sind manche Leute viel eher bereit, tief in ihr Portemonnaie zu greifen. Machen Sie es den Besuchern gemütlich. Die Investition lohnt sich.

Venus tr Haus V.

Herzensbrecher

Mit der Venus im fünften Haus spielt man gerne mit der Liebe. Ziehen Sie sich also etwas Anständiges an (oder etwas unanständiges!) und üben Sie vor dem Spiegel noch einmal Ihr unwiderstehliches Lächeln. Und dann nichts wie raus. Die Leute erwarten halt ein bisschen Show. Wenn es hilft, im Berufsleben weiterzukommen, dann geben Sie dem Affen halt Zucker!

Venus ^{tr} Haus VI.

Bestechung

Wenn Venus durch Ihr sechstes Haus geht, sollten Sie sich besonders mit dem Servicepersonal, den lieben Kollegen und Untergebenen gut stellen. Besuchen Sie auch mal die Leute auf den Ämtern. Erkundigen Sie sich, wieso das alles so lange dauert. Haben Sie Verständnis. Und nehmen Sie etwas Kuchen mit. Bestechung ist das noch lange nicht.

Man plaudert ein wenig. Die Arbeitszeit vergeht und hinterherläuft das mit den Behördenpapieren wieder wie von selbst. Wenn doch mal etwas schief geht, kennen Sie den netten Sekretär in dieser Dienststelle oder die freundliche Vorzimmerdame jetzt wenigstens beim Vornamen. Das zahlt sich aus.

Venus ^{tr} Haus VII.

Faules Leben

Wenn Venus durch das siebte Haus geht, ist es schnell aus mit der Selbstdisziplin. Das Einzige, was Sie in dieser Situation machen können, ist konsequentes Umbewerten.

Ein romantischer Kaffeehausbesuch mit dem netten Sachbearbeiter der Zulieferfirma wird als Geschäftsessen abgesetzt, die Weinprobe ebenfalls. Der Wochenendflug nach Sylt wird samt Zweibettzimmer als Arbeitstagung tituliert. Wenn sich im Nachhinein erfolgreiche Geschäftsabschlüsse ergeben, zahlt Ihnen die Firma anstandsfrei die Spesen.

Aber zum Ornithologen-Kongress nach Honolulu fährt Ihr Chef dann doch lieber höchstpersönlich.

Venus ^{tr} Haus VIII.

Firmenkontakte

Grundsätzlich darf man niemandem raten, sexuelle Kontakte aus reiner Berechnung einzugehen. Und die paar Wochen, in denen Venus durch Ihr achtes Haus geht, reichen auch überhaupt nicht aus, um den Chef (die Chefin) davon zu überzeugen, dass er (sie) sich von seiner Frau (ihrem Mann) scheiden und dann sofort Sie heiraten und Ihnen die Firma übergeben sollte.

Zudem sind sexuelle Übergriffe am Arbeitsplatz strikt verboten bzw. zumindest verpönt. Aber ist es eigentlich auch unstatthaft, über die Arbeit zu sprechen, wenn gemeinsam im Bett liegt? Es kann einem eigentlich nicht unstatthaft sein, Tag und Nacht an das Wohl der lieben Firma zu denken und dafür sogar seinen kostbaren Schlaf zu opfern!

Venus ^{tr} Haus IX.

Talentsuche

Wenn Venus durch das neunte Haus geht, öffnet sich Ihr Blick dem Duft der großen, weiten Welt. Alles Schöne findet sich in der Philosophie, der Religion, in fernen Ländern und auf dem Rücken von Pferden. Sie sind tolerant und schauen nicht so genau hin. So knüpft man Beziehungen. Das ist in vielen Situationen viel wichtiger als eine Universitätsausbildung - von Lehre und Betriebspraktikum ganz zu schweigen. Wer braucht das heutzutage schon?

Angeln Sie sich lieber einen Menschen, dessen Mutter mit der Frau des Abteilungsleiters immer im Café des Golfplatzes sitzt, während die Männer auf dem Platz spielen. Man wird Ihr Talent schon entdecken.

Venus ^{tr} Haus X.

Entscheidungsschwäche

Wenn Venus durch das zehnte Horoskophaus geht, werden Ihre diplomatischen Fähigkeiten abgefragt. Es geht jetzt weniger darum, lieblich und aufreizend zu sein. Sie müssen »Nein« sagen könne, sich verweigern und abgrenzen. Und dies müssen Sie auf eine derart geschickte Weise tun, dass jedermann den Eindruck hat, dass Sie es eigentlich ganz anders meinen. Haben Sie das erst einmal geschafft, liegt der Schwarze Peter bei den anderen. Und da gehört er auch hin. Alles klar?

Venus ^{tr} Haus XI.

Partygespräche

Alles Schöne findet sich in der Gemeinschaft mit Freunden. So die Theorie. Wenn Venus durch Ihr elftes Haus zieht, haben Sie ein paar Wochen Zeit, diese Weisheit in der Praxis auszuprobieren. Es geht nichts über informelle Kontakte.

Sehen Sie also zu, dass Sie beim Betriebsausflug dabei sind. Treiben Sie sich auf Partys herum, die von den sogenannten »wichtigen Leute« besucht werden. Die sind wirklich wichtig. Seien Sie nicht aufdringlich. Immer locker bleiben. Beim Small Talk findet sich immer eine Gelegenheit, Businesskontakte zu knüpfen.

Wenn Sie nicht wissen, wie Sie innerhalb von 30 Sekunden beiläufig das Gespräch aufs geschäftliche bringen und sich dabei geschickt in Szene setzen, dann besuchen Sie mal eines dieser teuren Pitching-Seminare. Die sind ihr Geld wert.

Venus ^{tr} Haus XII.

Siebter Sinn

Irgendwann müssen Sie einmal ausspannen. Venus im zwölften Haus gibt Ihnen genug Gelegenheit. Gehen Sie in die Abgeschiedenheit. Schauen Sie nach innen. Spüren Sie, was Sie wirklich wollen - und wen.

Es kann durchaus sein, dass Sie gewisse Signale aus der Außenwelt bislang nicht beachtet haben. Wie wäre es mit einem heimlichen Abenteuer? Man kann sich daran die Finger verbrennen.

Aber besteht dieses Risiko nicht immer, wenn man vorwärtskommen will? Mal ehrlich!

Venus ^{tr} Sonne ☌

Entschiedenes Jein

Die Transit-Venus über der Sonne bringt vielfältige, sehr amüsante und angenehme Kontakte. Sie können jetzt sehr diplomatisch vorgehen, haben sogar eine leicht erotische Ausstrahlung. Ein guter Termin für Verhandlungen und Verabredungen.

Allerdings hemmt diese ganze Diplomatie und Rücksichtnahme auch die eigene Persönlichkeit. Sie sagen Ja und meinen Nein. Sie geben eine Absage und wollen doch das Gegenteil. Fragt man Sie nach Ihrem genauen Standpunkt, dann antworten Sie mit einen knallharten »Vielleicht«. Vor lauter Konsensbereitschaft verlieren Sie die Konturen.

Venus tr Sonne □ ☍

Eiertanz

Bei Venus im Spannungsaspekt zur Sonne erlebt man Unlustgefühle, hat Schwierigkeiten bei Verträgen und in der Partnerschaft. Eine zu große Passivität kann Sie in Ihrer Handlungsfähigkeit beeinträchtigen.

Berücksichtigen Sie ruhig die Interessen der anderen. Aber machen Sie das nicht zum alleinigen Maßstab für Ihr Handeln. Dann kommen Sie vollkommen ins Trudeln.

Venus tr Sonne ⚹ △

Spaßgesellschaft

Harmonische Transite von Venus zur Sonne machen es leicht, sich dem oberflächlichen Vergnügen hinzugeben. Die Lust am Leben steckt an.

In diesen Tagen brillieren Sie durch charmante Gestik und positive Ausstrahlung. Sie nehmen Sie die Menschen für sich ein. Es ist eine ganz hervorragende Gelegenheit, in Verkaufs oder Vertragsverhandlungen einzusteigen. Auch lassen sich sehr gut Kontakt zu Menschen knüpfen, die ihnen auf dem beruflichen Werdegang weiterhelfen.

Venus ^{tr} Mond ☌

Schlemmermenü

Wenn der Mond über Venus geht, dann ist dies sicherlich eine ganz hervorragende Konstellation für Familienfeiern, den Besuch bei Oma und Opa, Kaffeefahrten oder Weihnachtsfeiern.

Im betrieblichen Umfeld besteht allerdings die Gefahr, dass man vor lauter Konsens und Gemütlichkeit überhaupt nicht mehr zum Arbeiten kommt - und dies noch nicht einmal merkt.

Wenn Sie als Firmenchef oder Abteilungsleiter die Katastrophe abwenden wollen, dann setzen Sie für diesen Tag eine Betriebsfeier an. Zu mehr ist die Belegschaft momentan sowieso nicht zu gebrauchen.

Ach ja: Nicht vergessen, in spätestens neun Monaten dann die Schwangerschaftsvertretung einzuarbeiten!

Venus ^{tr} Mond □ ☍

Zu viel des Guten

Spannungsaspekte von Transit-Venus zu Mond führen häufig zu Missverständnissen. Man verwechselt die privaten mit den geschäftlichen Kontakten. Sie sollten sich vor übergroßer Vertrautheit hüten.

Man gerät an Menschen, mit denen man im Prinzip ganz gut auskommt, aber andererseits irgendwie und überhaupt nicht riechen kann. Manchmal ist es störender Mundgeruch, der abstößt, manchmal ein ungepflegtes Äußeres oder kumpelhaftes Auftreten.

Auf jeden Fall fehlt es momentan an Distanz.

Venus ^{tr} Mond ⚹ △

Einfach nett sein

Harmonische Aspekte von Mond zu Venus bereichern die zwischenmenschlichen Beziehungen durch Wärme und Vertrautheit. Man kann eine so richtig gemütliche Atmosphäre schaffen. Ein auch ästhetisch anregendes Festmahl begeistert. Kleine Nettigkeiten erhalten die Freundschaft.

So unkompliziert, wie Sie jetzt auf die Arbeitskollegen und Kunden zugehen, sollten Sie sich öfters geben. Dann können Sie sich eine ganze Menge Ärger ersparen.

Venus ^{tr} Merkur ☌

Zwischentöne

Mit Venus im Transit über Merkur sind Sie gesprächsfreudig. Small Talk löst die Zunge, überwindet anfängliche Hürden im Miteinander. Die Kontakte sind einfach nicht mehr so kühl und neutral. Man redet sich auch im Geschäftsleben mit dem Vornamen ein, spricht übers Wetter. Und ein bisschen Flirt schwingt immer mit.

Das Problem besteht darin, dass eine gewisse Zweideutigkeit nicht allen liegt. Wenn es um wirklich wichtige, berufliche Themen geht, wird man möglicherweise nicht ernst genommen.

Zu viele Scherze und Andeutungen können das Gegenteil von dem bewirken, was Sie eigentlich beabsichtigen. Wissen Sie jetzt eigentlich wirklich, was Sie sagen wollen?

Venus tr Merkur □ ☍

Geschwätz

Wenn Venus im Transit Spannungsaspekte zu Merkur bildet, orientiert man sich zu viel oder zu wenig an anderen. Auf jeden Fall stimmt die Kommunikation nicht. Vereinbarungen, die unter diesem Gestirn getroffen werden, haben nicht die erwartete Durchschlagskraft.

Seien Sie skeptisch bei allen informellen Abmachungen, vollmundigen Gesten und netten Worten. Das alles ist nicht unbedingt auf die Goldwaage zu legen. Sie sollten sich jetzt nicht an anderen orientieren. Kompromisse müssen wohlüberlegt sein. Besinnen Sie sich erst einmal auf Ihre eigenen Ziele.

Venus tr Merkur ⚹ △

Das gewisse Etwas

Ein harmonischer Transit von Venus zu Merkur begünstigt alle Kontakte und fördert den Informationsfluss. Sie führen interessante Gespräche, haben großes diplomatisches Geschick. Gut für Verhandlungen und Vertragsabschlüsse. Wissen ist Macht. Manchmal genügt etwas psychologisches Geschick, um Informationen zu erhalten, die eigentlich geheim bleiben sollten.

Mischen Sie sich unter die Leute. Flirten Sie ruhig ein bisschen - oder etwas mehr. So etwas ist sehr nützlich. Die besten Jobs sind längst schon unter der Hand vergeben, bevor die entsprechende Stellenanzeige gedruckt wird.

Von vorteilhaften Geschaften erfährt auf informelle Weise. Es kann also ganz nützlich sein, sich einen gewissen Schmelz zuzulegen, die Lippen zu schürzen, Interesse zu heucheln und sich auf der Szene herumzutreiben.

Venus ᵗʳ Venus ☌

Liebeslust

Wenn die Transit-Venus zur Ursprungsposition im Geburtshoroskop zurückkehrt, trifft man auf Menschen, die einen nicht nur beruflich, sondern auch privat interessieren. Es ist momentan für Sie sehr wichtig, geliebt und akzeptiert zu werden.

Wenn Sie Versicherungsvertreter sind, haben Sie den Wunsch nach Anerkennung zu Ihrem Beruf gemacht. Dies gilt auch für andere Professionen, die starken Kundenkontakt erfordern. Jeder Vertragsabschluss ist eine Art Liebesakt. Ablehnungen nehmen Sie im Grunde persönlich. Auch wenn Sie sich dies nicht anmerken lassen. Ein Höllenjob, der an die Nieren gehen kann!

Venus ᵗʳ Venus □ ☍

Unstimmigkeiten

Steht die Transit-Venus im Quadrat zu ihrer Radixposition, dann treffen Sie einfach nicht den richtigen Ton. Und wenn Sie sich auch noch so sehr bemühen. Jedes Entgegenkommen wird mit Ablehnung quittiert, zwar nicht direkt, aber doch spürbar.

Wichtige Verhandlungen sollten auf einen späteren Zeitpunkt verschoben werden. Wenn Sie heute keinen Erfolg haben, dann machen sie sich nichts draus. Ein Nein bekommt jeder mal zu hören. Das muss man einstecken können.

Venus ^{tr} Venus ⚹ △

Selbstwert

Die günstigen Transitaspekte der Venus zu ihrer Radixposition machen Ihnen den eigenen Wert so richtig bewusst. Im Beruf zahlt sich das durch Liebe und Sympathie aus. Ihr Wert lässt sich in Heller und Pfennig bzw. in Euro und Cent auf der Gehaltsabrechnung ablesen. Wenn sie es geschickt anstellen, werden Sie über kluges Taktieren ihren Werte jetzt nach oben korrigieren können. Sie sind es wert!

Venus ^{tr} Mars ☌

Entscheidungsschwach

Der Transit von Venus über den Mars fördert nach landläufiger Meinung das Liebesleben, macht heißblütig und erfolgreich. Dies mag im Privatleben auch ab und an durchaus zutreffen. Zugegeben: Eine bessere Sexkonstellation haben die Sterne nicht zu bieten.

Beruflich sieht es aber ganz anders aus. Ihre Fähigkeit, klare und eindeutige Entscheidungen zu treffen, ist paralysiert, weil Ihnen jeglicher Egoismus fehlt. Ein freundlicher Blick aus verführerischen Augen und Sie vergessen sich und Ihre Interessen. Bei Entscheidungen haben Sie auch das Wohl der anderen im Auge. Zu sehr. Bis hin zur Blauäugigkeit.

Die aktuelle Konstellation ist nur in Branchen förderlich, die sich professionell mit der Kunst oder dem schönen Schein beschäftigen, der Werbebranche zum Beispiel. Dort kann man lieb und nett sein - und zugleich gnadenlos egoistisch und eiskalt. Ein Haifischbecken. Ungeheuer beliebt ...

Venus tr Mars □ ☍

Zielkonflikt

Transit-Venus im harten Aspekt zu Mars fordert viel von Ihnen. Vielleicht zu viel. Sie sollen die Interessen der anderen berücksichtigen. Und zugleich müssen Sie an sich selbst denken. Beides auf einmal geht im Grunde nicht. Was also tun? Rücksichtslosigkeit verschreckt. Und Selbstlosigkeit wäre ein Eigentor. Keine gute Zeit für Geradlinigkeit.

Venus tr Mars ⚹ △

Direktes Vorgehen

Venus im harmonischen Transit zu Mars begünstigt offensives Verhalten. Sie treffen auf Menschen, die Ihre Tatkraft stimulierend finden und Ihnen nicht im Wege stehen.

Und noch mehr: Mann oder Frau schmiegt sich an Ihre Seite, möchte mitmachen, auffangen und ausgleichen. Erstaunlicherweise ist ein offen zur Schau gestellter Egoismus viel leichter zu ertragen als eine Scheinharmonie, welche im Grunde nicht zu trauen ist. Sie haben ganz gute Karten. Weiter so!

Venus tr Jupiter ☌

Überfluss

Der Transit von Venus über Jupiter bringt Sie mit den angenehmen Seiten des Lebens in Kontakt. Manchmal ist das mehr, als sich vertragen lässt. Man kann diesen Aspekt in Feierlichkeiten erleben, in denen das Gute und Schöne zu stark herausgekehrt wird. Man wird überfüttert, gegen Kritik abgeschottet, blind gemacht.

Es ist wie Sonntagnachmittag bei der Tante am Kaffeetisch. Und noch ein Stück Sahnetorte. Eins passt noch rein. Diese Tage sind sehr gut für Vertragsverhandlungen in ansonsten schwierigen Zeiten, für Werbung und Vertrieb – alle Situationen, in denen Konflikte erst einmal unter den Tisch gekehrt werden müssen, damit die Menschen einander die Hände reichen.

Ob dies dann mehr als nur hohle Gesten sind, wird sich zeigen.

Venus tr Jupiter □ ☍

Peinlichkeiten

Die Spannungsaspekte von Venus zu Jupiter lassen einen immer genau das tun, was nichts hilft und was dem Beliebtheitsgrad nicht gerade fördert. Wir machen das natürlich nicht absichtlich. Wozu auch?

Sie sind jetzt rundherum nett. Jeder kann sich angesprochen fühlen. Aber niemand fühlt sich speziell gemeint. Das stiftet Verwirrung. Zudem werden Neid und Eifersuchtsgefühle geschürt. Sie sollten in sich gehen und die folgende Frage stellen: Wollen Sie all diese Kontakte überhaupt?

Venus tr Jupiter ⚹ △

Locker und leicht

Mit Venus im harmonischen Aspekt zu Jupiter fördert man die guten Verbindungen. Man hakt noch einmal bei potenziellen Kunden nach. Aber man bedrängt sie nicht. Eine Stellenbewerbung wird gut gestaltet. Das persönliche Auftreten ist elegant und ästhetisch.

So, wie Sie sich momentan geben, könnten Sie in einem Modegeschäft oder einem Reiseveranstalter arbeiten, vielleicht sogar im diplomatischen Dienst.

Venus tr Saturn ☌

Seriös

Venus über Saturn ist eine sehr gute Zeit, um Verträge zu unterschreiben. Die werden schon eine ganze Zeit gültig bleiben. Man sieht die Realität, akzeptiert den Egoismus des Einzelnen und findet trotzdem (oder gerade deshalb) die Gemeinsamkeiten.

Die Skepsis, mit der man sich vor Bindungen scheut, geht einher mit großem Pflichtgefühl, einmal getroffene Vereinbarungen auch wirklich einzuhalten.

Die Frage ist halt nur, ob Sie auf Dauer solch eine Beziehung überhaupt wollen. Abwechslung werden Sie nicht erleben. Groß wählen können Sie nach der Vertragsunterzeichnung auch nicht mehr.

Sie haben ein Stück Ihrer Freiheit aufgegeben. Nun gibt es eine Treuepflicht gegenüber Ihrem Arbeitgeber. Vertragsverletzungen werden mit Konventionalstrafen geahndet.

Schöne Aussichten!

Venus tr Saturn □ ☍

Unbestechlich

Wenn Venus Spannungsaspekte zu Saturn bildet, könnten Sie Angriffe auf Ihre Prinzipien erleben. Mit vielen kleinen oder großen Nettigkeiten versucht man, Ihre unerschütterliche Haltung aufzubrechen. Doch so leicht kann man Sie nicht bestechen. Da müssten schon ganz andere kommen.

Im Prinzip haben Sie recht - zumindest prinzipiell. Wenn Sie darüber bloß nicht Ihren Humor verlieren ...

Venus ^tr Saturn ⚹ △

Vornehm distanziert

Mit Venus im günstigen Aspekt zu Saturn halten Sie Distanz, ganz auf die feine, englische Art. Und darüber kommen Sie einander näher und näher. Gerade im beruflichen und geschäftlichen Bereich sind diese Umgangsformen äußerst dienlich.

Sie wahren gewisse Grenzen, sind absolut nicht aufdringlich. Das ist ganz wunderbar, wenn Sie bereits einen funktionierenden geschäftlichen Kontakt haben.

Allerdings kann die mangelnde Penetranz auch dazu führen, dass Sie sich zu wenig engagieren, aus falsch verstandener Höflichkeit nicht den letzten Schritt wagen.

Venus ^tr Uranus ☌

Nett sein kann jeder

Der Transit von Venus über Uranus gleicht dem Öffnen einer prickelnden Sektflasche. Man gönnt sich ja sonst nichts. Im privaten Bereich gehören hierzu der One-Night-Stand und der Quickie.

Im Berufsleben setzen Sie sich jetzt über alle Schranken des Reglements hinweg. Sie bewerben sich direkt beim Management unter Umgehung der Vorzimmerdame, schlagen auf dem freien Markt Ihre Konkurrenten durch Blitzofferten und Dumpingpreise aus dem Rennen.

Wenn Sie trotz alledem den Respekt vor Ihren Mitmenschen wahren, nicht nervös und hektisch auftreten, verantwortlich handeln, wenn, ja wenn ... dann kann eigentlich nichts mehr schief gehen.

Venus tr Uranus □ ☍

Keine Zeit

Wenn Venus im harten Aspekt zum Uranus steht, wird man irgendwie immer vom Schicksal auf dem falschen Fuß erwischt.

Entweder kommen die Leute zu früh, oder sie sind falsch gekleidet oder schräg drauf. Oder man trifft unter Stress Verabredungen und niemand hält sich wirklich dran. Das Handy bimmelt zum falschen Zeitpunkt oder ist wieder einmal ausgeschaltet, auch wenn der Anruf erwartet wird. Sie brauchen ein wenig Distanz.

Schaffen sie sich einen Freiraum. Sagen Sie den Leuten direkt, aber freundlich, dass Sie momentan nicht die Nerven haben, auf alles und jedes zu reagieren. Bitten Sie um Verständnis.

Venus tr Uranus ⚹ △

Fernkontakt

Mit Venus im harmonischen Transitaspekt zu Uranus können Sie über sehr lange Distanz Geschäftskontakte aufbauen. Vielleicht sitzen Sie zu Hause am Computer und Ihr Partner tut das Gleiche, nur halt ein paar Hundert Kilometer entfernt.

Dass Sie sich trotzdem so gut verständigen können, liegt auch an einer geistigen Übereinstimmung, die rein menschliche Gründe hat. Tipp am Rande: Das Internet vernetzt weltweit die Bildschirmarbeitsplätze. Und Sie können davon profitieren.

Venus tr Neptun ☌

Verlockendes Angebot

Der Übergang von Transit-Venus zu Neptun kann verführerischen Komplikationen erzeugen. Es gibt Menschen, die erkennen mit scharfem Blick die verborgensten Wünschen und Sehnsüchte im Herzen anderer. Und genau da setzen sie mit ihren Verkaufsstrategien an. Passen Sie gut auf.

Im Privatleben ist dieser Planetenaspekt wunderbar. Sie erleben die schlüpfrigsten Liebesgeschichten und schämen sich noch nicht einmal. Warum auch?

Beruflich kann Ihnen Ihre Naivität jedoch zum Verhängnis werden. Rechnen Sie das Ganze einmal nach knallharten, kaufmännischen Gesichtspunkten durch.

Venus tr Neptun □ ☍

Etwa dubios

Venus im harten Aspekt zu Neptun bringt Chaos in die Finanzen. Das kann von gewissen Leuten gnadenlos ausgenutzt werden. Gutgläubigkeit würde katastrophale Folgen haben.

Malen wir den Teufel nicht an die Wand. Doch Skepsis ist angebracht, wenn man Ihnen jetzt zu dubiosen Geschäften mit Ölplattformen in der Nordsee rät. Und wenn die Lohnbuchhalterin schon ein paar Stunden mit der Geldkassette von der Bank überfällig ist, sollten Sie sich auch nicht mit einer lapidaren SMS vertrösten lassen.

Das mit dem angeblichen Verkehrsstau in der Fußgängerzone ist doch schon etwas merkwürdig, oder?

Venus ^{tr} Neptun ⚹ △

Geschmeidig

Mit Venus im günstigen Transit zu Neptun finden Sie immer einen Weg, sich gewissen Leuten zu nähern. Und Sie können sogar noch Prioritäten setzten. Intuitiv erkennen Sie, wer vollkommen unnötigerweise hofiert werden will und wer Ihre Sympathie wirklich verdient.

Grundsätzlich sind Sie jetzt zu vielem, wenn nicht sogar allem bereit - wenn es nur der Karriere nutzt. Oh la la!

Venus ^{tr} Pluto ☌

Sicherheit

Wenn Venus über Pluto geht, hat das sicherlich auch eine stark psychische und erotische Komponente. Aber solche Sachen zählen eher im persönlichen Bereich.

Beruflich haben Sie nun die Chance, Ihr Bedürfnis nach Organisation und Kontrolle (nicht nur, aber auch im rechtlichen Bereich) durchzusetzen. Sie wenden dabei diplomatische Strategien an, nutzen gute Beziehungen zu machtvollen Menschen.

Das ist aber nicht ihr einziger Weg. Sie versuchen auch, an das Sicherheitsbedürfnis Ihres jeweiligen Partners zu appellieren. Je besser Ihnen da gelingt, umso größer ist Ihr Erfolg.

Venus ^{tr} Pluto □ ☍

Gerissenheit

Venus im harten Transit zu Pluto ist ein schwieriger Aspekt. Gewisse Menschen werden ziemlich berechnend mit Ihnen umgehen. Liebe und Freundlichkeit wird nur dann eingesetzt, wenn es sich finanziell oder strategisch auszahlt.

Sie müssen jetzt sehr aufpassen, nicht in krumme Geschäfte verwickelt zu werden oder in kompromittierende Situationen zu gelangen. Die Verlockung ist natürlich groß.

Venus ^{tr} Pluto ⚹ △

Gelassenheit

Bei den harmonischen Transiten von Venus zum Pluto durchschauen Sie die Situation. Ihnen gefallen all diese menschlichen Abgründe, in die Sie blicken, sicherlich nicht. Aber Sie wollen auch nichts anbrennen lassen oder sich zum Moralapostel aufspielen. Das wäre doch nur Heuchelei.

Nun ist eine gute Gelegenheit, den Charme gezielt einzusetzen. Sie tun sich und anderen dabei keinen Zwang an, üben einen unwahrscheinlich verführerischen Sog aus. Wer kann da noch Nein sagen? Eine hervorragende Zeit für Vertragsverhandlungen und Geldgeschäfte jeder Art.

Venus tr Aszendent ☌

Blüten treiben

Venus im Transit über den Aszendenten macht immer etwas müde und schlapp. Man ist nicht auf Arbeit, Müh und Plag eingestellt. Es sei denn, ein hübscher Vertreter des anderen Geschlechts lässt sich dort blicken. Sollten Sie in der Beauty-Branche arbeiten, dann werden Sie in diesen Tagen wahrhaft aufblühen.

Es gibt kaum eine Planetenkonstellation, die besser geeignet ist, das eigene Äußere zu liften und zu straffen. Schlagartig werden Sie sich Ihrer Wirkung auf andere bewusst.

Diese Erkenntnis lässt sich gut verkaufen. Schönheit als Waffe. Die ewige Jugend als Planziel. Ein ganzer Wirtschaftszweig lebt davon. Und nicht schlecht!

Venus tr Aszendent □ ☍

Unentschieden

Mit Venus in Spannung zum Aszendenten trifft man selten die richtigen Entscheidungen. Vergessen Sie es. Lassen Sie sich jetzt bloß nichts aufzwingen. Schon gar nicht aus Gefallen. Denn das ist ja das Problem: Vor lauter Freundlichkeit und Klugheit verlieren Sie den klaren Blick.

Bummelnd Sie ein paar Überstunden ab. Kaufen Sie etwas Unnützes. Schmeißen Sie sich vor den Fernseher. Das hilft manchmal. Zu zweit schon öfter.

Venus tr Aszendent ⚹ △

In Topform

Die Transit-Venus im harmonischen Aspekt zum Aszendenten bringt Farbe in den grauen Arbeitsalltag. Es ist einfach großartig, wie elegant, sexy und selbstbewusst Sie auftreten. Ihre persönliche Durchsetzungskraft ist sehr groß, Charme Ihre stärkste Waffe ist.

Auf in den Kampf. Niemand kann Ihnen heute widerstehen!

Venus tr Medium Coeli ☌

Gesellschaftstanz

Wenn Venus über die Himmelsmitte geht, kommt es sehr häufig zu guten Kontakten mit Menschen, die eine gesellschaftliche Position einnehmen. Dabei spielt es überhaupt keine Rolle, ob so jemand nun der Bürgermeister von New York oder der Kalif von Bagdad ist. Vielleicht handelt es sich auch nur um eine kleine graue Maus auf der Amtsstube oder einen verschnarchten Hilfsportier in der Pförtnerloge.

Wichtig ist, dass diese Leute Sie weiterbringen, Ihnen eine Eintrittskarte beim Presseball verschaffen oder wissen, in welchem Restaurant dieser oder jener Chef oft zu Mittag speist, et cetera. Oder Sie bekommen endlich Zugang zur After-Work-Party in der angesagtesten Location dieser Stadt.

Ob es an Ihren neuen, olivgrünen Turnschuhen liegt? Maybe Baby. Die sind schon schwer im Trend. Keine Frage. Weitergehen. Dort hinten in der Chill Out Lounge sitzen übrigens Herr und Frau ...

Na Sie wissen schon. Die entspannen gerade. Sind in guter Stimmung. Wie sehen uns.

Venus ^{tr} Medium Coeli □ ☍

Heckmeck

Bildet Venus einen Spannungsaspekt zum MC, dann sollten Sie Ihrem Chef möglichst aus dem Wege gehen und auch keine Gänge zum Arbeitsamt oder zu sonstwelchen Behörden tätigen. Warum? Weil Ihnen derzeit einfach nicht danach ist. Die Gängelei ist Ihnen einfach unerträglich. Sie haben eine schlechte Performance. Und der Lidstrich sitzt auch nicht richtig. Von der Frisur gar nicht zu sprechen. Was tun? Kalt duschen wäre nicht schlecht. Ein dickeres Fell zulegen. Cool bleiben - immer noch besser, als den ganzen Tag auf die Sticheleien der Kollegen einzugehen. Endlich: Feierabend!

Venus ^{tr} Medium Coeli ⚹ △

Der Auftritt

Mit Venus im harmonischen Transit zum MC wissen Sie ganz einfach, dass Sie gut sind. Sie ertragen es, dass sich die Blicke auf Sie richten. Sie genießen es sogar. Und Sie entscheiden, mit wem Sie doch ein paar Worte mehr wechseln sollten. Sie wollen weiterkommen. Gewisse Leute spüren das. Vielleicht macht man Ihnen ein Angebot. Man müsste sich aber erst einmal näher kennenlernen. Unter diesem Gestirn kann man getrost auf Betriebsfeiern, Feste und Konferenzen gehen. So etwas bringt die Karriere garantiert voran.

Zyklen des Mars

♂

Tatkraft und Durchsetzungsfähigkeit

Die Stellung des Mars in Ihrem Geburtshoroskop zeigt, wie sie am besten die Initiative ergreifen. Die zeitlichen Auslösungen dieses Planeten sowie seine Transitaspekte zu Planeten und Häusern des Geburtshoroskops geben Hinweise, in welchem Lebensbereich Sie sich zur Zeit am erfolgreichsten durchsetzen können.

Der Transit des Roten Planeten durch ein Haus dauert ein bis zwei Monate. So lange wird das entsprechende Thema immer wieder angesprochen. Mars-Transite über einzelne Punkte im Horoskop haben eine Wirkung von mehreren Tagen. Und es kommt eigentlich immer zu Ereignissen. Mars hat eine sehr konkrete Energie.

Gute Kontakte und Beziehungen sind nicht alles. Wenn Sie in ihrem Job Erfolg haben wollen, müssen Sie sich auch durchbeißen können, Zähne zeigen, Ellenbogen gebrauchen. Konkurrenz belebt das Geschäft. Wenn Ihr Arbeitgeber erkennt, dass Ihre Energie und Ihr persönlicher Einsatz letztendlich dazu dienen, neue Märkte zu erobern und dem Umsatz zu stärken, wird er Ihnen einen größeren Freiraum zubilligen. Sie identifizieren sich stärker mit der Tätigkeit. Die Leistung steigt. Und die Arbeit macht mehr Spaß.

Durchsetzungskraft des Mars brauchen Sie auch, um sich innerhalb eines Unternehmens behaupten zu können. »Wer die Axt unter dem Bett versteckt, verliert Haus und Hof« sagt ein altes chinesisches Sprichwort. Geben Sie also nicht immer nur nach. Lassen Sie sich von Ihren Arbeitskollegen nicht die Butter von Brot nehmen. Wehren Sie sich gegen Mobbing und Intrigen!

Die Gefahr von Mars-Transiten liegt in der Vereinzelung. Möglicherweise leisten Sie in diesen Zeiträumen mehr als jeder andere für Ihr Unternehmen. Doch wer wird letztlich die Früchte des Erfolges ernten? Passen Sie bloß auf, dass Sie sich nicht zu viele Feinde machen, die Ihnen nach getaner Arbeit die Butter vom Brot nehmen könnten!

Mars tr Haus I.

Wutausbruch

Wenn Mars das erste Haus durchquert, verfügt man plötzlich über ungeheuer viel Energie. Und die will sich auch manifestieren. Sie sind jetzt fähig zu Pioniertaten. Mut haben Sie genug. Der Wille steht auf Konfrontation.

Kampf um des Kampfes Willen (und dies in äußerst heftiger Form) ist ein Ausdruck dieser Zeit. Sie könnten jetzt mit vielen Menschen einen Streit anzetteln. Letztendlich wäre es aber nur ein Ausdruck Ihrer Unfähigkeit, wirklich produktiv zu arbeiten. Nutzen Sie die Energie dieser Wochen, um konstruktiv die Initiative zu ergreifen. Und arbeiten Sie auch an sich selbst!

Mars tr Haus II.

Raubzüge

Es ist nichts Schlechtes dabei, Geld auszugeben und einzunehmen. Geld ist Energie. Es fragt sich nur, wie sie eingesetzt wird. Wenn Mars durch Ihr zweites Haus geht, kämpfen Sie um Besitz. Schnelle Einnahmen, aber auch voreilige Finanzgeschäfte. Sie schmeißen mit den Euros und Dollars nur so um sich: Macht nichts, solange Sie auch an die Einnahmen denken!

Mars ^{tr} Haus III.

Wortgewalt

Wenn Mars durch das dritte Haus geht, hält man normalerweise mit seiner Meinung nicht mehr hinter den Berg. Die wahre Kunst besteht darin, sich nicht auf Nebenkriegsschauplätzen auszutoben, sondern dort, wo sich der Kampf auch lohnt. Haben Sie Mut im Geiste und im Gespräch. Seien Sie klar und direkt. Vereinfachen Sie, ohne zu versimpeln. Lassen Sie Ihren Worten auch Taten folgen.

Mars ^{tr} Haus IV.

Hausbesuch

Mit Mars im vierten Haus gelingt es einem für ein paar Wochen, Gefühle klar und direkt auszusprechen. Allerdings nützt es nichts, überflüssige Streitereien anzufangen. Dieser Transit begünstigt alle, die beruflich Menschen zu Hause besuchen, nimmt die Schwellenangst.

Mars ^{tr} Haus V.

Abenteuerlust

Wenn Mars durch Ihr fünftes Haus geht, steht der Sinn nach Spiel und Liebschaft, nach sportlichem Wettkampf und Lebenslust. Sie können sich jetzt sehr gut für andere einsetzten. Sie sind ungewöhnlich ausdrucksstark. Nutzen Sie diese Zeit, um sich und/oder Ihre Firma nach außen hin zu repräsentieren. Sie haben eine gesunde, vitale Ausstrahlung. Es macht Ihnen nichts aus, im Mittelpunkt zu stehen.

Mars [tr] Haus VI.

Nüsse knacken

Im ungünstigsten Falle werden Sie sich jetzt mit ihren Kollegen und Angestellten herumstreiten. Mars im sechsten Haus macht kleinlich und scheut sich nicht vor Peinlichkeiten. Die Vitalität ist leicht angegriffen.

Andererseits können Sie Ihre Energie jetzt sehr gut einsetzen, um wirklich unangenehme Arbeiten anzugehen. Sie sehnen sich geradezu nach Problemen. An deren Bewältigung können Sie Ihre Kräfte mit jedem messen. Die Kollegen werden es Ihnen danken ...

Mars [tr] Haus VII.

Sparringspartner

Wenn Mars durch Ihr siebtes Haus geht, werden Sie mit Ihrem Angstgegner konfrontiert. Laufen Sie nicht weg. Gehen Sie lieber auf ihn zu! Es ist an der Zeit, in offensive Vertragsverhandlungen zu treten. Möglicherweise werben Sie jetzt aggressiv um Kunden. Wenn es zum Prozess kommen muss, dann stehen Sie die Sache jetzt auch durch. Übrigens haben Sie Mut zum Flirt! Feinde machen Sie zu Freunden. Wenn Sie denn nur wollen.

Mars ^{tr} Haus VIII.

Schutzgeld

In der Zeit, da Mars durch ihr achtes Haus geht, sind Kämpfe mit Geschäftspartner nicht auszuschließen. Es kann auch um Erbschaften und gemeinsame Finanzen gehen. Notfalls lässt sich eine Trennung nicht vermeiden.

Auf keinen Fall sollten Sie sich erpressen lassen. Aber provozieren Sie auch nicht. Feinde schafft man sich. Oder vergisst sie ganz einfach.

Mars ^{tr} Haus IX.

Meinungskampf

Wenn Sie bislang nicht gewagt haben, Ihren Kommentar zu der Sache abzugeben, dann tun Sie es jetzt. Grundsätzliches muss geklärt werden. Ein offenes Wort in allen Ehren kann Ihnen niemand verwehren. In aller Freundschaft Aber verwickeln Sie sich nicht in ideologische Auseinandersetzungen. Denken Sie daran, mit wem Sie es zu tun haben.

Mars ^{tr} Haus X.

Gipfelstürmer

Mars im zehnten Haus wird Ihnen für ein paar Wochen genug Energie geben, um Ihren Führungsanspruch durchzusetzen. Natürlich nur in Maßen. Mit konzentriertem Arbeitseinsatz werden Sie Lob und Anerkennung ernten. Und sie holen sich das, was Ihnen zusteht. Nicht weniger und nicht mehr. Es wäre fatal, überflüssige Streitigkeiten mit Chefs, Vorgesetzten oder Behördenvertretern vom Zaun zu reißen.

Mars tr Haus XI

Exhibitionismus

Mit Mars im elften Haus hat man keine Geheimnisse mehr. Und die anderen auch nicht. Sie können diese Wochen verschwenden, indem Sie den Revolutionär spielen und die Belegschaft zum Arbeitskampf abwiegeln.

Oder Sie haben den Mut, auf öffentlichen Veranstaltungen wirklich Konstruktives zu leisten. Schmieden Sie die besten Leute zu einem Team zusammen. Vertreten Sie die Interessen aller. Aber spielen Sie jetzt nicht den Verrückten!

Mars tr Haus XII.

Innenrevision

Ihre Energie staut sich, findet keinen Abfluss nach außen. Machen Sie Ihre Umwelt nicht zum Sündenbock. Flüchten Sie auch nicht in Krankheit. Fühlen Sie lieber in sich hinein und schauen Sie nach, wo das Problem ist. Und da sie gerade mal dabei sind, können Sie auch am Arbeitsplatz einmal schauen, was die Leute eigentlich krank macht, wo die versteckten Blockaden liegen.

Letztendlich werden Sie einen neuen Zugang zu Ihren verborgenen Stärken finden. Und im Betrieb: Sie finden heraus, wer wieso und warum den ganzen Laden sabotiert. Lösen Sie das Problem. Aber ohne Sündenböcke bitte.

Mars ^{tr} Sonne ☌

Rangeleien

Wenn Mars über die Sonne geht, wird man ziemlich ungeduldig, strotzt vor Tatkraft, möchte unbedingt etwas tun. Was genau das sein sollte, ist dabei nicht so wichtig. Man möchte sich abreagieren. Wer einem im Wege steht, wird beiseite geräumt. Persönliche Eitelkeiten und Wichtigtuerei stören dabei ganz besonders.

Was Sie jetzt oft nicht verstehen, ist der uralte Konflikt zwischen Vater und Sohn - und seine Bedeutung auf der betrieblichen Ebene. Chefs und Leute in wichtigen Positionen symbolisieren die Vaterfigur.

Dynamische Newcomer, die durch Leistung zu Führungspositionen kommen wollen, spielen die Rolle des Sohnes. In der klassischen Familie herrscht der Vater und behauptet seine Führungsposition. Der Sohn hingegen wird von Tag zu Tag größer und stärker. Eines Tages wird er den Vater vom Thron stürzen, wenn jener nicht freiwillig das Zepter aus der Hand legt.

Beachten Sie diese psychologischen Strukturen. Beobachten Sie Ihr Verhalten und das Ihrer Kollegen im Betrieb. Kämpfen Sie nur dort, wo es sinnvoll ist.

Mars tr Sonne □ ☍

Harte Bandagen

Bei den Spannungsaspekten zwischen dem Transit-Mars und der Sonne kommt es oft zu Auseinandersetzungen, bei denen Funken sprühen, Feindschaften neu aufflammen. Nur wenn man seine Aggressionen wirklich gut unter Kontrolle hat, lässt sich diese brisante Energie schöpferisch ausleben.

Achten Sie darauf, überflüssige Streitereien zu vermeiden, und konzentrieren Sie sich am besten auf Ihre Arbeit. So können Sie Streit, Verletzungen, Entzündungen, Kopfschmerzen und Unfälle vermeiden. Momentan haben Sie sehr viel Energie zur Verfügung. Aber damit lässt sich auch Unfug anrichten. Verprellen Sie Ihren Chef nicht!

Mars tr Sonne ⚹ △

Dinge anpacken

Die harmonischen Transite des Mars zur Sonne geben einem viel Kraft und Selbstbewusstsein. Man kann sich durchsetzen. Und man überlässt die Arbeit nicht nur den anderen, sondern packt auch selbst mit an, wird dadurch zum Vorbild und reißt die Kollegen mit. Ihre persönliche Ausstrahlung ist hervorragend.

Wagen Sie sich an Arbeiten heran, vor denen Sie sich normalerweise scheuen. Sie warten nicht mehr ab, zeigen Eigeninitiative. Auch körperliche Belastungen sind jetzt kein Problem. Gute Tage auch für Sport, Spiel und Flirt.

Mars ^{tr} Mond ☌

Rempelei

Transit-Mars über Mond bringt deftige und heftige Gefühlsausbrüche. Man darf nicht zimperlich sein.

Wer jetzt auf dem Bau arbeitet oder als Cowboy (meinetwegen auch als Cowgirl) in Texas, als Doppeldecker-Busfahrer im Berlin oder Kellner auf dem Münchner Oktoberfest, der habt jetzt keine Probleme. Denn wenn die jetzt auftauchen, dann reagiert man sie es einfach ab. Man hämmert seine Wut mit dicken Zimmermannsnägeln in die Bohlen, schwingt im Sattel das Lasso, schreit die Fahrgäste zusammen oder schwenkt dicke Bierhumpen. Oans, zwaa, suffa!

Als feingliedriger Sachbearbeiter in einem hochkultivierten Büro werden Sie zu anderen Mitteln greifen müssen. Machen Sie Sport, schlagen Sie zu Hause in die Kissen oder zwicken Sie der Sekretärin (meinetwegen auch dem süßen Sekretär) in den Po. Sie kassieren vielleicht eine Ohrfeige. Na und? Immer noch besser, als eine Magentablette nach der anderen zu schlucken!

Mars ^{tr} Mond □ ☍

Verletzlichkeit

Mars im harten Transitaspekt zu Mond wird Ihre Gefühle verletzen. Die Schwingung der Planeten ist disharmonisch. Starker Gefühlsaustausch. Launen werden ausgelebt. Man verletzt seelisch und wird verletzt. Das kann im Umgang mit Kollegen und anderen Personen in der Firma fatale Folgen haben. Was also tun?

Berücksichtigen Sie die Befindlichkeiten Ihrer Mitmenschen und achten Sie darauf, sich den eigenen Launen nicht vollkommen auszuliefern. So kann Streit vermieden werden. Und darauf kommt es jetzt an.

Mars ^{tr} Mond ⚹ △

Kumpanei

Die harmonischen Marstransite zu Mond geben Mut, Zärtlichkeit, kraftvollen Gefühlsaustausch, Lust am Kochen und auf Familienleben. Momentan ist eine gute Zeit für Schmusereien, Erotik, Gemütlichkeit und Behaglichkeit. Wann war zum letzten Mal richtig Leben auf der Bude? Machen Sie ein großes Essen und laden Sie alle ein, die Sie mögen.

Im Betrieb können Sie jetzt eine wunderbare Stimmung aufbauen. Alle sind locker und spontan, können in Ihrer Gegenwart zeigen, wie sie so drauf haben. Herzlich bis rüde geht es her. Jeder sagt und zeigt, was er denkt. Insgesamt dominiert das Gefühl, in einer Firma zu arbeiten, in der man gut aufgehoben ist.

Leute, mit denen man zu tun hat, sind nicht nur Kollegen, Chef oder Untergebene, sondern ganz einfach: Kumpel. Und mit denen arbeitet man wirklich gerne zusammen.

Mars ^{tr} Merkur ☌

Klare Worte

Mars über Merkur bringt Streitgespräche, technische Probleme und Mut zur Auseinandersetzung: Man kann offen und fair über alles und jedes sprechen. Gutes handwerkliches Geschick. Es besteht allerdings wegen starker Spontaneität die Gefahr, sich oder andere zu verletzen. Achtung: Vermeiden Sie lautstarke Schreierei oder heftige Kritik. Auch Worte können wehtun.

Ach ja: Sie können jetzt, wenn sie es geschickt anstellen, äußerst gute Geschäfte abschließen. Im Handel liegt der Gewinn!

Mars ^{tr} Merkur □ ☍

Kurzschlusshandlung

Die Spannungsaspekte des Transit-Mars zu Merkur machen die Verständigung schwierig. Man setzt einfach zu viel Energie rein. Möglicherweise sind Sie dieser Tage zu spontan, um die Dinge mit der nötigen Sorgfalt anfassen zu können.

Es hat nun überhaupt keinen Zweck, das Brecheisen anzusetzen. Sie machen damit nur das Erreichte kaputt. Überlasten Sie bitte nicht die Kommunikationskanäle. Die schmoren sonst nur durch. Bei allen technischen Arbeiten ist äußerste Vorsicht angebracht, ebenso im Straßenverkehr und bei der Arbeit am Computer.

Verschieben Sie wichtige Wartungsarbeiten auf einen anderen Tag. Gleiches gilt für den Erwerb von technischem Equipment - und ganz speziell beim Autokauf.

Mars ^{tr} Merkur ⚹ △

Ohne Hemmungen

Bei den harmonischen Transiten von Mars zu Merkur kann man offen und fair über alles und jedes sprechen, hat zudem ein gutes handwerkliches Geschick. Mit dem richtigen Schwung können Sie fast jeden überzeugen. Eine gute Zeit für Vorstellungsgespräche, Diskussionen, Vertragsverhandlungen. Schwere, mühselige Handwerksarbeiten werden angepackt.

Gerade Menschen, die sich ansonsten nicht so gerne aus dem Haus trauen, sich im öffentlichen Raum nicht so gerne bewegen und die nicht immer das richtige Wort finden, sollten jetzt aktiv werden! Es gibt für kurze Zeit eine Situation, in der all Ihre Hemmungen wie weggeblasen sind!

Mars tr Venus ☌

Ziemlich aufdringlich

Die Transit von Mars über die Venus bringt im privaten Bereich ein stark angeregtes Liebesleben, und zwar frei nach dem Motto »Was sich liebt, das neckt sich«. Sie haben sehr viel Mut, auf andere Menschen zuzugehen. Dies kann so weit gehen, dass Sie das Objekt Ihrer Begierde nicht nur necken, sondern auch aufdringlich werden und verletzen. Sie gehen einfach ein Stück zu weit. Und das kann so oder so vom jeweiligen Gegenüber aufgefasst werden.

Die Rollen können bei dieser Planetenkonstellation auch genau umgekehrt sein. Dann werden Sie zum Objekt der Begierde. Ein freundlicher Blick, und Sie werden den ungebetenen Verehrer nicht mehr los.

Im Beruf sollten Sie jetzt sehr vorsichtig sein. Sexuelle Übergriffe am Arbeitsplatz sind ein Kündigungsgrund, sofern Sie Täter sind. Aber das kann Ihnen auch als Opfer passieren, wenn der Chef oder gewisse Kollegen zu rüde abgewiesen werden, sich in ihrer Eitelkeit verletzt fühlen.

Im Geschäftsleben sollten Sie sich jetzt ganz auf die Werbung konzentrieren. Nehmen Sie sich schwierige Zielgruppen vor, zu denen Sie normalerweise keinen Zugang haben. Trauen Sie sich eine freche Kampagne! Verschrecken Sie aber Ihre Stammkundschaft nicht.

Mars ^{tr} Venus □ ☍

Undiplomatisch

Der Transit-Mars im Spannungsaspekt zur Venus stört das zwischenmenschliche Miteinander. Unter diesem Gestirn sollten Sie Verträge nur unter Vorbehalt abschließen und Kaufentscheidungen keineswegs überstürzen. Es fällt jetzt schwer, sich so aufeinander einzustellen, dass eine harmonische Rollenverteilung entsteht. Die Aktivität eines Partners wird vom anderen nicht positiv aufgenommen. Es kommt zum Kampf der Geschlechter. Achten Sie auch darauf, mit der nötigen Diplomatie und Geduld an Menschen heranzutreten. Allzu heftiges Rangehen stößt nur ab.

Mars ^{tr} Venus ⚹ △

Verführerisch

Steht Mars im Transit harmonisch zur Venus, dann haben Sie eine klassische Liebeskonstellation. Menschen kommen auf Sie zu, die Sie sehr gerne mögen - und das alles ohne Zwang und Druck. Sie können sich auf einen Flirt einlassen, Sie müssen es aber nicht. Ob unter solch entspannten Bedingungen der Funke wirklich überspringt? Oft bleibt es doch nur beim unverbindlichen Flirt.

Wenn Ihnen jetzt ein berufliches Angebot gemacht wird, dann sollten Sie es gut prüfen und nicht zu viel Zeit verstreichen lassen. Die Gelegenheit ist bald wieder vorbei. Und es kann eine gute Gelegenheit sein. Das Zusammenarbeiten unter Kollegen wird bei diesem Job recht angenehm vonstattengehen. Fertigung und Vertrieb arbeiten wirklich Hand in Hand. Und der Spaß wird in solch einem Unternehmen auch nicht zu kurz kommen.

Mars ^{tr} Mars ☌

Kampfkraft

Die Wiederkehr des Mars auf seine eigene Geburtsposition markiert einen Moment des persönlichen Neuanfangs. Man erkennt, wie viel sich eigentlich erreichen lässt, wenn man die eigenen Energien aktiviert. Jetzt braucht man nicht länger zu warten. Das möchte man auch nicht. Man will die eigene Kraft spüren, sich nicht durch andere einschränken lassen. Die können ja mitmachen, wenn sie wollen.

Diese Planetenkonstellation befreit Sie aus einer lethargischen Phase. Sie machen einen dynamischen, tatkräftigen Eindruck. Allerdings wirken Sie auch leicht überheblich. Und anmaßend. Nicht kontrollierbar. Ihre Mitmenschen fühlen sich vielleicht zu Statisten degradiert. Deshalb ist diese Konstellation für die Karriere nur bedingt geeignet. Wenn Sie derzeit ein klar umrissenes Tätigkeitsgebiet haben, in das Sie sich ohne große Rücksprache mit Vorgesetzten, Kollegen oder Auftraggebern hineinstürzen können. Wunderbar, auf in den Kampf!

Mars ^{tr} Mars □ ☍

Streitigkeiten

Bildet Mars einen Spannungsaspekt zu seiner Position im Radix, dann brechen schwelende Auseinandersetzungen unvermittelt auf. Sie handeln jetzt mehr denn je aus eigenem Antrieb. Darauf sind Sie vielleicht sogar noch stolz. Und das ist der springende Punkt, der Stein des Anstoßes. Möglicherweise sollten Sie momentan auf einsame und voreilige Entscheidungen verzichten.

Reagieren Sie Ihre überschüssige Spannung durch Sport und ähnliche Aktivitäten ab. Warten Sie, bis Sie ruhiger werden. Irgendjemand in Ihrer Firma will etwas ganz anderes als Sie - und hat recht. Die Angelegenheit muss geklärt werden. Aber bitte nicht mit den Fäusten, sondern mit Köpfchen. Und nicht von heute auf morgen. Okay?

Mars ^{tr} Mars ⚹ △

Tatkräftige Mitarbeit

Die harmonischen Transitaspekte von Mars zur Radixposition bringen einen eigentlich immer voran. Man lässt sich von aktiven Menschen inspirieren und bringt auch selbst Dinge in Gang. Nicht nur das: Man kann jetzt sehr gut gemeinsam etwas auf die Beine stellen. Und jeder bleibt trotzdem er selbst.

Jeder ist seines Glückes Schmied. Das ist die allgemeine Devise. Auf dieser Basis lasst sich gut zusammen arbeiten. Sie werden feststellen, dass Kollegen und auch Konkurrenten an ähnlichen Zielen arbeiten. Sie können Kooperationsabkommen schließen. Sie sind momentan außergewöhnlich mutig und entscheidungsstark. Und Sie haben durchaus die Kraft, richtige Entscheidungen zu treffen. Sie müssen es nur tun. Von nichts kommt nichts!

Mars ^{tr} Jupiter ☌

Überzeugungskraft

Wenn Mars über Jupiter geht, zögert man nicht länger. Man ist in der Lage, die Dinge einfacher zu sehen. Das Machbare steht im Vordergrund. Sie geben Dingen einen Sinn. Es gibt nichts Gutes, außer man tut es.

Sie können jetzt viele Leute motivieren und mitreißen. Zweifel werden unterdrückt und verdrängt. Wenn das Projekt an sich sinnvoll ist, dann wird sich die Sache auch weiterhin gut entwickeln. Allerdings könnten Sie nun auch Begeisterung für Projekte wecken, die von vorne herein zum Scheitern verurteilt sind. Es liegt an Ihnen, die Situation wirklich richtig einzuschätzen.

Mars tr Jupiter □ ☍

Blinder Aktionismus

Mit dem Transit-Mars im Spannungsaspekt zum Jupiter forciert man nur allzu gern Vorhaben, die es eigentlich nicht wert sind. Die Ungeduld ist groß. Probleme werden verdrängt. Man schaut lieber nicht genau hin. Handeln um des Handelns willen. Überschwang beim Beginn von Unternehmungen kann jetzt schnell in Unlust umschlagen. Auch fehlt es an nötiger Toleranz.

Manchmal kommt es unter diesem Gestirn zu einem kurzen, aber heftiges Schlagabtausch. Man wirft sich die unterschiedlichen Auffassungen an den Kopf. Wenn man Glück hat, ist all dies ein Gewitter und alles kommt wieder ins Lot. Merken Sie sich: Der Klügere gibt nach.

Mars tr Jupiter ⚹ △

Pioniergeist

Bei Mars im harmonischen Aspekt zu Jupiter schreitet die Arbeit gut voran. Man macht sich und anderen Mut, hat das Gefühl, an der richtigen Sache zu arbeiten. Die Zeit ist günstig für die Aufnahme von Krediten, für Unternehmensexpansionen und Exportgeschäfte.

Wenn Menschen den Eindruck haben, eine wirklich sinnvolle Tätigkeit auszuüben, dann machen Sie gerne mit und geben freiwillig mehr, als von Ihnen verlangt wird. Und noch mehr: Die Identifikation mit der Arbeit beschwingt den Geist. Man denkt mit, löst Probleme durch umsichtiges Handeln. Wenn Sie gerne Aufbauarbeit leisten, dann geht es Ihnen jetzt wirklich gut.

Mars ^{tr} Saturn ☌

Durch die Wand

Der Transit von Mars über Saturn bringt einen eigentlich immer in die Konfrontation. Eigentlich ärgert man sich jetzt ganz besonders über die eigene Schwerfälligkeit, über innere Grenzen, Ängste und Hemmungen. Und man will sich darüber hinwegsetzen. Man muss es sogar, um Erfolg zu haben!

Aber man braucht Geduld, um es zur Meisterschaft zu bringen. Wer mit dem Kopf durch die Wand will, holt sich meist nur Beulen. Die Wand ist einfach stärker. Und so kann es einem jetzt ergehen, wenn man sich mit Gewalt gegen den Chef oder die Bürokratie oder andere fest gefügte Strukturen durchsetzen will. Sehen Sie der Realität unverblümt ins Auge. Akzeptieren Sie die Grenzen Ihres eigenen Könnens und Ihrer eigenen Kraft. Und tun Sie dann das, was sich in der Situation machen lässt - nicht mehr, aber auch nicht weniger. Haben Sie Geduld, seien Sie ausdauernd, diszipliniert und mutig.

Mars ^{tr} Saturn □ ☍

Provokation

Die Spannungsaspekte des Transit-Mars zum Saturn bringen oft schwierige Situationen, in denen Sicherungsmechanismen durchbrochen werden, in denen es an die Substanz geht. Bemühen Sie sich, Angriffe auf Ihre Autorität und Ihren Standpunkt nicht direkt abzublocken. Damit provozieren Sie Ihre Kontrahenten nur. Und sie rufen nur noch stärke Reaktionen hervor.

Besser wäre es, wenn Sie sich bemühen, aus der Situation zu lernen und das beste daraus zu machen. »Wenn du deinen Gegner besiegen willst, musst du ihn erst zu deinem Freund machen« lautet eine alte Weisheit. Gelingt es Ihnen dies, wird Ihre Autorität steigen, werden Sie aus dem Konflikt gestärkt hervorgehen.

Mars ^tr^ Saturn ⚹ △

Ausdauertraining

Die harmonischen Transite des Mars zum Saturn geben eine ungeheure Zähigkeit. Ausdauer, Zähigkeit und Geduld schaffen bei vielen Unternehmungen den lang erhofften Erfolg. Sie haben Mut, sich Vorteile gegenüber Institutionen, Behörden, Autoritäten zu erkämpfen. Verbindliche Schriftstücke werden aufgesetzt, Rechte durchgesetzt. Es zahlt sich aus, dass Sie vernünftig und realistisch Ihre Ziele verfolgen, ehrgeizig sind und sich durch Widerstände nicht abschrecken lassen.

Weiter so! Rom wurde auch nicht an einem Tag erbaut. Und ein Marathonlauf kann man auch nicht gewinnen, wenn man auf den ersten Kilometern seine Kräfte verplempert. Alles eine Frage der Taktik.

Mars ^tr^ Uranus ☌

Schleudersitz

Bei Uranus über Mars verfügen Sie über die Kraft, um sich aus starren Verhältnissen zu befreien. Wenn Sie genau wissen, wohin die Reise gehen soll und von was Sie eigentlich wollen, dann ist es dies gute Zeit. Sollten Sie zufällig als Astronaut bei der NASA arbeiten, dann haben Sie jetzt genau den richtigen Job. Wenn Sie jedoch im Grunde nicht genau wissen, was oder wer Sie einengt, und wenn Sie deshalb gegen alles und jedes rebellieren, dann sitzen Sie auf dem Schleudersitz. Provozieren Sie Ihren Chef, damit der Sie endlich rausschmeißt? Oder haben Sie wirklich konstruktive Verbesserungsvorschläge? Wenn Sie das nicht genau wissen, dann reagieren Sie Ihre rebellische Kraft jetzt lieber beim Fallschirmspringen oder Inline-Skaten ab!

Mars ^{tr} Uranus □ ☍

Befreiungsschlag

Mit harten Aspekten von Mars zu Uranus möchte man sich Luft machen. Und das um jeden Preis. Die Nervosität ist ungeheuer groß. Wenn Sie einen abwechslungsreichen und abenteuerlichen Job haben, dann wird sich der Stress jetzt unangenehm verstärken. Doch insgesamt wissen Sie, was Sie zu tun haben. Und Sie sind handlungsfähig.

Sehr phlegmatische Charaktere, die an althergebrachten Arbeits- und Lebensformen festhalten, könnten stärkere Probleme bekommen. Der innere Widerstand verhindert, dass sie die wirklich notwendigen Änderungen vollziehen. E

s wird ausgewichen. Man sucht Streit und Unruhe, provoziert, löst bewusst oder unbewusst Komplikationen aus. Der nicht ausgelebte Wunsch nach Befreiung und Veränderung findet seinen Ausdruck in plötzlichen, sinnlosen Handlungen, in übertriebener Hektik, technischen und organisatorischen Pannen.

Mars ^{tr} Uranus ⚹ △

Innovationsschub

Mars im günstigen Transitaspekt zu Uranus bringt uns auf vielerlei Ideen, wie wir uns das Leben leichter und interessanter gestalten können. Wir sind gerne bereit, am Arbeitsplatz neue Techniken auszuprobieren. Aber wir fühlen keine Zwang, alles und jedes einzusetzen.

Viele Menschen kommen erstaunlich gut ohne Computer aus. Und es gibt noch viel mehr, auf das verzichtet werden kann. Beispielsweise ein großer, repräsentativer Dienstwagen, für den sich bei Kundenbesuchen in der Innenstadt sowieso nirgends ein Parkplatz findet. Oder mehrere Telefonanschlüsse, und E-Mail-Adresse samt Mailboxen, die ständig abgehört werden müssen.

Mars zu Uranus macht uns frei. Wir sind offen für Neuerungen jeder Art. Alte Zöpfe werden abgeschnitten. Das Arbeitstempo und die Effektivität erhöhen sich. Innovation bedeutet in diesem Zusammenhang auch Neuanschaffung und moderne Technik. Aber nicht nur. Innovation bedeutet auch, überflüssigen Ballast abzuwerfen und mit der schlechten Angewohnheiten zu brechen - beispielsweise mit der Angewohnheit, blind auf jeden neuen Trend aufspringen zu müssen.

Mars tr Neptun ☌

Fantasie an die Macht

Wenn Mars im Transit über Neptun geht, brechen Dämme, öffnen sich Schleusen. Die eigenen Wünsche und Sehnsüchte steigern sich ins Unermessliche. Man kommt in rauschartige Zustände. Nur strikte Antialkoholiker und Menschen bar jeder Fantasie werden diese Zustände nicht persönliche erleben - umso stärker aber bei ihren Mitmenschen bekämpfen. Entweder entpuppen Sie sich mittlerweile als Oberchaot oder als Ordnungspingel in der Firma.

Es gibt auch Mischformen beider Charaktere: Man schludert ein bisschen herum und ärgert sich dann über die Kollegen, denen man die Fehler dann in die Schuhe schiebt. Alternativ dazu könnten Sie Ihre große Sensibilität und Kreativität in sinnvolle Bahnen lenken.

Richten Sie Ihren Blick auf Marktnischen, spezielle Käuferschichten am Rande der Gesellschaft, auf ökologische Produkte und Projekte. Oder starten Sie eine Werbekampagne, die verborgene Wünsche und Sehnsüchte (die Sie ja aus eigener Erfahrung kennen) bedient.

Mars tr Neptun □ ☍

Kalte Dusche

Die Spannungsaspekte zwischen Transit-Mars und Neptun werden Sie kalt erwischen. Im Nachhinein können Sie sich nur eingestehen, dass Sie da irgendwie geschlafen haben. Bedanken Sie sich beim Schicksal für die kalte Dusche, beispielsweise wenn Sie morgens halb träumend zum Bus trotten und ein kleiner Köter Sie mit seinem Gekläff zu Tode erschreckt. Jetzt sind Sie hellwach und achten auf den Straßenverkehr. Gut so.

Oft erlebt man in dieser Zeit Kritik von einer Seite, aus dem man es gar nicht erwartet hat: Ein Rüpel vom Chef, Streit mit Kollegen oder Kunden, die sich über irgendeine Nachlässigkeit beschweren.

Weinen und Jammern nützt nichts. Der Arbeitsplatz ist nun mal kein Ort zum Ausruhen. Verabschieden Sie sich von ihren Illusionen. Verbessern Sie die Qualität Ihrer Leistung!

Mars tr Neptun ⚹ △

Mut und Geschick

Mit den günstigen Marstransiten zum Neptun erkämpfen Sie sich Ausnahmesituationen, von denen andere nur träumen können. Es kommt jetzt alles nur darauf an, wie Sie Ihr psychologisches Geschick richtig einsetzen. Vertrauen Sie auf Ihr Gespür. Hören Sie genauer hin. Und versuchen Sie dann, genau den Ton zu treffen und mit solch einer Flexibilität zu arbeiten, wie es die Situation erfordert.

Es ist oft besser, die eigenen Interessen ohne direkte Konfrontation durchzusetzen. Legen Sie sich nach außen hin nicht so genau fest. Geben Sie Ihrem jeweiligen Gegenüber das Gefühl, dass er oder sie eigentlich auf die Idee gekommen ist. Lassen Sie anderen scheinbar den Vortritt. Bieten Sie Lösungswege an. Aber drängen Sie sich nicht auf. Man wird schon von ganz alleine auf Sie zurückkommen.

Mars ^{tr} Pluto ☌

Paukenschlag

Mit dem Transit von Mars über Pluto werden Sie so oder so gezwungen, einen Plan zu entwickeln und danach zu handeln. Anstatt sich die Situation aufzwingen zu lassen, sollten Sie jetzt tief in sich hineinschauen und herausfinden, was Sie wirklich wollen, was Ihre tiefsten Beweggründe sind. Wenn Sie eine Machtposition anstreben, dann können Sie dem nun ein gutes Stück näher kommen. Wenn Sie aber Angst vor der eigenen Courage haben, dann wird man Sie jagen. Den Letzten beißen die Hunde!

Sprechen Sie die Situation mit intimen Freunden durch. Sie haben die Hintergründe schon ganz gut erkannt. Aber was tun Sie jetzt? Suchen Sie sich eine Gelegenheit, Ihren Willen klar und deutlich zum Ausdruck zu bringen. Das kann ungeheuer Eindruck machen.

Natürlich wird es Widerstände geben. Man wird Ihnen vielleicht Angst einjagen. Aber ist das nicht alles nur ein Bluff? Mit einer klugen Strategie können Sie eigentlich nur gewinnen.

Mars ^{tr} Pluto □ ☍

Blinde Flecken

Bei harten Transiten von Mars zu Pluto erlebt man oft Machtkämpfe. Jeder will recht haben. Und schuld ist immer nur der andere. Wenn Sie nicht verdammt aufpassen, rennen Sie nur gegen Windmühlenflügel an. Gegner hat man, wenn man sich Gegner schafft.

Momentan sind Sie sich derart negativ auf eine Person oder eine innerbetriebliche Situation fixiert, dass Sie vollkommen handlungsunfähig werden. Gegen die Übermacht des Schicksals können Sie dann nichts mehr ausrichten. Dass Sie dieses Schicksal selbst heraufbeschworen haben, verstehen Sie vielleicht erst lange Zeit später.

Versuchen Sie statt dessen lieber, etwas an Ihrer Arbeitsweise umzustrukturieren. Räumen Sie auf. Durchforsten Sie Ihre Unterlagen. Schmeißen Sie weg, was wirklich nicht mehr zu gebrauchen ist. Verfahren Sie genauso mit Verhaltensweisen, die schon zum Stereotyp geworden sind. Sie werden feststellen, dass Sie auf diese Weise am schnellsten und effektivsten wieder Herr im eigenen Hause werden.

Mars ^{tr} Pluto ⚹ △

Ausmisten!

Bei harmonischen Transiten von Mars zu Pluto setzt man seine Energie strategisch ein, mit viel psychologischem Geschick. Man hat keine Angst vor radikalen Veränderungen und großen Tieren. Wenn es schon lange Probleme mit Kollegen und Mitarbeitern gibt, dann wendet man sich jetzt halt an den Chef oder die Firmenleitung.

Mn jammert nicht, sondern legt gleich ein ganzes Konzept auf den Tisch, in dem man grundsätzliche und praktikable Änderungsmaßnahmen erläutert.

Was auch immer angepackt werden muss: Sie können es jetzt tun. Ideal ist diese Zeit für Leute, die sich mit Strukturmaßnahmen beschäftigen, als Revisor oder Wirtschaftsprüfer arbeiten. Aber es reicht auch völlig, wenn man mal am eigenen Arbeitsplatz gründlich aufräumt und ihn allen Ecken kramt. Man findet bestimmt etwas, das schon viel zu lange liegen geblieben ist und nun unbedingt auf den Tisch kommen sollte.

Mars ^{tr} Aszendent ☌

Eigeninitiative

Bei Transit-Mars über dem Aszendenten ist Pioniergeist gefragt. Sie haben momentan sehr viel Mut und neue Kraft. Gleichzeitig werden Sie aufgefordert, sich zu zeigen und auf Konfliktsituationen einzulassen. Achten Sie darauf, nicht alle Kraft in Reibereien zu verschwenden.

Ein Überschuss an Energie kann in Sport und Sex einen besseren Ausdruck finden als in der gestauten Variante von Kopfschmerz und Entzündung. Achtung: Wenn Sie auf Arbeit jetzt einen Streit vom Zaun brechen, dann haben Sie noch nicht den richtigen Job gefunden oder sind nicht in der Lage, sich auf Ihre derzeitige Tätigkeit mit ganzem Herzen einzulassen!

Mars ^{tr} Aszendent □ ☍

Kollisionskurs

Transit-Mars in Spannung zum Radix-Mars verheißt selten Gutes. Sie stimmen Ihre Initiativen nicht mit denen Ihrer Partner ab und umgekehrt. Das nennt man Teamwork unter umgekehrten Vorzeichen. Ihre Aktivitäten disharmonieren derart, dass die Arbeit des einen die Arbeit des anderen zunichtemacht.

Wird man entweder Sie oder Ihren Kollegen entlassen, hat die Firma nicht nur die Hälfte des Geldes gespart, sondern dafür auch noch die doppelte Leistung bekommen.

Aus diesen ganz glasklaren, betriebswirtschaftlichen Gründen wird Ihnen empfohlen, erst einmal Dampf abzulassen und sich dann schön kooperativ zu verhalten. Gell?

Mars ^{tr} Aszendent ⚹ △

Sportlich

Mit Mars im harmonischen Aspekt zum Aszendenten kann man sich prügeln, kann es aber auch sein lassen. Mann ist sein eigener Herr, Frau ist ihre eigene Dame. Und das ist auch gut so.

Aus obigen Gründen steht Ihnen momentan die Welt offen. Nun stehen Sie nicht so herum! Tun Sie was! Sonst ist die gute Zeit vertan.

Mars ^{tr} Medium Coeli ☌

Wutausbruch

Mars in Transit über dem Medium Coeli bringt sie mit sportlichen und kampferprobten Autoritäten in Kontakt. Wenn Sie die von ihrem Sockel stürzen wollen (und oft will man dies in solchen Zeiten), dann müssen Sie nicht nur jugendlichen Übermut, sondern auch Schlitzohrigkeit des Alters Ihr Eigen nennen.

Die Schlitze an den Ohren haben die alten, erfahrenen Hasen übrigens von ihren überstandenen Kämpfen.

Sie können jetzt natürlich auch Ihrer Wut freien Lauf lassen und Ihrem Chef mal gehörig die Meinung sagen. Vielleicht wartet der schon darauf und ist hoch erfreut, Sie endlich rausschmeißen zu dürfen.

Wollen sie ihm wirklich den Gefallen tun? Bei Beachtung der gängigen Spielregeln können Sie ihn doch viel eleganter auf Kreuz legen!

Mars tr Medium Coeli □ ☍

Bellende Hunde

Mars im Spannungsaspekt zur Himmelsmitte birgt Gefahren in sich. Wenn Sie im Beruf vorankommen wollen, dürfen Sie nicht auf Nebenkriegsschauplätzen Ihre Kraft verschwenden.

Die Karawane hat noch einen langen Weg vor sich. Viele Tage und Nächte geht es durch die Wüste. Und Sie wollen sich mit diesen Kläffern anlegen? Das ist doch überhaupt nicht Ihr Format.

Im Klartext: Streitereien schaden momentan Ihrer Karriere.

Mars tr Medium Coeli ⚹ △

Siegertyp

Die harmonischen Aspekte von Mars zum Medium Coeli begünstigen alle kämpferischen Karrieristen. Das Beste, was Sie momentan für Ihr Vorwärtskommen tun können, ist der Gang zum Fitnessstudio. Und anschließend schreiten Sie straff, aber federnd zum Büro des Chefs, drücken ihm knirschend, aber nicht zerquetschend die Hand und wünschen ihm mit tief kehliger Stimme einen »wunderschönen guten Morgen.«

Spätestens dann wird er Ihr grandioses Führungstalent erkennen und Ihnen besondere Aufgaben zuweisen. Und die Sonderzulage bekommen Sie auch. Wie anders kriegt er solch einen hektischen Aktivisten auch sonst aus seinem Büro?

Sie glauben nicht, dass das so funktioniert? Das ist viel zu simpel? Es ist so simpel. Probieren Sie es doch mal aus!

Zyklen des Jupiter

♃

Wachstumsmöglichkeiten, Motivation

In der klassischen Astrologie wird Jupiter als das »Große Glück« bezeichnet. Es wäre blauäugig, diesen Begriff auf eine moderne astrologischen Berufsprognose zu übertragen. Natürlich ist es gerade unter Jupiter immer wieder möglich, ein Riesengeschäft zu machen. Man kann Kredite ungeahnten Ausmaßes aufnehmen, wirklich ins ganz große Business einsteigen. Aber genauso groß ist die Gefahr, auf einen Riesenschwindel hereinzufallen.

Wer kauft schon gerne Luft in Tüten? Und was nützt es einem, wenn man das Vertrauen der Banken gewinnt, im Nachhinein aber das geliehene Geld nicht mehr zurückzahlen kann?

Jupiter hat im Berufs- oder Geschäftsleben also eher etwas mit Expansion und Motivation zu tun. Vertrauen ist alles. Fast alle Vereinbarungen, die wir im Geschäftsleben abschließen, geschehen mündlich und können im Nachhinein nicht eingeklagt werden. Und gerade die ganz großen Geschäfte werden oft auf Treu und Glauben abgeschlossen. Hier ist äußerstes Fingerspitzengefühl gefragt.

Was hilft es einem, mit der Aussicht auf einen festen Arbeitsplatz eine Probezeit zum absoluten Mindestlohn zu absolvieren - wenn man danach doch nicht übernommen wird? Wieso soll man sich für die Belange der Firma einsetzen, wenn missliebige Kollegen dafür wieder die Lorbeeren ernten? Die Motivation stimmt nur dann, wen man sicher sein kann, nicht einer Täuschung zu erliegen. Expansion in Form von Überstunden, einer Erweiterung des Tätigkeitsbereichs oder einer geschäftlichen Kooperation kann auch schief gehen.

Nicht nur der große Gewinn, sondern auch die große Pleite gehört zur Analogie des Jupiter.

Die Zyklen des größten Planeten des Sonnensystems durch die verschiedenen Häuser, d.h. Lebensbereiche eines Geburtshoroskops dauern im Schnitt ein Jahr. Eine entsprechende Erweiterung des Lebensstils sollte hier schon probiert werden. Die Möglichkeiten sind vielfältig. Man ist in diesem Zeitraum weniger skeptisch, wagt auch schon mal etwas.

Jupiters Transite über Lichter (Sonne und Mond), Planeten und Achsen (Aszendent und Medium Coeli) haben einen Wirkungsschwerpunkt von maximal einer Woche. Dann sollte man das große Glück beim Schopfe packen - wenn es den wirklich eines ist.

Jupiter [tr] Haus I.

Wagemut

Wenn Jupiter ein Jahr lang Ihr erstes Horoskophaus durchzieht, werden Sie automatisch sehr viel mehr Selbstbewusstsein bekommen. Sie treten lauter und pompöser als gewöhnlich auf und fragen sich, warum sie sonst immer so verklemmt sind. Bei allen eigenständigen Unternehmen erhalten Sie Förderung und Unterstützung. Zumindest fassen Sie die Reaktion der anderen so auf. Allerdings können Sie jetzt mit Ihren wattierten Schulterpolstern und dieser großmäuligen Art auch ziemlich lächerlich wirken.

Es wirkt zwar beeindruckend, dass Sie zu so vielem etwas zu sagen haben. Aber wer will sich schon permanent belehren lassen? In dieser durchweg positiven Phase, in der Sie einen ungeheuren Vitalitätsschub erfahren, sollten Sie aufpassen, sich nicht die Sympathie Ihrer Mitmenschen zu verscherzen.

Laufen Sie nicht wie ein Elefant im Porzellanladen durch die Gegend. Duzen Sie nicht gleich Ihren Chef! Suchen sie sich lieber echte Bewährungsproben. Melden Sie sich zum Fronteinsatz, sprich: zur Kundenakquisition, in den Außendienst. Auf diese Beutezüge können Sie mit Fug und Recht stolz sein. Beste Zeit für Versicherungsvertreter!

Jupiter ^{tr} Haus II.

Kreditvolumen

In der klassischen Astrologie wird ein Transit Jupiters durch das zweite Haus als Synonym für Reichtum und Wohlstand angesehen. Sicherlich sollt Ihnen diese Hoffnung jetzt nicht vermiest werden. Nicht blockierte Jupiter-Energie ist stärker als negatives Denken.

Also: Rechnen Sie mit Förderung im Finanziellen, Wohlstand, Reichtum. Wenn sie Gehaltsforderungen stellen, bitte am oberen und nicht am unteren Ende der Skala. Sie werden sehen, dass es klappt. Auch sind Ihre Kunden gerne einmal bereit, etwas mehr zu zahlen. Irgendjemand hat immer die Spendierhosen an. Und die Bank: Ihr gestiegenes Selbstwertgefühl macht Eindruck. Man bewilligt Ihnen Mittel ungeahnten Ausmaßes. Greifen Sie zu!

Probleme entstehen eigentlich erst, wenn Jupiter das zweite Haus wieder verlassen hat. Dann muss der Kredit langsam, aber sicher zurückgezahlt werden. Da das Kapital nicht in der Firma landete, sondern für den neuen Porsche und die Australienreise drauf ging, entsteht eine leicht peinliche Situation. Und die Kunden: Dank überzogener Preise sind die inzwischen zur Konkurrenz gewechselt. Das hohe Gehalt? Sie sind nun der Erste auf der Abschussliste. Die Firma muss sparen.

An Geld heranzukommen, das ist in dieser Zeit kein Problem. Es muss halt nur sinnvoll investiert werden. Wirklich sinnvoll!

Jupiter tr Haus III.

Vollmundig

Wenn Jupiter ein Jahr lang durch Ihr drittes Haus geht, kommt Leben in die Bude. Auf einmal bilden sich Worte zu Sätzen und die zu ganzen Romanen. Sie halten es auf Ihrem Stuhl nicht mehr aus, rufen Gott und die Welt an, sind ständig auf Achse. Und Sie fragen sich, warum Sie das nicht schon längst getan haben. Manche begreifen erst in dieser Zeit die Macht der Kommunikation. Wenn man sich umtut, aktiv ist, Briefe schreibt und Nachrichten austauscht, dann erweitert man auch seine Wahlmöglichkeiten. Die beste Zeit, wenn man auf der Suche nach einem neuen Job ist. Oder ein Produkt auf den Markt bringen will. Heutzutage liegt nicht in der Produktion der Gewinn, sondern im Handel. Sie sind dabei!

All diese Chancen können Sie sich natürlich gründlich vermasseln, wenn Sie jedes vollmundige Versprechen für bare Münze nehmen. In gutem Glauben verwechseln Sie unverbindliche Absichtserklärungen mit schriftlich fixierten Vertragswerken. Wer ist dafür haftbar?

Hören Sie also genau hin, wenn Sie mit Ihren Geschäftspartner sprechen. Das ist gar nicht so leicht. Denn normalerweise will man bei solchen Jupitertransiten nur selber reden.

Jupiter tr Haus IV.

Weltbürger

Wenn Jupiter durch das vierte Haus zieht, hält man es in den eigenen vier Wänden nicht mehr aus. Man braucht Platz!!! Und das gilt nicht nur für das Privatleben, sondern auch fürs Business.

Wie wäre es mit einem Loft, einer Fabriketage mitten in der Stadt? Oder doch lieber eine Neuansiedlung auf der grünen Wiese. Möglich ist auch, dass man in dieser Zeit eine Stellung im Ausland annimmt.

Auf jeden Fall bringt nun jede private Expansion zugleich einen beruflichen Umschwung mit sich. Denkbar ist auch eine Förderung durch die Familie oder die Verwandtschaft. Ist die Zeit gekommen, Daddys Firma zu übernehmen?

Bei allem, was man jetzt unternimmt, sollte man maßvoll bleiben. Ein voller Bauch studiert nicht gerne. Schweres Essen macht müde. Ist der Raum, den man jetzt erobert, zu groß, kann alles wieder in sich zusammenfallen. Manches Unternehmen ist schon an einer überdimensionierten Expansion zugrunde gegangen.

Jupiter tr Haus V.

Selbstständigkeit

Wenn Jupiter ein Jahr lang durch das fünfte Horoskophaus geht, entwickelt man Führungstalente. Nicht, dass sich im privaten Leben irgendetwas groß verbessert hätte. Man jammert bloß nicht mehr so herum. Was man besitzt, das zeigt man auch. Alles andere nicht sonderlich erwähnenswert. Diese Einstellung wirkt auf die Umwelt ungeheuer positiv. Man ist in der Lage, andere Menschen mitzureißen. Man wirkt sexy. Ohne Frage! Dynamisches Auftreten fasziniert immer.

Generell eignet sich Jupiters Transit durch das fünfte Haus hervorragend für die Gründung eines eigenen Unternehmens. Der Sprung in die Selbstständigkeit: Jetzt kann er gelingen. Ob die ganze Sache auch langfristig überleben wird, steht auf einem ganz anderen Blatt.

Wenn Sie schon immer mal vorgehabt haben, im Entertainmentbereich Geld zu verdienen, dann tun Sie es jetzt. Ein Jahr lang können Sie relativ gefahrlos experimentieren. Sie können es aber auch sein lassen. Das Glück drängt sich nicht auf. Es ist nur ganz einfach da. Für eine gewisse Zeit.

Jupiter tr Haus VI.

Datenflut

Ein Jahr lang steht Jupiter jetzt im sechsten Haus, dem Bereich der Vernunft und Klugheit. Was für Dummheiten man in dieser Zeit nicht alles anstellen kann! Sie laufen Gefahr, eine ganze Reihe von Mitarbeitern einstellen, die sich samt und sonders als Windbeutel entpuppen. Oder Sie probieren im Büro zusammen mit Ihren Kollegen permanent neue Schlankheitskuren aus - und werden darüber fetter und fetter. Oder Sie reorganisieren den tagtäglichen Ablauf. Mit dem Resultat, dass alles nur noch komplizierter wird. Oder sie sammeln alle möglichen Daten. Und blicken in Folge davon überhaupt nicht mehr durch.

Andererseits besteht jetzt auch die Chance, endlich Herr über den ganzen Kleinkram werden. Als Chef könnten sie mit etwas Geschick wirklich fähige Angestellte finden. Es ist alles eine Frage der Menschenkenntnis. Und des Vertrauens. Und wenn Sie selbst Angestellter sind, dass werden Sie durch Ihre Detailkenntnisse glänzen. Sehr viele Dinge sind zu bedenken. Die perfekte Entscheidung gibt es nicht. Aber man kann klug handeln.

Jupiter tr Haus VII.

Kommen lassen

Ein Jahr lang geht Jupiter durch das siebte Haus, das Haus der Partnerschaft. Das bedeutet nicht unbedingt, dass Sie nun Ihrem Traumpartner begegnen. Das heißt auch nicht, dass Sie jetzt im geschäftlichen Bereich sofort Allianzen eingehen oder sich vertraglich auf alle Zeiten binden. Arrangements, die jetzt getroffen werden, haben absolut freiwilligen Charakter.

Es ist falsch, zu glauben, dass alle Vereinbarungen unbedingt eingehalten werden. Die Euphorie ist so groß, dass man die Details übersieht.

Es ist möglich, dass Sie auf einen Angeber oder Hochstapler hereinfallen. All das darf Sie jedoch nicht davon abhalten, aufgeschlossen durchs Leben zu gehen. Überfallen Sie Ihre neuen Bekanntschaften nicht mit hochtrabenden Plänen.

Lassen Sie die andern kommen. Lassen Sie sie reden. Denken Sie sich Ihren Teil. Und warten Sie ab, was sich letztendlich ergibt. Fördern Sie sich gegenseitig. Aber mit Augenmaß!

Jupiter ^{tr} Haus VIII.

Fusionsfieber

Wenn Jupiter ein Jahr lang durch Ihr achtes Haus geht, werden Sie Förderung durch Besitz anderer erleben, den Segen von Erbschaften genießen oder (sofern Sie schon in mosaischem Alter sind) ein vornehmes Begräbnis bekommen. So weit die klassische Astrologie.

In der Praxis müssen Sie sich über eine ganze Menge Probleme im Klaren sein. Jede Erbschaft hat ihren Pferdefuß. Jede Förderung beinhaltet auch eine Verpflichtung. Starke finanzielle Bindungen führen auch zu gegenseitiger Abhängigkeit. So lange der Partner stark ist, profitiert man von seinen Ressourcen. Gerät der andere jedoch in eine Krise, wird man mit hineingezogen. Das soll nicht heißen, dass Sie das Angebot abschlagen müssen. Beileibe nicht. Aber trotz des ganzen Fusionsfiebers sollten Sie unbedingt einen kühlen Kopf bewahren.

Jupiter tr Haus IX.

Außenhandel

Etwas ein Jahr lang steht Jupiter nun im neunten Haus des Horoskops. Sie sind ungeheuer reiselustig, fasziniert von fremden Kulturen. Bildung ist ein hohes Gut.

Möglicherweise nehmen Sie ein Universitätsstudium auf. Sie arbeiten als Honorarkonsul. Oder Sie investieren in ein Franchise-Unternehmen, als Selbstständiger unter dem Dach einer großen Handelskette.

Was auch immer Sie unternehmen: Beweisen Sie Toleranz. Nicht alles ist so großartig, wie es den Augenschein hat. Leere Versprechungen können viel Schaden anrichten. Vertrauen zahlt sich nicht immer aus. Die Abhängigkeit von Gönnern kann fatal sein. Die Rolle des Günstlings kann sich in die des Bittstellers wandeln.

Lassen Sie in dieser Zeit Ihr Handeln nicht nur vom Außen bestimmen. Aber zeigen Sie, wenn es darauf ankommt, auch Größe und Stil. Sie werden überrascht sein, wie positiv man auf Ihr Entgegenkommen reagiert.

Jupiter tr Haus X.

Beförderung

Mit Jupiter im zehnten Haus, einer Phase von circa einem Jahr, traut man sich in beruflicher Hinsicht sehr viel zu. Man ist bereit und fähig, Verantwortung zu übernehmen - vielleicht mehr, als vernünftig wäre. Posten werden Ihnen einem angetragen, eine Gehaltserhöhung in Aussicht gestellt. Ob es sich dabei wirklich um einen Karrieresprung handelt, stellt sich erst sehr viel später heraus.

Manche Beförderung ist nicht mehr als ein versteckter Hinauswurf. Wohin wird man befördert?

Einem geschenkten Gaul schaut man nicht ins Mauls. Warum? Weil man bei Pferden an den Zähnen das Alter ablesen kann. Vielleicht hat die Schindmähre schon längst ihre besten Zeiten gesehen. Es wäre unhöflich, sich darüber beim edlen Spender zu beschweren.

Selbst wenn Sie den Pferdefuß der angebotenen Beförderung erkennen, brauchen Sie den Job nicht unbedingt abzulehnen oder Ihre Bedenken öffentlich kundzutun. Besprechen Sie das Für und Wider mit guten Freunden. Wenn Sie den Posten erst einmal ergattert haben, sind Sie am Drücker. Dann können Sie die neue Führungsposition immer noch zu Ihren Gunsten ausgestalten.

Jupiter ^{tr} Haus XI

Spaßgesellschaft

Ungefähr ein Jahr lang durchläuft der Glücksplanet Jupiter das elfte Haus, Signifikator für Freundschaften, Wünsche und Hoffnungen. Sie werden sich eventuell auf After-Work-Partys herumtreiben, mit Ihren Arbeitskollegen privat Treffen arrangieren und eine lockere Zeit im Team haben. Eigentlich sind ja alle eine Community, gibt es keine Hierarchien, leben wir im Wassermannzeitalter. Wenn das Jahr dann vorbei ist ... ja, dann war es das dann wohl auch.

In den allerwenigsten Fällen dürften die Kontakte, die Sie jetzt aufbauen, direkt zu Ihrem beruflichen Weiterkommen beitragen. Es kann sogar sein, dass ihre Offenheit von anderen ausgenutzt wird, dass man Ihre Kreativität ausplündert. Ideenklau ist in der Businesswelt weit verbreitet. Suchen Sie sich lieber Leute, mit denen Sie im positiven Sinne kooperieren können.

Zwingen Sie in diesem Jahr niemanden, konkrete Ergebnisse zu liefern. Es ist eine gute Zeit, um bestehende Kontakte zu erweitern, Menschen mit ähnlichen Interessen, Arbeitsgebieten und Aufgabenfeldern kennenzulernen. Joint Ventures entstehen. Langfristig werden diese Verbindungen entweder enger und verbindlicher werden - oder einschlafen. Das hängt dann von Ihnen ab.

Jupiter ^tr^ Haus XII.

Freiräume

Wenn Jupiter das zwölfte Haus binnen eines Jahres durchquert, kann man offiziell nicht mit Unterstützung rechnen. Man ist einfach zu sensibel, als dass man sich in den Kampf um die üblichen Fördertöpfe einreihen will und kann. Das bedeutet aber keineswegs, dass man ohne Gönner dasteht. Man muss nur genau hinschauen.

Diese Zeit ist hervorragend geeignet für einen zeitlich bedingten Rückzug aus der allgemeinen, hektischen Betriebsamkeit. Und es ist zugleich eine sehr aktive Zeit, gerade für Künstler und andere Kreative. Oft erkennt man das erst im Nachhinein.

Auch trifft man jetzt auf Menschen, die einem vollkommen selbstlos Hilfe zuteilwerden lassen. Karitative Organisationen im Umfeld der Kirche zählen auch dazu. Oder man lernt zurückgezogen lebende Millionäre kennen, die genau das Produkt kaufen wollen bzw. die Fähigkeiten suchen, die man bieten kann.

Eine weitere, nicht zu unterschätzende Facette dieses Jupiter-Transit: Marktlücken. Man bekommt einen Blick für Bedürfnisse jenseits des Mainstream. Der Vorteil und die große Chance liegen darin, dass man ohne Konkurrenz ist. Gute Geschäftsideen siedeln sich stets in ökonomischen Nischen an. Es besteht also kein Grund, während dieser Jupiterphase untätig zu bleiben.

Jupiter ^tr^ Sonne ☌

Showtalent

Jupiter über der Sonne gibt viel Mut und Selbstbewusstsein. Man sollte diese kurze Zeit auf jeden Fall nutzen, um Dinge zu wagen, zu denen man sich sonst nicht traut. Man hat keine Angst vor Zurückweisung, traut sich aus dem eigenen Schneckenhaus heraus.

Überall dort, wo persönliche Präsenz verlangt wird, liegt man genau richtig. Allerdings besteht auch eine Neigung, die eigene Wirkung zu überschätzen. Man trägt ziemlich dick auf. Elefant im Porzellanladen. Großspurig. Wie ein Neureicher, ein bisschen tölpelhaft. Passen Sie also auf, dass Sie Ihr Showtalent auf der richtigen Bühne einsetzen!

Jupiter ^{tr} Sonne □ ☍

Bluff

Jupiters Transit-Spannungsaspekte zur Sonne bringen eine Tendenz zu Fehlplanungen, Oberflächlichkeit und Überheblichkeit: Achten Sie darauf, sich jetzt nicht zu sehr in den Mittelpunkt zu stellen, nicht zu laut und zu wichtig aufzutreten. Verrennen Sie sich nicht in Hochmut und falschen Stolz, aus dem Sie sich nicht mehr herauskommen. Vermeiden Sie Bluffs. Die gehen daneben.

Jupiter ^{tr} Sonne ⚹ △

Selbstvertrauen

Bei Jupiters harmonischen Transiten zur Sonne erlebt man Großzügigkeit und Toleranz. Menschen gehen offen auf einen zu. Viele neue Chancen: Durch die Kraft der persönlichen Ausstrahlung können Sie Menschen für sich gewinnen: Sie haben Kredit, was sich nicht nur zwischenmenschlich, sondern auch materiell zeigt.

Mit starkem Selbstvertrauen ist es jetzt leicht möglich, eine Führungsposition einzunehmen. Was Sie sich selbst zutrauen, glaubt Ihnen auch die Außenwelt. Eine starke Phase körperlicher und psychischer Regeneration und Integration: Die Persönlichkeit festigt sich. Alte Wunden heilen. Viele Menschen nutzen diese Zeiten, um sich der Welt zu zeigen, in die Zukunft reichende Dinge zu unternehmen, zu verreisen oder die Seele ganz einfach mal baumeln zu lassen.

Jupiter tr Mond ☌

Beeindruckbar

Jupiters Transit über den Mond macht uns emotional offen für alles und jeden. Und ein wenig phlegmatisch. Im Berufsleben ist dieser Aspekt nur dann von Vorteil, wenn Sie viel mit Menschen arbeiten, zu denen Sie einen emotionalen Zugang suchen, deren Vertrauen für Ihre Arbeit äußerst wichtig ist.

Sie können jetzt sehr gut auf Impulse reagieren, die von außen kommen. Wenn Sie hauptberuflich Assistent sind, wie beispielsweise die Figur Harry für den Kriminalkommissar Derrick in der gleichnamigen TV-Serie, dann ist dies eine ideale Zeit.

Stehen Sie selbst unter Druck, wollen Sie gestalten und bestimmen, dann kann Ihren diese hohe Beeindruckbarkeit aber auch Nachteile bringen. Allzu leicht schweift Ihr Geist ab. Sie kommen einfach nicht auf den Punkt, verlieren sich in Nebensächlichkeiten. Nehmen Sie lieber Urlaub!

Jupiter tr Mond □ ☍

Kaufrausch

Bei Jupiters harten Transite zum Mond werden Launen übertrieben ausgelebt. Eine unerklärliche Unruhe kann Sie erfassen. Das Bedürfnis nach Konsum wird übertrieben ausgelebt: Völlerei, Kaufrausch. Oft fehlt einfach eine Orientierung. Schauen Sie genau hin. Was brauchen Sie wirklich? Was ist eigentlich vollkommen überflüssig?

Es kann jetzt zu vielen Missverständnisse kommen, auch und gerade im Kontakt mit Ausländern oder im Import-Export-Geschäft. Sie treffen nicht den richtigen Ton, schätzen Ihren Partner nicht korrekt ein. Vermeiden Sie unpassende Verbrüderungsgesten und plumpe Kumpanei. Manche Arbeitskollegen sind mehr Last denn Entlastung.

Halten Sie die Ausgabenseite scharf im Blick. Misstrauen Sie Entscheidungen der Beschaffungsabteilung. Wichtige Käufe sollten auf später verschoben werden.

Jupiter ^{tr} Mond ⚹ △

Mahlzeit!

Bei Jupiters harmonischen Aspekten zum Mond schafft man um sich herum eine Atmosphäre des Wohlbehagens. Es ist eine gute Zeit für gemeinsame Geselligkeiten, da genügend Toleranz vorhanden ist, um Menschliches und auch Allzu-Menschliches zu verstehen.

Vielleicht sollten Sie ein Betriebsfest organisieren? Arbeitsessen sind jetzt ebenfalls eine gute Investition. Fast beiläufig streift man wichtige Themen, kommt sich näher, lernt die Motivationen seiner Kollegen und Partner kennen, sucht und findet Übereinstimmung in vielen Geschäftsbereichen.

Jupiter ^{tr} Merkur ☌

Datenaustausch

Wenn im Transit Jupiter über Merkur geht, hat man plötzlich Zugang zu einem riesigen Haufen an Informationen. Jetzt kommt es darauf an, Wichtiges von Unwichtigem zu trennen. Und das ist überhaupt nicht leicht.

Man neigt dazu, alles Mögliche an geistiger Nahrung in sich aufzunehmen. Überall entdeckt man intellektuelle Verbindungen. Die Zusammenhänge scheinen klar und deutlich. Noch lange nach dieser Zeitphase wird man von dieser Datenflut profitieren - und unter ihr leiden.

Dieser Aspekt ist sehr gut für Universitätsstudien. Längst nicht alles, was man hier lernt, braucht man im späteren Berufsleben. Aber da man die Prioritäten noch nicht genau erkennt, wird man alles Mögliche geistig aufnehmen, wie ein Schwamm.

Wenn Sie jetzt einen Job suchen, dann bewerben Sie sich im Kongress- und Reisegeschäft, dem Transportgewerbe oder einem Übersetzerbüro. Sie können ganz hervorragend mit vielen Menschen kommunizieren, parallel, gleichzeitig, simultan.

Jupiter ^{tr} Merkur □ ☍

Informationsmüll

Bildet der transitierende Jupiter einen Spannungsaspekt zu Merkur, werden Sie des Öfteren die falschen Informationen zur falschen Zeit erhalten. Auseinandersetzungen um technische Details, Rechthabereien, nutzlose philosophische Debatten: Es ist Zeit, Berge unerledigten Kleinkrams zu erledigen.

Wie viel doch getan werden muss, wenn man das große Ganze sieht und sich nicht im Detail verlieren will! Seien Sie jetzt sehr vorsichtig mit der Kommunikation. Glauben heißt nicht zu wissen! Und das kann fatale Folgen haben: in der Logistik, im Transportwesen, in der Koordination verschiedener Fertigungsprozesse.

Versuchen Sie, ganz bewusst die richtigen Worte zu wählen, im Gespräch auch zuzuhören, Briefe gut verständlich zu formulieren. Vermeiden Sie es, ausufernd zu dozieren.

Jupiter tr Merkur ⚹ △

Verständnis

Jupiters harmonische Transitaspekte zu Merkur fördern das Verständnis. Sie merken, wie viele Probleme sich durch ein ruhiges und offenes Gespräch schon im Vorfeld lösen lassen. Man muss nur eine angenehme Atmosphäre schaffen, in der es Spaß macht, zuzuhören. Unterschiedlichste Meinung können nebeneinander existieren und gebündelt werden. Man kommt jetzt leicht an die unterschiedlichsten Informationen heran und findet schnell heraus, was wirklich Fakt ist.

In dieser Zeit kann das Geschäftsleben tatsächlich florieren. Engagieren Sie sich in allen Tätigkeitsbereichen, die mit Kommunikation zu tun haben.

Da dieser Planetenaspekt auch die literarischen Fähigkeiten begünstigt, könnten Sie z.B. als Lektor in einem Verlag einsteigen, als rasender Reporter unterwegs sein oder zumindest einmal Ihrem Chef die Meinung ins Gesicht sagen. Sie haben das Geschick, auch bei schwierigen Themen genau die richtigen Worte zu finden.

Jupiter tr Venus ☌

Liebesbeziehung

Wenn Jupiter über die Venus geht, darf man einfach nicht Nein sagen. Manche Leute gehen unter diesem Transit wie ein Hefekuchen auf, da der Appetit unglaublich ist und sie ständig Heißhunger haben. Andere geraten in Kaufrausch und/oder toben sich sexuell richtig aus.

Beruflich sollte man sich mit Werbung beschäftigen. Man kann jetzt sehr gut in der Vergnügungs- oder Unterhaltungsindustrie anheuern. Ein Kurbad wäre auch der richtige Ort. Das Private und das Geschäftliche lassen sich hier gut mit einander verbinden.

Man mag die Menschen einfach. Das gilt ganz besonders für diejenigen, die einem Glück, Reichtum und Wohlstand versprechen. Natürlich begibt man sich dabei auf ein schlüpfriges Pflaster. Liebe und Beruf miteinander zu kombinieren, das ist auf Dauer nicht jedermanns Sache ...

Jupiter tr Venus □ ☍

Perspektivlos

Bei Jupiters Spannungsaspekten zur Venus möchte man viel zu viele Sinneseindrücke und Gelüste miteinander zu kombinieren, verliert sich leicht in perspektivlosen Beziehungen. Versuchen Sie, herauszubekommen, mit welchen Menschen Sie wirklich ein tiefes und dauerhaftes Vertrauensverhältnis aufbauen können.

Oft begegnet man jetzt Zeitgenossen, deren übertriebene Genuss- und Kontaktwünsche nur Ausdruck einer inneren Leere sind, die zu mehr als einer oberflächliche Beziehung nicht fähig sind. Seien Sie jetzt sehr vorsichtig beim Abschluss von Verträgen. Und lassen Sie sich bei der Jobsuche nicht unbedingt protegieren, zumindest nicht um jeden Preis.

Jupiter tr Venus ⚹ △

Opulent

Mit Jupiters harmonischen Transiten zur Venus geht eine große Genuss- und Liebesfähigkeit einher. Man freut sich an allem, was Geist und Sinne auf angenehme Weise nährt. Wem es ansonsten nicht leicht fällt, sich etwas zu gönnen, wer Schwierigkeiten hat, sich richtig schick zu machen, der verliert jetzt seine Hemmungen. Klassische Genießer seien jedoch gewarnt vor Verschwendung, Völlerei, Exzessen.

In dieser Zeit treffen Sie auf Menschen, denen das Geld wirklich locker sitzt, die für eine interessante und unterhaltsame Sache schon gerne mal etwas springen lassen. Und es sind jetzt wirklich ganz positive Geldgeschäfte möglich!

Jupiter tr Mars ♂

Im Einsatz

Geht Jupiter über Mars, dann geht die Arbeit locker von der Hand. Aber man hüte sich vor Streit, der aus Selbstgerechtigkeit heraus begonnen wird. Sie befinden sich jetzt in einer starken Regenerationsphase, die Sie für Sport und Fitness nutzen können. Überschüssige Kraft sollte in sinnvolle Pionierarbeit gesteckt werden.

Achtung: Identifizieren Sie sich nicht zu sehr mit dem Edlen und Guten. Wer mit Feuer und Schwert Gerechtigkeit ausübt, braucht im Grunde nur einen Vorwand, um endlich mal zuzuschlagen.

Beruflich werden Sie sich weit aus dem Fenster lehnen. Sie haben vor nichts und niemandem Angst, brauchen nur ein ordentliches Betätigungsfeld. Körperlicher Einsatz wäre nicht schlecht. Warum also nicht gleich irgendetwas anfangen, das mit Sport zu tun hat? Gute Fitnesstrainer werden immer gesucht!

Jupiter tr Mars □ ☍

Energieverschwendung

Jupiters Spannungsaspekte zum Mars bringen keine Katastrophen, aber ab und zu doch ganz schöne Rohrkrepierer. Ihr Überschwang beim Beginn von Unternehmungen kann schnell in Unlust umschlagen. Dann kommt noch dazu, dass Sie leicht den Falschen vertrauen. Phlegmatische Phasen wechseln sich mit hektischer Überaktivität ab.

Können Sie anderen Menschen wirklich voll vertrauen? Oder müssen Sie alles in die eigene Hand nehmen, sodass Sie letztendlich überfordert sind? Vorsicht vor cholerischen Ausbrüchen! Ihnen kann leicht der Kragen platzen.

Wenn Sie zur Zeit Kapital investieren müssen, dann überlegen Sie sich das dreimal! Sie sind derart spontan, dass Sie schnell Fehler machen, sich über die Gebühr verschulden oder Gelder unnötig in den Sand setzen. Die Projektierungsphase ist noch nicht abgeschlossen!

Jupiter tr Mars ⚹ △

Investitionsklima

Die harmonischen Jupitertransite zum Mars sind vom wirtschaftlichen Standpunkt aus betrachtet ganz hervorragend einzuschätzen. Man ist zu Recht positiv eingestellt und reißt alle anderen mit. Natürlich ist die Situation günstig. Man hat die Chancen erkannt und weiß sie zu nutzen. Und das ist genau der springende Punkt. Viele Leute investieren in solchen Zeiten genau richtig, auch wenn die Masse Mensch noch gar nicht erkannt hat, dass hier ein gewaltiges Potenzial liegt.

In diesen Tagen werden Sie auch körperlich sehr viel Kraft haben. Die einzige Gefahr besteht darin, dass Sie sich überschätzen und erst nachträglich feststellen, dass Sie einfach zu viel angepackt haben. Doch unter diesem günstigen Gestirn können Sie auch ganz fantastisch kooperieren und delegieren. Sie finden bestimmt Leute, die ihr Projekt weitertragen, wenn es einmal ins Trudeln kommen sollte. Ein Anfang ist gemacht. Und das ist jetzt wichtig.

Jupiter tr Jupiter ☌

Karriereschub

Alle 12 Jahre kommt Jupiter auf eine Position zurück, die er zum Zeitpunkt der Geburt einnahm. Im zwölften Lebensjahr gibt es häufig die ersten konkreten Visionen, was mal aus einem werden sollte, was wirklich Spaß macht: Lokführer, Astronaut etc.

Mit 24 steckt man oft mitten drin im Studium, schaut in die Zukunft, hat die Berufswelt schon konkret vor den Augen.

36 ist dann die Zeit der ersten großen Expansion. Man ackert und klotzt ran, macht Unmengen von Geld oder steckt in den abenteuerlichsten Jobs.

Das 48. Lebensjahr ist die Zeit der zweiten, dritten oder vierten Karriere. Noch im Vollbesitz aller Kräfte wagen viel erst in diesem Lebensalter, genau das zu verwirklichen, was sie sich damals als Kind erträumten.

Mit 60 bietet sich der vorgezogene Ruhestand an - ganz großartig für alle, denen der Job nur Mittel zum Zweck war, für die das wahre Leben erst nah der Pensionierung anfängt. Endlich kann man sich den Hobbys widmen, der wahren Berufung.

72 ist so ein Alter, wo viele, die von ihrem Traumjob einfach nicht loskommen können, die Sache zumindest ein wenig lockerer sehen.

Und 84, das ist eine Zeit, in der Leute wie Papst Johannes Paul, Mao, Hindenburg oder Adenauer so ganz sachte ans Aufhören dachten. Aber bloß nichts überstürzen!

Jupiter ^tr^ Jupiter □ ☍

Besinnungspause

Bei Jupiters harten Transiten zu seiner Radixposition läuft so einiges schief. Vor allen Dingen fehlt es an Motivation. Es ist nur eine kurze Formkrise, nichts sonderlich Ernstes. Man erlebt halt, dass sich dieses und jenes Projekt in Schall und Rauch auflöst, dass man sich hier und da verspekuliert hat.

Und wenn schon! Versuchen Sie halt, die nötige Kurskorrekturen vorzunehmen. So vermeiden Sie, sich weiter zu verrennen. Einsicht ist der erste Weg zur Besserung. Schöpfen Sie neue Hoffnung. Seien Sie bereit, aus Ihren Fehlern zu lernen.

Jupiter ^tr^ Jupiter ⚹ △

Zukunftsperspektiven

Jupiters harmonische Winkel zur Geburtsposition geben Optimismus. Man übt sich in positivem Denken, hat Ahnungen und Visionen, die weit in die Zukunft reichen. Es ist eine Phase der Expansion. Sie können das Erreichte ausbauen und neu investieren. Was Sie vor vier Jahren begannen, erweist sich als tragfähig.

Es sind Tage und Wochen der Zufriedenheit und Entspannung. Packen Sie das Glück mit beiden Händen. Seien Sie jetzt nicht arrogant oder bequem. Nur wenn Sie aus dieser günstigen Gelegenheit etwas machen, profitieren Sie dauerhaft davon - was immer es auch sei!

Jupiter tr Saturn ☌

Das rechte Maß

Geht Jupiter im Transit über Saturn, fallen für kurze Zeit alle Kleinlichkeiten aus dem Blickfeld. Sie sind weder verkniffen noch ängstlich, auch nicht übertrieben skeptisch. Das heißt natürlich nicht, dass Sie alle Sicherheitsmechanismen aufgeben. Beileibe nicht! Sie haben jetzt lediglich ein sehr gutes Gefühl für die richtigen Proportionen.

Kontrolle muss sein. Aber sie darf nicht erdrücken. Sicherheit braucht man. Aber das darf nicht dazu führen, dass man permanent nur Vorleistungen verlangt, jedem und allen misstraut. Dieser recht kurze Zeitraum ist außerordentlich günstig für berufliche und wirtschaftliche Unternehmungen. Projekte, die Sie beginnen, werden mit großer Wahrscheinlichkeit auf lange Zeit den erhofften Erfolg bringen.

Jupiter tr Saturn □ ☍

Kleinlich

Mit Jupiters harten Aspekten zu Saturn kann das rechte Maß verfehlt werden: Kleinlichkeit, wo Toleranz nötig ist, Standesdünkel, wo Fairness gesucht wird. Irgendwie stimmen die Proportionen nicht. Schauen Sie nicht zweimal, sondern dreimal hin, bevor Sie zu irgendeiner Sache »Ja« sagen.

Geben Sie jetzt nicht alle Sicherheiten auf. Versuchen Sie aber gleichzeitig, etwas mehr Toleranz zu wagen. Was ist wirklich wichtig? Und was ist auch sinnvoll?

Jupiter ᵗʳ Saturn ⚹ △

Zahltag

Jupiters sanfte Transite lindern die Härten Saturns. Gewisse Dinge machen Ihnen normalerweise Angst. Sie fühlen sich schwach und unsicher. Und gerade deshalb geben Sie sich besonders viel Mühe - und das schon seit vielen Jahren. Nur äußerst selten dank man Ihnen dieses Engagement. Daran haben Sie sich schon fast gewöhnt.

In diesen Tagen lösen sich innere Hemmungen. Gewohnte Schranken existieren auf einmal nicht mehr. Sie bekommen mehr Aufmerksamkeit und Anerkennung als sonst. Seien Sie nicht so misstrauisch. Sie haben es wirklich verdient. Genießen Sie den Erfolg.

Dies ist eine gute Zeit, um Gehaltsforderungen durchzusetzen. Auch ist eine Beförderung nicht ausgeschlossen. Vorsicht: Es besteht derzeit eine Tendenz zur Übertreibung und Anmaßung. Werden Sie nicht unverschämt. Behalten Sie Augenmaß. Dann ist der berufliche Erfolg garantiert!

Jupiter ᵗʳ Uranus ☌

Höhenflüge

Mit Jupiters Übergang über Uranus entsteht eine luftig-leichte Stimmung, in der alles möglich zu sein scheint - zumindest in der Welt des Positiven Denkens. Die Intuition ist jetzt sehr stark. Ihnen können jetzt wertvolle Ideen »zufliegen«: Arbeit am Computer, in der Werbebranche, Beschäftigung mit neuen Gedanken, technische Neuerungen.

Manch einer neigt nun zu Spekulation, Glücksspiel oder gewagten Transaktionen an der Börse. Wenn Sie sich dafür als geeignet erweisen, ja wenn ... Andere steigern sich in eine leicht verrückte Egozentrik hinein. Reduzieren Sie den Stress! Eine gute Zeit, um sich selbständig zu machen - beruflich oder privat.

Jupiter ^{tr} Uranus □ ☍

Luftnummer

Die harten Transite von Jupiter zu Uranus bringen Unruhe und Verwirrung. Wer sich zu viel in Motivationsseminaren herumtreibt, muss nun den Preis dafür zahlen. Die Philosophie des Positiven Denken à la Murphy, Carnegie und Peale führt oft zu einer vollkommen unkritischen Grundhaltung. Man verdrängt Probleme, anstatt sie zu lösen. Und dadurch wird alles nur noch schlimmer. Lassen Sie sich nicht von der Bauernfängerei des Big Psycho Business blenden!

Macht Positives Denken krank? Manchmal schon. Wenn Sie sich ständig zu neuen, irrationalen Zielvorstellungen hochpushen und ein Lächeln aufsetzen, dass ganz und gar nicht Ihrem Inneren entspricht, bildet sich in ihrer Seele eine Art Hohlraum, der nicht mehr gefüllt werden kann. Von einem auf den anderen Tag kann man den Sinn in seinem Beruf verlieren bzw. entdecken, dass es nie einen gab.

Dieser Aspekt ist besonders für Vertreter und Verkäufer schwierig. Passen Sie also auf, dass Sie nicht Ihre Kritikfähigkeit verlieren. Im Gegenteil: Gehen Sie jetzt auf die Anregungen Ihrer Kunden ein. Und nehmen Sie Ihre eigenen Zweifel ernst. Nichts geht über einen gepflegten Zweckpessimismus!

Jupiter ^{tr} Uranus ⚹ △

Inspirativ

Jupiters sanfte Transitaspekte zu Uranus lassen nicht allzu viel erwarten. Vor allem sollte man nicht erwarten, dass sich jeder gute Gedanke automatisch in barer Münze auszahlt. Das Gute an diesem Planetenaspekt ist, dass man nichts fordert, sich stattdessen einfach überraschen und beschenken lässt.

Wer als Künstler oft lange warten muss, bis ihn die Muse küsst, kann sich an diesen Tagen vor Inspiration nicht retten. Der Ideenreichtum ist gewaltig.

Generell ist man fähiger, ganz spontan die richtigen Dinge zu wagen: eine Last-minute-Reise, ein extrem günstiges Sonderangebot oder eine Börsenspekulation. Garantie für langfristigen Erfolg gibt es jedoch nicht (siehe oben).

Jupiter ^{tr} Neptun ☌

Traumwelten

Wenn Jupiter über Neptun geht, steigen die Sehnsüchte und Träume ins Unermessliche - auch bei Otto Normalverbraucher. Dieser Aspekt ist höchst förderlich für alle, die in der Traumindustrie arbeiten, also in Hollywood, Potsdam-Babelsberg, Cinecittà bei Rom, Euro-Disney-Paris oder auf dem Bavaria-Filmgelände in München. Eigentlich ist doch überall ein bisschen Hollywood. Versuchen Sie, diese magische Stimmung einzufangen. Gehen Sie mal zur Inspiration in einen Zirkus oder ganz spät nachts in eine Diskothek!

Sie sind jetzt sehr offen für Träume und Visionen eines besseren Lebens. Es besteht gleichzeitig die Gefahr, sich der Realität durch Wunschträume und Drogen zu entziehen. Wenn Ihnen die Vergnügungsindustrie nicht zusagt, dann schauen Sie sich halt nach alternativen Lebensformen um: Musik, Kunst, Ökologie, Heilung, Meditation, Naturheilkunde, Psychologie. Und wenn das alles nichts hilft, dann ab in die Südsee! Gute Tauchlehrer werden immer gebraucht.

Jupiter tr Neptun □ ☍

Total verschwommen

Wenn der Transit-Jupiter Spannungsaspekte zu Neptun bildet, sind Sie von unsicheren Kantonisten umgeben.

Als Kapitän eines Ozeandampfers müssten Sie jetzt »Mann über Bord« rufen und die Rettungsringe auswerfen - wenn Sie nicht selber gerade mit einer Buddel voll Rum in der Kajüte liegen und Ihren Rausch ausschlafen. Da nicht alle von uns auf hoher See ihrem Beruf nachgehen, hier noch ein paar Alltagstipps: Suchen Sie sich unbedingt ein Hobby, in dem Sie Ihre Fantasie ausleben können. Damit kanalisieren Sie Ihr überbordendes Gefühlsleben.

Im Beruf sollten Sie jetzt sehr einfühlsam und sensibel vorgehen. Das dient dem Selbstschutz. Denn nur so können Sie erkennen, wer die unsicheren Kantonisten im Betrieb sind, wer sich nicht abgrenzen kann, unzuverlässig ist, Fehler macht, täuscht und betrügt. Vielleicht ist es ja sogar der Chef, den Sie auf Entziehungskur schicken müssten!

Jupiter tr Neptun ⚹ △

Begünstigung

Die sanften Aspekte vom Transit-Jupiter zu Neptun machen die Verständigung wunderbar leicht. Sie treffen auf Menschen, mit denen Sie ohne große Worte sofort harmonieren. Die Chemie stimmt einfach.

Bei Bewerbungen um eine neue Arbeitsstelle oder der Durchsetzung eines schwierigen Projekts ist dieser Aspekt ideal. Sie stoßen auf große Offenheit. Eine günstige Situation. Allerdings sollten Sie nicht unbedingt damit rechnen, dass sehr viel mehr daraus wird. Jedenfalls nicht ohne Ihr langfristiges Zutun!

Jupiter tr Pluto ☌

Größenwahn

Wenn Jupiter über Pluto geht, können Sie das ganz große Geschäft abschließen. Oder Sie erleben die absolute Pleite. Seien Sie also skeptisch, sonst fallen Sie auf Rattenfänger herein. Misstrauen Sie Leuten, die Ihnen die Generalvertretung einer angeblichen Weltfirma anbieten. Und lassen Sie sich auch nicht ins Bockshorn jagen, wenn man Ihnen mit dem Anwalt droht.

Psychologische Kenntnisse sind wichtig. Tiefes Urvertrauen wechselt sich mit Sinnlosigkeitsgefühlen ab, Größenwahn mit tiefer Leere. Alte Tabus verlieren für ein paar Wochen ihre hemmende Wirkung. Vorsicht vor Überheblichkeit.

Licht und Schatten des Reichtums: Es können sich jetzt finanziell lukrative Möglichkeiten auftun, geistige oder materielle Erbschaften angetreten werden. Bedenken Sie, dass Licht und Schatten immer nahe beieinander liegen. Wer jetzt ein Erbe antritt oder eine Verbindung zu wohlhabenden Menschen eingeht, sollte dies bedenken. Handeln Sie klug und umsichtig!

Jupiter tr Pluto □ ☍

Moralvorstellungen

Bei den Spannungsaspekten des Transit-Jupiter zu Pluto können sich religiöse, moralische und ethische Vorstellungen schlagartig verändern. Sie bekommen einen Eindruck davon, wie die Machtverhältnisse in großen Unternehmen wirklich funktionieren. Sie erkennen Verbindungen zwischen Wirtschaft und Politik. Überall entdecken Sie Kungelei und Vetternwirtschaft. Es kann zu einem Rechtsstreit kommen, dessen wahres Ausmaß Ihnen erst mit der Zeit deutlich wird. Manchmal ist es klug, in solchen Zeiten gewisse Chancen nicht wahrzunehmen, Gelder nicht anzunehmen, scheinbar lukrative Posten auszuschlagen.

Auf der persönlichen Ebene wechselt tiefes Urvertrauen mit Sinnlosigkeitsgefühlen ab. Achten Sie jetzt auf körperliche und seelische Regeneration und Reinigung. Gibt es Lebensbereiche, wo man umstrukturieren sollte, Loslassen geübt werden kann? Fixieren Sie sich jetzt nicht zu sehr. Entspannung tut gut. Gehen Sie mal in die Sauna!

Jupiter ^{tr} Pluto ⚹ △

Kluge Strategien

Bei Jupiters sanften Transiten zu Pluto gelingt es einem, die wahren Machtverhältnisse einzuschätzen und dementsprechend maßvoll zu handeln. Man traut sich, Kontakte zu machtvollen Firmen und Persönlichkeiten aufzubauen. Tiefe seelische Gemeinsamkeiten fördern das gegenseitige Vertrauen. Innerer und äußerer Reichtum gehen Hand in Hand. Und Sie sind trotz alledem nicht zu überheblich.

Sie durchschauen in dieser Zeit Hintergründe recht gut, können Ihr Wissen sinnvoll nutzen. Geld stinkt nicht. Und es kann sinnvoll eingesetzt werden. Weltfremde Moralvorstellungen und Tabus haben momentan keine hemmende Kraft mehr. Sie finden einen Zugang zu bislang ungenutzten Potenzialen Ihrer Persönlichkeit.

Jupiter ^{tr} Aszendent ☌

Tatendurst

Wenn Jupiter über den Aszendenten geht, bekommt das Selbstbewusstsein einen unglaublichen Schub. Und der Aktionsdrang steigt! Die Zeit des Träumens, Sehnens und der verhinderten Möglichkeiten ist vorbei. Äußerlich tut sich momentan vielleicht überhaupt nichts.

Die Umstände sind genauso perspektivlos, die Leute genauso stur und phlegmatisch wie sonst auch. Aber man wartet nicht mehr ab. Wer außer Ihnen sollte die Sache auch sonst in die Hand nehmen?

Also, besinnen Sie sich auf Ihre eigenen Kräfte. Die Beine sind noch dran. Rechts und links je ein Arm, an dem hängt jeweils eine praktische Hand zum Anpacken. Was braucht der frisch gebackene Jungunternehmer mehr?

Jupiter ^{tr} Aszendent □ ☍

Ungeschick

Jupiter im harten Transit zum Aszendenten bringt eine falsche Selbsteinschätzung. Entweder tritt man zu laut oder zu leise auf. Und das bekommen die anderen auch mit.

Was vor drei Jahren im Vertragswesen und der Kooperation mit Unternehmenspartnern begonnen wurde, bedarf einer Überarbeitung. Zur Zeit ist es nicht so leicht wie damals, die anderen für die eigenen Ziele einzuspannen. Das Auftreten kann zu laut sein, zu offensiv. Auf einmal fehlt das diplomatische Geschick. Man gewinnt Kunden nicht mehr gleich beim ersten Gespräch. Und so sollte man jetzt versuchen, ganz bewusst einen neuen Sinn für Partnerschaft und andere Werbestrategien entwickeln. Man hüte sich vor übertriebener Eitelkeit!

Jupiter ^{tr} Aszendent ⚹ △

Optimismus

Jupiters harmonische Transite zum Aszendenten geben viel Überzeugungskraft. Das liegt unter anderem daran, dass man jetzt auch wieder körperlich in Topform ist. Es ist eine gute Zeit, um persönliche Ziele kraftvoll und zugleich geschickt durchzusetzen.

Es kann Ihnen gelingen, die anderen durch Ihre Dynamik anzustoßen und mitzureißen, da Sie jetzt auch deren Interessen besser erfassen und berücksichtigen können. Nutzen Sie diese Phase des Selbstvertrauens. Es ist durchaus möglich, zu siegen, ohne zu kämpfen. Sie brauchen es nur auszuprobieren!

Jupiter ^{tr} Medium Coeli ☌

Pfeilschnell

Mit Jupiter im Transit über dem Medium Coeli kommt eine neue Kraft, die wie ein Pfeil in die Zukunft reicht. Es ist der Beginn einer mehrere Jahre dauernden, beruflichen Expansionsphase. Die Zeit des Wartens und Sehnens ist vorbei. Sie haben eine Ausbildung abgeschlossen, wollen und dürfen sich nun endlich in der Praxis betätigen. Die Ideen und Träume des letzten Jahres können Gestalt annehmen.

In der Tat tut sich zur Zeit wirklich viel Gutes. Es gibt zumindest große Chancen, die Sie nutzen können. Es steht Ihnen aber auch vollkommen frei, genau diese vorbeiziehen zu lassen oder phlegmatisch in eine Erwartungshaltung zu versinken. Wer aktiv und dynamisch ist, der erkennt die Zeichen der Zeit und investiert jetzt in ein Projekt, das ihm über viele Jahre Freude bringen wird.

Jupiter ^{tr} Medium Coeli □ ☍

Überarbeiten!

Jupiter im Spannungsaspekt zur Himmelsmitte ist nicht unbedingt der optimale Zeitpunkt, um neue Projekte zu beginnen. Momentan sollten Sie keine neuen Entscheidungen treffen.

Vorsicht bei beruflichen oder geschäftlichen Expansionswünschen. Vor circa drei Jahren entwickelte Pläne, die Sie zur Grundlage Ihres Handelns gemacht haben, müssen überarbeitet werden.

Die damals entwickelten Perspektiven können nicht unhinterfragt auch in den nächsten Jahren Ihr Leitmotiv sein. Bitte kein übertriebenes gesellschaftliches oder privates Geltungsbedürfnis. Bemühen Sie sich lieber, gegenseitige Vertrauen zu stärken.

Jupiter ^{tr} Medium Coeli ⚹ △

Ganz zwanglos

Die sanften Transite von Jupiter zum Medium Coeli machen optimistisch. Man schmiedet neue Pläne, schaut positiv in die Zukunft. Dies ist eine der besten Konstellationen für Gehaltserhöhungen und Beförderungen. Nun können Sie auch sehr gut bei Ämtern und Behörden vorsprechen. In Politik und Wirtschaft finden Sie leichter als sonst Gehör.

Sie können sich in diesen Tagen (es ist nur eine kurze Zeit) strukturierter und realistischer darstellen, den Konventionen entsprechen. Ihnen ist es jetzt aber auch möglich, langfristige Perspektiven in der eigenen Lebensplanung zu entwickeln. Natürlich dürfen Sie auch passiv bleiben. Jupiter zwingt Sie zu nichts.

Zyklen des Saturn

♄

Struktur, Verantwortung und Konsequenz

Lassen Sie sich nicht von der Kapitelüberschrift abschrecken! In Zeiten der Globalisierung und des Internetzeitalters verändert sich ständig alles und jedes.

Saturn, das »Große Übel« der klassischen Astrologie, vom Wortstamm eng mit »Satan« verwandt, ist gerade im Berufs- und Geschäftsleben unser bester Freund. Alle schriftlichen Verträge und die sich daraus ableitenden Rechte sind ihm zugeordnet. Struktur, Hemmungen, Konzentration, Verantwortung und Konsequenz sind Elemente des Arbeitsvertrages. Ohne ihn wären wir vollkommen rechtlos, müssten ständig um unseren Lohn betteln. Man könnte uns von einer Minute auf die andere feuern. Im Krankheitsfall wären wir ohne jegliche Versorgung.

Auf der anderen Seite setzen uns saturnine Energien natürlich auch Grenzen, die kaum zu ertragen sind. Schnell kann eine feste Arbeitsbeschreibung einschränkend wirken, zur Fußfessel werden, den weiteren beruflichen Aufstieg verhindern. Wer kennt es nicht, dieses Kompetenzgerangel, der Kampf um die Zuständigkeiten, bürokratisches Schubladendenken.

Und überhaupt: Wie geht man mit Chefs um, deren Wissen und deren Fähigkeiten begrenzt sind, die außer Standesdünkel eigentlich keine Qualifikation vorzuweisen haben?

Saturn zeigt, worauf wir uns verlassen und was uns einschränkt. Wenn wir seine Zyklen richtig nutzen, werden wir unsere Karriere stetig und kontinuierlich weiterentwickeln - mit Sicherheit.

Zwei bis drei Jahre durchwandert dieser Planet jedes Haus unseres Geburtshoroskops. Der jeweilige Lebensbereich wird in dieser Phase überprüft. Latent vorhandene Probleme und Defizite werden aufgedeckt. Was wir uns wirklich erarbeitet haben, wird auch weiterhin Bestand haben. Saturns Transite über spezielle Lichter, Planeten und Achsen des Horoskops sind zwei bis drei Wochen aktuell. Sie haben zumeist einen ernsten Charakter, bewirken manchmal Minderwertigkeitsgefühle, oft jedoch auch echtes Selbstbewusstsein.

Konkrete Ereignisse bringen die schneller laufenden Planeten, sofern sie zusätzlich die entsprechenden Radix-Positionen aspektieren.

Saturn ^{tr} Haus I.

Realismus

Wenn Saturn ungefähr zwei Jahre lang durch das erste Haus geht, bringt dies häufig eine physische und psychische Schwächung mit sich. Ein Mangel an Tatkraft ist zu beobachten. Die Selbstkritik ist groß. Man fühlt sich unterlegen, minderwertig, ist andererseits endlich wieder in der Lage, effizient zu handeln. Und man erntet die Früchte früheren Fleißes.

Im Grunde sind Sie jetzt nicht kraftloser als sonst. Nur wollen Sie jetzt wirklich Ergebnisse sehen. Und Sie lassen sich nicht mehr gängeln. Also fangen Sie an zu kämpfen. Für ein Projekt. Für eine Idee. Oder ganz einfach für sich selbst. Es ist ein schwieriger Beginn. Erfolg durch Ausdauer ist garantiert. Aber das kann dauern.

Von außen gesehen sind Sie nun ein Mensch, dem das Minderwertigkeitsgefühl ins Gesicht geschrieben steht. Aber auch der Realismus. Sich machen sich selbst nichts mehr vor. Und Sie lassen sich nichts mehr gefallen. Das erzeugt Vertrauen. Man wird Ihnen Verantwortung übertragen.

Die Chance, in dieser Zeit einen guten Posten zu erlangen, ist groß - gerade wegen der Ernsthaftigkeit, die Sie an den Tag legen.

Saturn ^{tr} Haus II.

Kassensturz

Insgesamt an die zwei Jahre wird Saturn das zweite Haus durchschreiten. Ihnen wird es so vorkommen, als ob Sie ständig am Hungertuch nagen. Mangel an Besitz. Schwerer Erwerb. Sorgen um Geld. Auf Versprechungen können Sie jetzt nicht mehr vertrauen. Aber das, was Sie haben, ist Ihnen sicher. Sie werden jetzt bestimmt vorsichtiger im Geldausgeben sein. Und Sie sparen wieder mehr.

Aber im Grunde erleiden Sie keinen Mangel. Sie möchten lediglich zu diesem Zeitpunkt wirklich wahre Werte erschaffen. Im Nachhinein werden Sie feststellen, dass all das, was Sie sich in dieser Zeit erarbeiteten, auf Dauer Bestand hat. Wenn Sie klug sind, achten Sie jetzt sehr genau darauf, in welcher Höhe Sie entlohnt werden. Es wird Ihnen vielleicht gering erscheinen. Aber das, was Sie verdienen, ist Ihnen sicher. Und das ist doch etwas!

Saturn ^{tr} Haus III.

Druckreif sprechen

Möglicherweise sprechen Sie in diesen circa zwei Jahren, in denen Saturn durch Ihr zweites Haus geht, nur mit wenigen Menschen. Sie sind ein wenig hölzern im Umgang. Nur Wesentliches ist interessant. Mangel an Kontaktfähigkeit. Kaum Reisen.

Doch was ist Ihnen jetzt wirklich wichtig? Geschwafel interessiert Sie nicht. Sie brauchen Fakten, haben ein Ziel. Aber welches? Passen Sie bloß auf, dass Sie jetzt nicht zum verschrobenen Freak mutieren, dessen Gedanken sich permanent im Kreise drehen.

Diese Zeit ist sehr gut, um ernsthafte Gespräche zu führen. Arbeitsgespräche. Zielorientiert. Fixieren Sie Ihre Gedanken. Papier und Bleistift reichen aus.

»Keep simple stupid« ist die Devise aller Hollywood-Drehbuchautoren. Je einfacher, umso besser. Eine gute Zeit, um Artikel zu schreiben, Zusammenfassungen, eventuell auch Bücher. Üben Sie sich in der freien Rede. Kommen Sie auf den Punkt. In der Kürze liegt die Würze. Erfolg durch Geduld.

Saturn tr Haus IV.

Standpunkte

Private Sorgen dürften Sie bedrücken, solange Saturn durch das vierte Haus I.hres Horoskops durchquert. Das kann gut zwei Jahre dauern. Auf einmal erscheint Ihnen Ihr Heim zu eng. Familiäre Sorgen wirken sich auf Ihren Beruf aus. Sie können sich jetzt damit verrückt machen und allen erzählen, was Sie bedrückt. Weiterhelfen wird das nicht.

Vielleicht hat es alles auch einen Sinn. Der Mangel an Heimat, den Sie rein subjektiv viel stärker als sonst empfinden, wirkt stimulierend. Übernehmen Sie ruhig Verantwortung. Ihre Familie und Ihre Verwandten brauchen Sie, ihre Kraft und auch Ihr Geld. Klären Sie Ihre persönlichen Verhältnisse. Letztendlich werden Sie für Ihre Standorttreue belohnt. Vielleicht machen Sie eine Erbschaft. Oder Sie erkennen, dass Sie in Ihrer jetzigen Tätigkeit eine lange, gute Tradition fortführen.

Saturn ^{tr} Haus V.

Bedeutung

In den gut zwei Jahren, da Saturn nun durch das fünfte Haus geht, halten Sie sich überhaupt nicht für attraktiv. Das Leben macht einfach keinen Spaß. Die Monotonie empfinden Sie als tödlich. Die Arbeit schränkt Sie ein. Wo bleibt da noch das Vergnügen? Endlich wollen Sie sich mal kreativ ausleben. Ruhm und Anerkennung ernten.

Ihre Ansprüche sind groß. Das ist das Problem. Doch schrauben Sie ihre Forderungen an ein interessantes und abenteuerliches Leben bloß nicht zurück! Etwas zerrt und zehrt in Ihnen. Noch lodert die Flamme der Leidenschaft. Eine gute Zeit, um ein künstlerisches Projekt zu beginnen. Etwas Handfestes, Seriöses. Sie möchten öffentliche Anerkennung. Einmal auf der Bühne stehen. Und den wohlverdienten Applaus ernten. Eine wichtige, bedeutende Position erreichen.

Passen Sie auf, dass Sie sich nicht allzu wichtig nehmen. Seien Sie nicht zu verkrampft. Dann klappt es auch. Toi, toi, toi!

Saturn ^{tr} Haus VI.

Aufräumen!

In den gut zwei Jahren, in denen Saturn durch Ihr sechstes Haus geht, können Sie sich permanent über die unbequemen Arbeitsbedingungen, unter denen Sie zweifelsohne leiden, beschweren. Es mangelt an Bequemlichkeit. Ihre Gesundheit ist möglicherweise angegriffen. Sie könnten daran krank werden. Was tun?

Gestehen Sie sich ein, dass Sie viel von alledem selbst angerichtet haben - und dass Sie der einzige Mensch sind, der wirklich weiß, wie sich die Lage verbessern kann. Sie haben jetzt einen sehr kritischen Blick, sehen organisatorische Probleme mit einer nie da gewesenen Schärfe.

Es kommt jetzt weniger darauf an, WAS Sie tun. Die Organisation ist wichtig. Die Effizienz. Das geschickte Umgehen mit den vorhandenen Ressourcen. Methodisches Vorgehen: Das WIE. Erfolg durch viel Arbeit. Suchen Sie sich einen Job, in dem Ihre Liebe zum Detail gefragt ist. Sie entwickeln sich zum Spezialisten. Solche Leute braucht man immer.

Saturn ^{tr} Haus VII.

Vertragsverhandlungen

In den letzten Jahren haben Sie sich sehr gut um Ihre eigenen Verhältnisse gekümmert. Nun wird es Zeit, nach Partnern Ausschau zu halten. Das fehlt. Daran mangelt es. Das spüren Sie überdeutlich. Vielleicht wollen Sie auch nur die Zusammenarbeit mit Ihrem bisherigen Geschäftskollegen verbessern. Auf jeden Fall geht es so nicht weiter.

Bis zu der Erkenntnis, dass Sie selbst sehr viel verbindlicher werden müssten, ist es ein langer Weg. Versuchen Sie, gewisse Dinge schriftlich zu regeln. Das ist nicht einfach. Jetzt erst wird klar, wer wirklich zu Ihnen hält und auf wen Sie sich verlassen können. Es kann sich um die Ausarbeitung eines Vertrages handeln. Dabei werden gemeinsame Probleme deutlich.

Wichtig ist, dass auf Dauer eine solide Arbeitsbasis entsteht.

Saturn ^{tr} Haus VIII.

Blutsbande

»Pacta servanda sunt«, sagten schon die alten Römer. Verträge sind einzuhalten. Und das gilt heute noch. In der Ehe und im Beruf. Das ist in den gut zwei Jahren, in denen Saturn im achten Haus steht, überhaupt nicht so leicht. Aber es ist auch nicht leicht für den anderen. Der hat Sie am Wickel, aber Sie haben ihn ebenfalls fest im Griff. Egal, um was für einen Vertrag es sich jetzt handelt: Er ist auf jeden Fall einzuhalten.

Mangel an Regenerationskraft, seelischer Kummer, Grübelei und Depression kennzeichnen diese Saturn-Phase. Doch zugleich können Sie geistigen Tiefgang erleben. Spielen Sie Schach? Lernen Sie es! Und übertragen Sie seine Strategien auf das Berufsleben.

Sie mögen keine Winkeladvokaten? Werden Sie selber einer! Beschäftigen Sie sich mit Kernfragen des Geschäftslebens, beispielsweise mit rechtlichen Fragen rund um Erbschaft, Sex und Urheberrechte. Allen drei Themenbereichen ist die fast unumkehrbare Verwicklung mehrerer Menschen gemein. Darunter leiden Sie? Daraus können Sie Kapital schlagen! Gemeinsam. Und lassen Sie das mit den Schuldvorwürfen bitte schön. Das bringt einfach nichts und blockiert die Energie.

Saturn [tr] Haus IX.

Rechthaberei

In den circa zwei Jahren, in denen Saturn durch Ihr neuntes Haus geht, werden Sie keine großen Sprünge machen. Ihr geistiger Horizont ist eingeengt. Brett vor dem Kopf. Umgeben von Rechthabern, Dogmatikern und Klugscheißern haben Sie selbst die Weisheit gepachtet. Unter diesen Voraussetzungen lassen sich keine großen Brötchen backen. Denn dazu bedarf es der Kooperation. Wenn Sie alles und jeden kontrollieren, verliert man bald die Lust an der Zusammenarbeit. Und Sie stehen alleine da.

Ganz besonders ungünstig ist dies in der Tourismusbranche und im Export-Import-Geschäft. Man muss hier irgendwie an das Gute im Menschen glauben, Toleranz üben. Wollen Sie wirklich jeden Hotelgast einer Leibesvisitation unterziehen, bloß weil der Klau von Löffeln, Handtüchern und Aschenbechern inzwischen Volkssport geworden ist?

Schlagen Sie diese Mehrkosten ganz einfach auf die Rechnung, ohne sie extra auszuweisen. Das hat Stil!

Der Saturn-Transit durch das neunte Haus befähigt Sie übrigens auch zu langen Studien und Bildungsreisen. Gute Geschäfte lassen sich jetzt auch im religiösen Bereich machen. Merke: Einer der größten Medienkonzerne Europas fing einst mit dem Bibelverkauf an - anscheinend ein lukratives Geschäft.

Saturn ^{tr} Haus X.

Endstation

Möglicherweise leiden Sie in den zwei Jahren, in denen Saturn durch Ihre zehnten Haus läuft, unter nichts mehr als unter der Monotonie Ihres Berufs und seiner absoluten Perspektivlosigkeit. In der Blüte Ihrer Jahre liegt die Zukunft wie eine graue Sandwüste vor Ihnen. Die Rente haben Sie sich schon einmal ausrechnen lassen.

Zu wenig zum Leben und zu viel zum Sterben. Eigentlich auch egal. Den Sie fühlen sich jetzt schon so gut wie tot. Der Mangel an beruflicher Sicherheit und die Angst vor der Zukunft bringen Sie aber doch jeden Morgen wieder pünktlich vor die Stechuhr. Heimlich, halb unbewusst sabotieren Sie. Sie selbst trauen sich nicht, zu kündigen. Aber wenn andere das für Sie erledigen würden, hätte die Quälerei wenigstens ein Ende.

Die Situation ist eigentlich klar: Ein weiterer Aufstieg ist nur durch Fleiß möglich. Und Durchhaltevermögen. Eigentlich haben Sie nicht weniger Kraft als sonst auch. Doch die kleinen Hügel reizen Sie nicht mehr. Sie wollen Achttausender besteigen. Ganz ohne Sauerstoffmaske. Heute noch. Das muss Frustrationen geben.

Teilen Sie also Ihre Kräfte gut ein. Und nehmen Sie die Bergspitze ins Visier. Schreiten Sie langsam und kontinuierlich voran. Ab und zu mal Pause machen. Und nicht jammern! Es ist Ihre Entscheidung gewesen, den Gipfel zu erobern!

Saturn tr Haus XI

Gruppenzwang

Gut zwei Jahre wird Saturn das elfte Horoskophaus transitieren. Auf einmal sieht es so aus, als ob Sie keine Freunde haben, niemanden, der Ihre Interessen teilt. Sie sind zu einem verschrobenen Einzelgänger geworden. Alle anderen dort draußen geben sich oberflächlichen Vergnügungen hin. Nur Sie nicht. Idealismus ist ein hartes Geschäft.

Da will man der Menschheit gutes tun. Und die kümmert das überhaupt nicht. Bis auf wenige treue, verlässliche Freunde stehen Sie alleine da. Verraten und verkauft. Während Sie nun dem Kulturpessimismus verfallen, werden die wenigen, aber treuen Freunde immer zahlreicher.

Tatsächlich gibt es auch andere, die zumindest ähnlich denken wie sie. Natürlich sind die alle auf eine etwas andere Art idealistisch. Und deren Kulturpessimismus ist auch in wichtigen Nuancen etwas anders als der ihrige. Aber es tut sich etwas.

Möglicherweise werden Sie gegen Ende dieser Zeitphase ein globales Netzwerk entwickelt haben, an dem sich Millionen von Menschen beteiligen und das zudem noch höchst finanzkräftig agiert. Aber Sie werden immer noch unzufrieden bleiben. Denn noch hat Ihr Unternehmen kein Filialnetz auf dem Saturn aufgebaut. Immerhin: Sie arbeiten dran.

Saturn tr Haus XII.

Bunkermentalität

Wenn Saturn ungefähr zwei Jahre lang im zwölften Haus steht, macht sich ein fataler Mangel an Disziplin breit. Man wittert (zu Recht) überall versteckte Feinde, sucht sein Glück in der Einschränkung. Und die kommt bestimmt. Die Frage ist nur, wie man in solch einer Situation seine berufliche Karriere weiterbringen will.

Vorab: Es ist überhaupt nicht schlecht, arbeitslos zu sein, frühverrentet oder im Mutterschaftsurlaub. Und das Babyjahr können auch Männer nehmen. Man muss das alles nur aus der richtigen Perspektive sehen. Der Kosmos gibt uns solche Auszeiten, damit wir uns unseren Quellen zuwenden können.

Als Arbeitsloser lässt es sich wie ein Mönch leben, spirituelle und auch gesellschaftlich wichtige Arbeit verrichten. Niemand verbietet einem, in solchen Zeiten freiwillig für eine Partei politisch zu arbeiten, sich einer gemeinnützigen Organisation anzuschließen oder erst einmal auf Hobbyebene zusammen mit anderen Projekten anzugehen, die sich später dann finanziell auszahlen. Manch freakige Hausbesetzerkommune entwickelte sich mit der Zeit über einen eingetragenen Verein zu einer Gesellschaft bürgerlichen Rechts, weiter zur GmbH oder eingetragene Genossenschaft, vom Sammelbecken für Aussteiger zum braven Gewerbesteuerzahler. Verlage, Kulturzentren, Kinos, Fahrradläden, Bauunternehmen, Tagungszentren und Druckereien sind auf diese Weise entstanden, so auch die Großkommune Christiania in Kopenhagen.

Doch in der alltäglichen Praxis kann man einen Saturn-Transit durch das zwölfte Haus auch auf andere Weise nutzen. Möglich ist die Arbeit in einem Drogenzentrum, als Heilpraktiker oder Yogalehrer, in sozialen Diensten speziell mit Alten und Behinderten, aber auch allen anderen Bereiche, in denen im Hintergrund gearbeitet wird.

Erstaunlich viele Leute wählen die Tätigkeit in einer Behörde, z.B. als Sachbearbeiter im Finanzamt. Gut getarnt hinter spärlich wachsenden Gummibäumen und Zimmerkakteen können sie ihre große Sensibilität ausleben. Der Job ist dann oft nur die stabile Basis für ein wirklich abgefahrenes Privatleben. Why not?

Saturn tr Sonne ☌

Ernsthaftigkeit

Der Transit Saturn über die Sonne bringt Einschränkungen, Schwäche, aber auch Konzentration und Gewissheit. Sie können sich auf sich selbst verlassen.

Es ist eine ruhige Phase, mit guter Konzentrationskraft und Sinn für die Realitäten, auch wenn es vordergründig so aussieht, als ob Sie jetzt weniger Kraft und Selbstvertrauen haben. Tatsächlich entwickeln Sie jedoch in dieser Phase sehr viel innere Stabilität und Ausdauer.

Falschen Stolz schminken Sie sich lieber ab. Überflüssige Egozentrik können Sie sich nicht mehr leisten. Ziehen Sie sich zurück: In der Einsamkeit wird Ihre Kreativität am größten sein.

Beruflich kann man je nach Leistung, die man in den vergangenen Jahren erbracht hat, nun eine Beförderung oder Zurückstufung erleben. Wenn Sie nach einem neuen Job suchen, dann sollten Sie klug und konzentriert vorgehen. Dann bekommen Sie genau das, was Ihren Qualitäten entspricht.

Saturn tr Sonne □ ☍

Mühselig

Bei Saturn Spannungsaspekten zur Sonne werden wir mit äußeren und inneren Grenzen konfrontiert. Wenn wir eine eigene Firma haben, dann laufen wir jetzt vielleicht von einer Behörde zur anderen, um endlich diese und jene Genehmigung zu bekommen. Und man lässt uns einfach auflaufen.

Während wir unsere kostbare Zeit auf tristen Fluren verstaubter Verwaltungstrakte verbringen, schleppt man draußen vor der Tür unseren Porsche ab, weil die Zeit an der Parkuhr unerbittlich abgelaufen ist. Sind wir angestellt, wird man uns jetzt mit Pflichten und Lasten noch und noch bepacken. Während die Kollegen wieder einmal blaumachen, krankfeiern oder Schwangerschaftsurlaub nehmen, ackern wir uns in unbezahlten Überstunden durch die Aktenberge.

Auf der Jobsuche hingegen erleben wir bornierte Personalchefs, die uns maßregeln, weil wir in unserer Bewerbungsmappe das Zwischenzeugnis aus der zweiten Vorschulklasse unterschlagen haben und die Unterlagen nur in sechsfacher anstatt wie vorgeschrieben in siebenfacher Ausfertigung vorlegten.

Conclusio: Das Leben ist Mühsal und Plag. Und wer Lust hat, schikaniert zu werden, zieht Quälgeister magisch an. Warum lassen wir das alles bloß mit uns machen?

Saturn [tr] Sonne ⚹ △

Geduldig

Mit Saturns harmonischen Transiten zur Sonne haben Sie ungewöhnlich viel Geduld. Damit gewinnen Sie das Vertrauen stockkonservativ eingestellter Menschen. Eine gewisse Depressivität, ein etwas gedecktes Grau oder Schwarz im stilvollen Outfit und man bietet Ihnen sofort den Junior-Chefsessel an. Sie können Ja sagen. Sie müssen aber nicht. So geht es Ihnen mit allen Jobangeboten.

Und überhaupt sagt diese Konstellation noch nichts darüber aus, ob Sie auf lange Sicht die Geduld und Ausdauer aufbringen, die für die neue Tätigkeit erforderlich ist. Momentan haben Sie lediglich die Chance, einen Posten zu bekommen. Man ist geduldig mit Ihnen. Langfristig werden Sie dies aber nur durch viel Fleiß und Mühe honorieren können.

Saturn ^{tr} Mond ☌

Geborgenheit

Saturns Transit über den Mond bringt eine besinnliche, traurige Stimmung. Man spürt zugleich die eigene Unreife und den Ernst des Lebens.

Depressionen lassen sich kaum vermeiden. Doch diese tiefe innere Ruhe lässt uns Geborgenheit auch und gerade in altem, bewährtem und vertrautem finden. Sie sollten sich von überflüssigen Gewohnheiten trennen, die Kontakte zur Familie einschränken, ein wenig unabhängiger und erwachsener werden.

Eine gute Zeit für Reduktions- und Fastenkuren. Es tut jetzt gut, das Alltagsleben zugunsten des Berufs einzuschränken. So bekommen Sie innerlich Halt und Festigkeit. Und Sie nehmen die Menschen ernster, mit denen Sie in der Firma zu tun haben.

Saturn ^{tr} Mond □ ☍

Abnabelung

Mit Saturns harten Transiten zum Mond spürt man einen deutlichen Konflikt zwischen Beruf und Privatleben. Die Firma mag inzwischen zur zweiten oder vielleicht sogar schon zur ersten Heimat geworden sein. Wirkliche Geborgenheit kann sie jedoch nicht geben. Und eine Familie ersetzt sie auch nicht.

Stichwort Familie: Wie sehr verwirklichen Sie in Ihrer Karriere eigentlich Ihre ureigenen Lebenspläne? Oder tun Sie im Grunde nur das, was die Mutter oder der Vater damals nicht leben konnten und Ihnen deshalb als lebenslange Aufgabe übertrugen? Ist Ihnen klar, was Sie selber wollen, wer Sie selber sind? Es kann in diesen Tagen zu depressiven Verstimmungen kommen. Letztendlich werden Sie seelisch gestärkt daraus hervorgehen und erwachsener werden.

Saturn ^{tr} Mond ⚹ △

Umgänglich

Die harmonischen Saturntransite zum Mond machen uns seelisch sehr stabil. Wir sind in der Lage, auch schwierige Dinge an uns herankommen zu lassen. Wir können Trost zu spenden, die Erwachsenenrolle spielen und unserem Gegenüber ermöglichen, in die Kindchenrolle zu schlüpfen. Der Umgang mit alten und kranken Menschen fällt jetzt besonders leicht. Man kann eine gewisse Distanz halten, die den Kontakt auch zu schwierigen Personen überhaupt erst möglich macht.

Diese Zeitphase eignet sich für alle sozialen Berufe. Auch könnten Sie in der Gastronomie arbeiten, und zwar dort, wo Standards gefragt sind, rationell gefertigt wird und der Preis stimmen muss: in Großkantinen also. Sie werden einen guten Zugang zu Frauen finden, die in Betrieben wichtige Führungspositionen einnehmen. Und genau dies kann den Ausschlag geben, wenn Sie einen einflussreichen Job suchen!

Saturn ^{tr} Merkur ☌

Formulierkunst

Wenn Saturn über Merkur geht, ist meist Schluss mit Lustig. Man verliert seinen Humor oder trifft einfach keine Menschen mehr, die über sich selbst lachen können. Alles bekommt eine fürchterlich tiefe Bedeutung. Die Gedanken kleben bleiern im Kopf. Was alte Leute sagen, wird wichtig. Ihre Lebenserfahrung. Und die ist meist ernst und bitter. Wahrheiten. Ehern und ewig. Lassen Sie sich jetzt bloß nicht bluffen!

Unter dieser Konstellation können Sie ganze Bücher schreiben. Oder zumindest Briefe und E-Mails. Sie werden ganz erstaunt sein, wie gut Ihr Geist arbeitet, wenn Sie ihn wie einen Esel mit dem Stöckchen antreiben, Tag für Tag.

Der einzige Feind, der sich Ihnen derzeit entgegenstellt, ist ihre eigene Trägheit. Und gegen die müssen Sie ankämpfen. Werden Sie zum Meister der Formulierkunst. Eine gute Zeit, um sich schriftlich zu bewerben.

Arbeiten Sie langsam und sorgfältig. Kaufen Sie sich Bleistift und Notizblock. Mehr brauchen Sie jetzt eigentlich nicht.

Saturn ^{tr} Merkur □ ☍

Schweigen

Transit-Saturn im Spannungsaspekt zum Merkur, das ist eine Situation von Einsamkeit, Kontaktarmut und geistigem Stillstand. Manchmal steckt man auch in einem Studium und kommt einfach nicht voran. Es kann schwerfallen, sich richtig zu konzentrieren.

Lassen Sie einfach alles Überflüssige beiseite. Im Grunde gibt es gar nicht so viel wirklich Wichtiges. Sie neigen zur Vereinzelung, bekommen wenige Telefonanrufe, Briefe oder Besuche. Wenn Sie sich jetzt bewusst zurückziehen, können Sie die Dinge geistig verarbeiten.

Und überhaupt sollten Sie mit Ihren Worten jetzt vorsichtig umgehen. Zurückhaltung wäre nicht schlecht. Bei Kontakten zu Behörden ist Vorsicht angeraten. Schriftliche Vereinbarungen im Geschäftsverkehr sollten vorverhandelt werden. Die Vertragsunterzeichnung legt man besser auf einen späteren Zeitpunkt.

Saturn ^{tr} Merkur ⚹ △

Nervenstark

Saturns harmonische Transite zum Merkur bringen eine starke geistige Konzentrationskraft. Sie haben sie Ruhe, die sie brauchen, um mit Sachverstand an die Dinge heranzugehen. Was immer es auch sein.

Tiefgehende Gespräche, die schnell auf den Punkt kommen. Ehrlichkeit. Ernsthaftigkeit ohne Zwang oder Standesdünkel. Es ist eine gute Zeit, um mit Publikationen an Verlage heranzutreten.

Körperlich kommt es zu einer Beruhigung des vegetativen Nervensystems. Sie können sich in dieser Zeit einen ganz speziellen Arbeitsrhythmus angewöhnen. Machen Sie sich einen Zeitplan. Und halten Sie sich dran. Kontrollieren Sie sich selbst. Das schafft Ihnen langfristig enorme Freiheiten. Selbstdisziplin macht unabhängig und selbstbewusst.

Niemand braucht Sie anzutreiben. Und Sie können sich auf einen Menschen ganz besonders verlassen: auf sich selbst.

Saturn tr Venus ☌

Treue

Die Konjunktion von Transit-Saturn mit Radix-Venus zeigt uns die Realität unserer menschlichen Beziehungen. Wir erfahren, was wir in den Augen der anderen wert sind, wie viel wir ihnen bedeuten. Und umgekehrt.

Dies ist die Nagelprobe jeder Partnerschaft. Wenn man lange, gut und kontinuierlich in einem Unternehmen gearbeitet hat, dann wird sich das jetzt auszahlen. Das werden Sie zumindest hoffen.

Möglich ist allerdings auch, dass andere, die intriganter und statusorientierter vorgehen, sich dazwischen drängen Sie werden nicht umhinkommen, ihr ganzes diplomatisches Können aufzubieten. Bei Frauen geht dieser Aspekt oft mit einem Reifungs- und Alterungsprozess einher. Schauen Sie in den Spiegel und fragen Sie sich, ob dieser Mensch reif ist für diese oder jene Karriere ist.

Schauen Sie diesem Menschen in die Augen. Sagen Sie ihm, dass er an Klugheit gewonnen hat und besser denn je die Kunst der Diplomatie beherrscht. Ihr Spiegelbild wird das Kompliment dankend annehmen. Denn es ist ernst gemeint.

Saturn ^{tr} Venus □ ☍

Bindungswunsch

Saturn im Spannungsaspekt zur Venus bringt Trennungen von Menschen und fristgerechte, aber unumkehrbare Kündigungen von Verträgen mit sich. Das muss sein. Denn nur so werden Kapazitäten frei für neue Arrangement. Und Sie brauchen diese Distanz, um wieder aus sich selbst schöpfen zu können.

Humor und Charme sind zur Zeit nicht gerade Ihre Spezialität. Vielleicht gelingt es Ihnen, aus der selbst gewählten Distanz heraus wieder einen neuen Kontakt zu Ihren Mitmenschen aufzubauen.

Diese etwas trübe Konstellation eignet sich hervorragend für die Arbeit mit Singles, beispielsweise in einer Heiratsagentur oder einem Freizeitzentrum. Oder Sie jobben in einem dieser Cafés mit Damenwahl. Dort zustande gekommene Ehe haben Niveau und sind haltbar. Bei kaum einer anderen Konstellation ist der Wunsch nach einer festen und dauerhaften Bindung größer.

Saturn ^{tr} Venus ⚹ △

Ein Vergleich

Bei Saturn im harmonischen Transit zur Venus fällt es Ihnen leicht, sich auf Beziehungen zu wenigen Menschen zu konzentrieren. Achten Sie darauf, nicht den Humor zu verlieren. Die feine englische Art ist eine Mischung aus Freundlichkeit und Distanz, die Beziehungen stabil hält.

Auch können Sie auf eine ernsthafte Weise Frieden stiften. Im Rechtswesen steht dieser Aspekt für den Vergleich, eine einvernehmliche Regelung zerstrittener Parteien zur Beendigung von Rechtsstreitigkeiten. Die Zeit ist günstig, um zu alten Freunden, Kunden, Geschäftspartner oder Angestellten wieder Kontakt aufzunehmen. Sie können einen Treuerabatt anbieten und gute Geschäfte miteinander machen.

Saturn tr Mars ☌

Leistungsprüfung

Saturns Transit über Mars reduziert die Leistungsfähigkeit. Ohne Zweifel. Es gibt Hindernisse. Man wird an Kriterien gemessen, die nicht leicht zu erfüllen sind. Die Maßstäbe setzen andere. Zu erfüllen hat man sie selbst. Manches geht, manches auch nicht. Das macht die Sache nicht leichter.

Spontaneität hilft nicht weiter. Blinder Aktionismus wäre fatal. Es gibt Gesetze und Rahmenbedingungen, die akzeptiert werden müssen. Manch einer steckt den Kopf in den Sand. Aber das muss nicht sein.

Dieser Aspekt bringt Sie dazu, die eigene Leistung zu optimieren. Sie lernen, mit den Kräften auszuhalten Ausdauer ist gefragt. Und Realismus. Wenn es einem gelingt, hart an die eigenen Grenzen zu gehen, dabei aber sich und die anderen nicht zu überfordern, dann wird man jetzt sehr viel erreichen.

Saturn tr Mars □ ☍

Belastungsprobe

Bei Saturns harten Transiten zu Mars reizen einen Widerstände ganz besonders. Sie regen die Tatkraft an. In Gefahr begibt man sich allerdings, wenn man mit dem Kopf durch die Wand will. Jetzt zeigt sich das wahre Ausmaß jener Schwierigkeiten, die eine angefangene Arbeit mit sich bringt.

In der Anfangseuphorie neigte man vielleicht dazu, die Schwierigkeiten zu unterschätzen. Da ist nicht verkehrt. Denn ansonsten hätte man sich auf den Job wohl gar nicht eingelassen. Nun muss man allerdings aufpassen, dass man vor Problemen nicht kapituliert oder mit Brachialgewalt eine Lösung erzwingt, die gar keine ist.

Sie tun gut daran, Ihre Arbeitsweise rationeller zu gestalten. Was brauchen Sie wirklich? Wem müssen Sie es recht machen? Und wer oder was ist überflüssig? Wenn diese Tage dazu dienen, einen realistischen Überblick über tatsächlich zu leistende Arbeit zu bekommen, dann werden Sie auch weiter kämpfen und dürfen die Flinte nicht ins Korn werfen.

Saturn tr Mars ⚹ △

Kampfgeist

Saturns harmonische Transite zu Mars bringen Ausdauer, Zähigkeit und Geduld. Auf diese Weise bringen Sie Ihre Unternehmungen zum lang erhofften Erfolg.

Sie schätzen die Probleme richtig ein, gehen nicht überhastet an Aufgaben heran. Dies schafft bei Institutionen, Behörden und Geschäftskontakten Vertrauen. Sie setzen sich durch. Ihre eiserne Selbstdisziplin hilft Ihnen beim Verfolgen persönlicher Ziele. Sie haben Geduld. Und Sie sind freiwillig bereit, gewisse Abstriche zumachen. Manchmal ist es besser, unter realistischer Einschätzung der persönlichen Grenzen die Entscheidung zu treffen, Brötchen ein wenig kleiner zu backen. So werden Sie von der anstehenden Arbeitslast nicht überwältigt.

Saturn tr Jupiter ☌

Zweckpessimismus

Wenn Saturn im Transit über Jupiter geht, verliert man etwas von seiner Naivität. Man sieht die real vorhandenen Möglichkeiten und scheut sich, hohlen Versprechungen Glauben zu schenken. Der blinde Optimismus weicht einem Zweckpessimismus. Das Glas ist nicht mehr halb voll, sondern halb leer.

Sie werden jetzt eine Vorliebe für das Etablierte, das Sichere und Beständige entwickeln. Wenn Sie im Kulturbereich arbeiten, dann kümmern Sie sich nun stärker denn je um eine staatliche Förderung, damit Sie Planungssicherheit erreichen.

Das Gleiche gilt auch für Tätigkeiten im religiösen Bereich. Die Institution Kirche bekommt einen ganz anderen Stellenwert. Sie sehen, was verboten ist, von oben nicht abgesegnet wird.

Aber Sie erkennen auch an, was die Mitarbeit in solch einer starken Organisation an Schutz und Sicherheit bietet. Sie werden einfach realistischer, skeptischer. Und Sie werden gerade deshalb manch positive Überraschung erleben.

Saturn ^{tr} Jupiter □ ☍

Abstriche machen

Bei Saturns Spannungsaspekten zum Jupiter erleben Sie Kleinlichkeit, wo Toleranz nötig ist und Standesdünkel, wo Fairness gesucht wird. Hüten Sie sich vor Besserwisserei und oberlehrerhaftem Verhalten. Es wird Ihnen jetzt sehr schwerfallen, großzügig zu sein, die Dinge im Zusammenhang zu sehen. Doch kommen Sie nicht umhin, Ihre hochfahrenden Pläne abzuspecken, ein überzogenes Konto auszugleichen, sich mit den Folgen blauäugiger Fehleinschätzungen zu beschäftigen. Wem haben Sie doch alles vertraut! Und wem haben Sie alles Versprechungen gemacht.

Es gibt darunter so vieles, was übertrieben ist, substanzlos, aufgeblasen und irrational. Sie könnten Hohn und Spott ernten, wenn man Sie jetzt mit Ihren vollmundigen Ankündigungen und Versprechungen konfrontieren würde. Manche werden dies auch tun.

Machen Sie sich also selbst einen Plan. Und bitten Sie Ihre schärfsten Kritiker um Rat. So nehmen Sie denen den Wind aus den Segeln.

Saturn tr Jupiter ⚹ △

Kleine Sprünge machen

Mit dem Transit-Saturn im Trigon zu Jupiter können Sie sehr gut neue Anschaffungen tätigen und Allianzen mit Kooperationspartner schließen. Möglich ist auch, dass Sie als Firmeninhaber weitere Filialen eröffnen oder Mitarbeiter einstellen.

Wenn Sie auf der Jobsuche sind, dann können Sie jetzt durch bescheidenes und zugleich kompetentes Auftreten eine neue Stelle bekommen.

All dies ist deshalb so gut möglich, weil Sie bei allen Experimenten sparsam bleiben, das Geld nicht zum Fenster hinauswerfen und genau hinschauen, mit wem Sie sich einlassen. Die Eigenleistung des jeweiligen Vertragspartners wird großgeschrieben. Vielleicht arbeiten Sie jetzt auch im Outsourcing-Bereich, also als freier Mitarbeiter oder Subunternehmer einer großen Firma.

Bei allen Erweiterungsplänen, die Sie angehen, denken Sie besonders an die Einsparungsmaßnahmen. Das ist das Geheimnis Ihres Erfolgs.

Saturn tr Saturn ☌

Lebensphasen

Wenn Saturn im Transit mit circa 30 Jahren das erste Mal an seine Geburtsposition zurückkommt, beginnt der sogenannte Ernst des Lebens. Man hat so oder so sein Thema gefunden, sei es nun Haushalt und Kinder oder Beruf und Karriere. Die Zeit des Lernens und der Nesthockerei ist endgültig vorbei. Wer bis jetzt nicht den Absprung in das Erwachsenenleben geschafft hat, sollte sich sputen!

Wenn Saturn mit circa 60 Jahren das zweite Mal seine Geburtsposition passiert hat, sollte man endgültig Abschied vom harten Arbeiten nehmen.

Allerdings ist das kein Grund, untätig zu sein. Im Gegenteil! Nun ist die Zeit des Lehrens gekommen, der Weitergabe eigener Lebenserfahrungen an die Jüngeren. Wer sich jetzt immer noch kaputt schindet oder den Rest seines Lebens vor dem Fernsehen verbringt, hat den Sinn seiner Existenz noch nicht gefunden und sollte sich schleunigst danach auf die Suche machen!

Wenn Saturn mit circa 90 Jahren das dritte Mal seine Geburtsposition erreicht, ist man jenseits aller Verpflichtungen an diese Welt und kann jeden weiteren Tag hier auf Erden als ein Geschenk betrachten.

Saturn ^{tr} Saturn □ ☍

Zwischenprüfung

Saturns harte Transite zu seiner Radixposition haben immer etwas Ernsthaftes an sich, bringen uns in Kontakt mit Ämtern, dem Gesetz und Autoritätspersonen. Immer wieder wird überprüft, wie realistisch wir sind, was Bestand hat und was unsolide ist.

Saturn steht auch für die Alterungsphasen, wobei es im Grunde eigentlich so ist, dass sich unser Körper ständig erneuert. So besteht der Staub bei uns zu Hause hauptsächlich aus unseren eigenen, abgestorbenen Hautschuppen, die der Körper schon lange durch neue ersetzt hat. Unsere Seele mag immer älter werden. Unser Körper hingegen erneuert sich ständig.

Genauso ist das im Berufsleben. Was interessiert uns der gute Geschäftsabschluss von gestern oder die letzte Gehaltsabrechnung? Wir wollen wissen, wie wir zukünftig unser Geld verdienen, sorgen uns um die noch nicht ganz vollen Auftragsbücher des nächsten Jahres. Diese kurzen Krisen des Saturn bringen uns wieder in die Gegenwart und sorgen dafür, dass wir in unserem Job tatsächlich Nägel mit Köpfen machen und effektiv arbeiten.

Saturn tr Saturn ⚹ △

Recht passabel

Mit Saturn im harmonischen Aspekt zu seiner Geburtsposition haben Sie eine recht gute Selbstdisziplin. Überlegen Sie ruhig, welche langfristigen Projekte Sie in Angriff nehmen wollen. Momentan ist es leichter als sonst, monotone Verrichtungen und Routinearbeit durchzustehen. Das sind die Schattenseiten jeder noch so attraktiven Tätigkeit.

Momentan können Sie recht gut mit Autoritätspersonen umgehen. Die Schwellenangst ist nicht groß. Wahrscheinlich liegt es daran, dass Sie inzwischen doch schon einiges vorzuweisen haben. Und wenn es nur ein tieferes Verständnis von Selbstverantwortung und Disziplin ist: Stellen Sie sich ruhig mal irgendwo vor. Bewerben Sie sich für eine neue Aufgabe, die Pflichten, aber auch Würden mit sich bringt. Es wird Ihnen gefallen!

Saturn tr Uranus ☌

Schluss mit lustig

Wenn Saturn im Transit über Uranus geht, werden Ideen auf ihre Machbarkeit hin überprüft. Witzig und cool kann jeder sein. Das ist besonders bei Computerfreaks nichts Besonderes. Sie arbeiten mit dem Internet, Spezialgebiet E-Business? Toll, aber: Zahlt sich das auch aus?

Sie sind selbstständig? Super, aber: Können sie davon auch eine Familie ernähren? Sie haben ein ganz modernes Konzept? Fantastisch, aber: Was davon lässt sich wirklich in die Praxis umsetzen? Sie haben tolle Kooperationspartner, sind ein wirklich gutes Team?

Beneidenswert, aber: Warum stehen die Ihnen in dieser Krise jetzt nicht bei? Sind Sie jetzt frustriert? Die Liste der unangenehmen Fragen ließe sich endlos fortsetzen. Aber Sie verstehen wohl auch ohne weitere Erklärung, dass man sich seinen Platz in der Spaßgesellschaft todernst erarbeiten muss - oder etwa nicht?

Saturn ᵗʳ Uranus □ ☍

Wahlfreiheit

Bei Saturns harten Transiten zum Uranus stellt man desillusioniert fest, dass es wirkliche Freiheit überhaupt nicht gibt. Zumindest nicht hier auf Erden. Selbst Flugpiloten und Astronauten werden ständig gegängelt, müssen sich an allerstrengste Vorschriften halten.

Diese Zeitphase ist wirklich unangenehm. Technische Störungen, bornierte Dienstvorschriften, spießige Angestellte, langweilige Kollegen, Monotonie am Arbeitsplatz, versperrte Fenster, verbaute Lebensperspektiven. Die Welt als Gefängnis. Und niemand da, bei dem sich Freigang beantragen lässt.

Glücklicherweise erkennt man in solchen Situationen, dass man die Wahl hat, sich seine Abhängigkeit zu wählen!

Wenn diese Erkenntnis erst einmal in all ihrer Tragweite erkannt wird, ist die Freiheit grenzenlos. Wir wollen angestellt arbeiten und uns Vorschriften machen lassen, weil wir die Sicherheit genießen und uns nicht selber so viel Gedanken machen müssen.

Oder wir nehmen die 80-Stunden-Woche eines Freiberuflers samt all dem Stress und der Unsicherheit in Kauf, weil wir auf die Sicherheit pfeifen und uns selbst einen Kopf machen wollen.

Wie auch immer: Sie haben die Wahl.

Saturn ^{tr} Uranus ⚹ △

Kleine Fluchten

Mit Saturn im Trigon zu Uranus lässt man Sie unkontrolliert schalten und gewähren, weil man weiß, dass Sie sich an die Spielregeln halten. Sie missbrauchen die Situation auch nicht, weil Sie sich die neu gewonnene Freiheit unbedingt erhalten wollen.

In dieser Zeit können Sie in Abstimmung mit Ihren Vorgesetzten oder den Behörden Ihren persönlichen Gestaltungsspielraum stetig erweitern. Die Grenzen zwischen angestellter und freiberuflicher Tätigkeit heben sich auf. Wenn es Problem gibt, dann handeln Sie aus eigener Verantwortung heraus, klar und bestimmt. Ihr Chef kann Ihnen vollkommen freie Hand lassen. Und das schätzt er an Ihnen.

Stress reduzieren Sie, indem Sie sich nur dann auf neue Experimente einlassen, es sich auf lohnt. Der jeweilige Organisationsaufwand wird so gering wie möglich gehalten.

Saturn ^{tr} Neptun ☌

Träume werden wahr

Wenn Saturn im Transit über Neptun geht, können wir in harte Depressionen verfallen. Es ist so, als ob niemand uns eine Chance gibt. Ausnahmen sind nicht erlaubt. Wir können an der Härte des Schicksals krank werden, von einem Arzt zum anderen laufen oder von einer sozialen Beratungsinstitutionen zur anderen laufen. Die gesellschaftlichen Zwänge halten uns in eisernem Griff. Fast nichts scheint möglich. Wo bleibt die Freude am Leben?

Andererseits treffen wir nun auf Menschen, die es geschafft haben und die uns zeigen, was es heißt, der Fantasie in der Welt der Realität einen Raum zu geben. Für harte Selbstdisziplin belohnt uns das Schicksal überreichlich. Erfolg ist machbar, besonders im künstlerischen Bereich.

Auf dem Jahrmarkt, im Zirkus oder bei den Straßenmusikanten spüren wir diese Mischung aus Disziplin und Poesie ganz hautnah. Niemand ist verpflichtet, dem russischen Akkordeonspieler oder der südamerikanischen Panflötengruppe einen Obolus in den Hut zu werfen. Der Markt ist gnadenlos. Doch wenn diese Leute talentiert sind, zückt fast jeder Passant in der Fußgängerzone die Geldbörse. Ein Wahnsinnsgeschäft!

Saturn tr Neptun □ ☍

Frust

Bei Saturn im harten Transit zu Neptun werden ungewöhnlich musische, ökologische oder feinsinnige Projekte verwirklicht. Unrealisierbare Träume jedoch platzen mit lautem Knall, definitiv. Vorsicht vor Medikamenten- und Drogenmissbrauch. Es ist eine Zeit des Aufwachens, der Reinigung, gut geeignet für Badekuren, Meditationskurse, Musik- und Schauspielunterricht. Setzen Sie sich ruhig mit der scheinbar ungerechten Realität auseinander. Das gibt Ihnen Kraft.

Trotzdem: Es ist alles nicht so leicht in dieser Zeit. Sie müssen härter werden und lernen, sich mit Frustrationen abfinden. Rückschläge machen Sie nur stärker. Sie bekommen mit der Zeit ein dickes Fell. Durchhalten!

Saturn ^{tr} Neptun ⚹ △

In dieser Welt

Saturns weiche Transite zu Neptun geben einem das Gefühl, als Fantast und Träumer doch noch einen Platz in dieser Welt finden zu können. So krank man sich auch fühlt inmitten von Menschen, welche die Wahrheit nicht auszuhalten scheinen: Es gibt Wege, zu überleben. All dies klingt sehr pathetisch. Aber unter Saturn-Neptun ist man für Pathos anfällig.

Man braucht einen tieferen Sinn, um leben zu können. Suchen Sie sich eine Arbeit in einer karitativen Organisation. Helfen Sie bei UNICEF aus. Oder spenden Sie für Greenpeace. Schauen Sie mal in einer Heilpraktikerschule rein. Wem das zu hochtrabend ist, der absolviere einen Kurs als Krankenpfleger-Helfer. Notfalls tut es auch Blutspenden beim Roten Kreuz.

Wer unbedingt Geld braucht und ohne jegliche Qualifikation ist, der verdinge sich halt als Proband bei der Erprobung neuer Medikamente, im Volksmund Laborratte genannt. Auch so tut man etwas Gutes. Und man verdient noch dabei. Das Tätigsein ist wichtig in dieser Zeit.

Saturn ^{tr} Pluto ☌

Härten

Saturn Übergang über Pluto ist keine leichte Sache. Psychische Muster haben die Tendenz, sich zu verhärten und ewig zu wiederholen. Nur wirklich strukturelle Wandlungen bringen den Neubeginn. Zuvor werden Sie aber erst erleben müssen, wie sich Ihre Pläne und Projekte auf das Wesentliche reduzieren.

Alles, was nicht wirklich notwendig ist, sollte jetzt unter den Tisch fallen. Achten Sie auch darauf, nicht Opfer Ihrer eigenen negativen Projektionen zu werden. Man vergisst zu leicht, dass einem in anderen Menschen auch nur immer wieder die eigenen verdrängten Seiten begegnen.

Neben all diesen psychologischen Faktoren sollten Sie auch an das Geschäft denken. Sie könnten sich momentan mit Rechtsfällen beschäftigen. Das Einhalten von Verträgen ist beileibe nicht so leicht wie das Unterzeichnen von Verträgen. Man braucht Überzeugungskraft, um die Leute bei der Stange zu halten. Wenn Sie derzeit überlegen, in welcher Fakulät der Universität Sie sich einschreiben sollten: Wählen Sie die schwarze Zunft, die Jurisprudenz.

Saturn ^{tr} Pluto □ ☍

Loslassen!

Wenn Saturn im Spannungsaspekt zu Pluto steht, musst man ganz schön hart arbeiten. Anders geht es jetzt nicht. Die Veränderungen, die unter diesem Gestirn alle paar Jahre immer wieder verlangt werden, sind jeweils grundsätzlicher Art. Die Umwelt stellt Anforderungen, denen man nicht ausweichen kann.

Seien Sie also fleißig. Aber das ist nicht alles. Sie müssen nun wieder einmal bereit sein, das Wesentlichen vom Unwesentlichen zu unterscheiden. Das führt unweigerlich dazu, dass Sie irgendwas aufgeben müssen, sei es übertriebener Ehrgeiz, Geld, Rechte, Liebe oder Hass. Versuchen Sie, zu verstehen, dass nur auf diese Weise Ressourcen frei werden, die Sie später für neue Projekte brauchen.

Saturn tr Pluto ⚹ △

Strategien

Die harmonischen Transitaspekte Saturns zu Pluto geben Ihnen ein gutes Gespür für die Strukturen der Macht. Es ist wie beim Schachspiel. Sie sollten sich jetzt einmal einen Plan machen: Was wollen Sie erreichen? Wer kann Ihnen dabei helfen? Wenn setzten Sie ein? Wem nützt das? Wo lassen sich Geschäfte und Arrangements auf Gegenseitigkeit machen? Wie sind die Machtverhältnisse? Wo haben Sie strategische Vorteile? Welche Positionen lassen sich nach vorne verschieben?

Haben Sie keine Skrupel, Ihr eigenes Fortkommen ganz bewusst und zielgerichtet zu planen. Die anderen haben das auch nicht.

Saturn tr Aszendent ☌

Konzentrierter Neubeginn

Saturns Transit über den Aszendenten ist hart. Die Realität knallt einem mit aller Wucht ins Gesicht. Man erlebt das meist in Form irgendwelcher Autoritäten, die einen am liebsten an die Wand nageln würden. Ihre Waffen sind Tinte und Papier. Absolut gefährlich.

Was tun? Zeigen Sie die Zähne. Seien Sie ruhig etwas grantig. Und werfen Sie sich in Schale. Das gibt Ihnen Schutz und Halt. Übrigens könnten Sie als Repräsentant einer Organisation eine wirklich respektable Figur abgeben!

Saturn tr Aszendent □ ☍

Verlangsamung

Transit-Saturn in Spannung zum Aszendenten macht es schwierig, den eigenen Weg zu gehen. Alles geht nun langsamer, wird schwieriger. Man fühlt sich gehemmt, unsicher. Die äußere Erscheinung wirkt blass und fade. Probleme treten in zwischenmenschlichen Beziehungen und im Vertragswesen auf.

Ganz wichtig ist es jetzt, zumindest nach außen hin stabil und selbstbeherrscht aufzutreten: Gehen Sie die Dinge ruhig an. Ärgern Sie sich nicht über Ihre eigene Langsamkeit. Wichtig ist es, den richtigen Rhythmus zu finden. Sie müssen wieder lernen, sich durchzusetzen, zu kämpfen. Widerstände können auftauchen. Letztlich helfen genau die, Ihre Kraft neu zu entwickeln.

Saturn tr Aszendent ⚹ △

Fortschritt

Mit Saturn im harmonischen Aspekt zum Aszendenten rasen Sie nicht durch die Weltgeschichte. Sie hetzen und hasten nicht. Sie überstürzen die Dinge nicht und fallen auch nicht mit der Tür ins Haus. Sie stolpern, poltern oder rennen nicht. Sie schreiten. Schritt für Schritt. Immer in die gleiche Richtung. Immer weiter.

Dies ist eine wunderbare Strategie, die alle Gegner ermüdet und Anerkennung bei den Freunden bringt. Sie können sich auf sich selbst verlassen. Auf diese Weise gewinnen Sie viele Kämpfe.

Saturn tr Medium Coeli ☌

Fremde Ziele

Saturns Transit über den Medium Coeli konfrontiert uns mit den gesellschaftlichen Werten und Normen. Wir fragen uns selbstkritisch, zu was wir es bislang im Leben gebracht haben. Die Antwort wird fast immer »zu wenig« lauten. Die Frage ist nur, woran wir das messen.

Das, was andere Menschen und die sogenannte Gesellschaft für erstrebenswert halten, braucht noch lange nicht für uns gut zu sein. Wenn wir uns blind diesen fremden Wertvorstellungen unterordnen, ist das der vollkommen falsche Weg. Warum sollte man sich für fremde Ideale knechten?

Finden Sie jetzt also heraus, was wirklich Ihre eigenen Ziele sind. Grenzen Sie sich diesbezüglich von Ihrer Umgebung ab. Optimieren Sie Ihre Karriereplanung!

Saturn tr Medium Coeli □ ☍

Verlangsamung

Saturns Spannungsaspekte zum MC verlangsamen Ihren Weg an die Spitze. Sie erkennen mit einer gewissen Bitternis, dass große Ziele nicht mit einem Sprung erreichbar sind. Scheinbar geht es nur sehr, sehr langsam voran.

Verlieren Sie nicht die Geduld. Wichtig ist, dass Sie bereit sind, für Ihr eigenes Handeln die Verantwortung zu übernehmen. Machen Sie die Dinge so gut, wie Sie es eben können. Tun Sie nicht mehr, aber auch nicht weniger. Das reicht.

Saturn tr Medium Coeli ⚹ △

Diszipliniert

Saturns sanfte Aspekte zum Medium Coeli geben Ihnen genug Geduld und Selbstdisziplin, selbst große Ziele zu erreichen. Sie sollten jetzt Ihre Hauptkraft auf die berufliche Entwicklung richten. Welche Position streben Sie an? Welches Verhalten kann förderlich sein?

Sie sehen die größten Schwierigkeiten mit klarem Auge. Sie erkennen gleichzeitig, wo sich Entwicklungswege auftun. Man wird Ihnen in einem bestimmten Bereich mehr Verantwortung und evtl. auch eine neue Position anbieten. Die Zeit ist günstig für Prüfungen und Bewerbungen, für den Umgang mit Behörden und Vorgesetzten.

Zyklen des Uranus

♅

Teamwork, Stress, unabhängiges Arbeiten

Uranus ist ein paradoxer Planet, genauso widersprüchlich wie die Zeit, in der wir leben. Begriffe wie Teamwork, also soziale Kompetenz, und Selbstständigkeit sind nur vordergründig nicht zu vereinen. Heutzutage wird im Berufsleben sehr viel stärker verlangt, dass wir uns reibungslos an andere anpassen und zugleich unabhängig arbeiten.

Anders ist in Internetzeitalter keine wirtschaftliche Leistung zu erbringen. Firmen verlagern immer mehr Tätigkeiten nach außen. Wenn wir als freie Mitarbeiter für eine Firma eine Leistung erbringen, sind wir stark in das Gesamtgefüge eingebunden. Und gleichzeitig stehen wir auf eigenen Füßen. Mit allen Risiken und Chancen.

Der Freiberufler muss sich nicht mehr dem Diktat der Stechuhr unterwerfen. Er kann morgens ausschlafen und dann arbeiten, wenn ihm danach zumute ist. Wenn die Qualität unserer Tätigkeit aber nicht ausreicht, sind wir schnell aus dem Geschäft. Der Freiberufler ist also auch vollkommen frei, das ganze Wochenende durchzuarbeiten. Stress ist die Folge, Selbstausbeutung fast unumgänglich. Er kann nicht mehr am Montagmorgen blaumachen. Im Gegenteil: Er nimmt sich Urlaub, um endlich mal die Grippe auszukurieren. Und er zeigt nach außen hin ein lächelndes Gesicht. Jammern ist nicht.

Die Position des Uranus im Geburtshoroskop zeigt, wo und wie wir unseren ganz individuellen Arbeitsstil entwickeln können und müssen. Denn hier bekommen wir am wenigsten Unterstützung. Die einzige Chance liegt in freiwilliger Kooperation. Das Team kann Geborgenheit und Schutz geben. Aber man darf an das Team keine übermäßigen Forderungen stellen. Nur wer zum Nutzen aller arbeitet, darf im Notfall mit Unterstützung rechnen.

Die Transite des Uranus durch die Häuser des Horoskops dauern im Schnitt sieben Jahren. Es sind lange Zeiträume, in denen scheinbare Sicherheiten aufbrechen. Plötzliche Veränderungen sind fast unausweichlich. Dass in jedem Wechsel auch die Chance für einen Neubeginn liegt, erkennen wir oft erst im Nachhinein.

Bildet der laufende Uranus den exakten Aspekt zu einer speziellen Radixposition, dann entsteht über mehrere Wochen eine starke Spannung. Sie entlädt sich meist plötzlich, wenn andere langsam laufende Planeten hinzukommen. Die Qualität des Ereignisses bestimmen wir in gewissem Rahmen selbst. Wie stark hängen wir an überholten Konventionen, klammern uns an starre Sicherheitsmechanismen?

Sind wir »Up to date«?

Uranus schleudert uns stets auf die Höhe der Zeit. Er sorgt dafür, dass wir den Anschluss an die moderne Entwicklung nicht verpassen. Plötzliche Beförderungen oder Entlassungen sind Ereignisse, die Uranus zugeordnet werden. Freiheit und Unabhängigkeit, aber auch Stress und Teamwork haben uranische Qualitäten. Uranus bringt einen schlagartig in die Gegenwart, macht uns hellwach. Er wirkt im Grunde stets positiv, wie alle anderen Planeten auch. Man muss seine paradoxe Energie nur verstehen können.

Uranus ^{tr} Haus I.

Störenfried

Sie können jetzt für ein paar Jahre verrückt spielen. Jeder Grund ist gut genug. Hauptsache, Sie fallen auf. Viel Feind, viel Ehr. Wer Ihnen die Freiheit nimmt, muss sich auf was gefasst machen. Uranus stellt Ihnen einen Freibrief auf unbegrenzte Persönlichkeitsentfaltung aus. Was macht es da schon, dass Sie eine ungeheure Unruhe ausstrahlen und Ihre Emanzipationsbestrebungen ohne Rücksicht auf Verluste durchsetzen?

Sicherlich ist Ihre Reaktionsfähigkeit derzeit enorm groß. Impulsiv reagieren Sie richtig. Aber in manchen Fällen auch falsch. Sie können sich jetzt gegen alle Menschen auflehnen, besonders gegen die Spießer und Kleinkarierten, die Gehemmten und Bürokraten. Sie haben Lust, den Job hinzuschmeißen, es all denen mal richtig zu zeigen. Tatsächlich aber sollten Sie sich ganz auf sich selbst konzentrieren. Nur eine Seite von Ihnen will das Neue. Die andere Seite hat Angst vor Veränderungen.

Stellen Sie sich der bitteren Wahrheit. Kämpfen Sie gegen den Spießer in Ihnen selbst. Oder besser noch: Arrangieren Sie sich mit ihm. Mehrere Jahre wird sich Uranus in Ihrem ersten Haus befinden. Nutzen Sie diese Zeit für wirkliche Veränderungen. Wenn Sie Verantwortung für Ihr eigenes Handeln übernehmen und sehr viel Geduld aufbringen, werden Sie in Ihrem Beruf nun wirklich Pionierarbeit leisten.

Uranus tr Haus II.

Spekulationsgeschäfte

Während der circa sieben Jahre, in denen Uranus durch Ihr siebtes Haus geht, werden Sie Geld genauso schnell verlieren, wie Sie es gewinnen. Manchmal geben Sie es vollkommen unvernünftig aus. Sie werden zum Zocker. Oder Sie fallen auf einen Anlageberater herein. Ob Ihr Geld jetzt an der Börse gut aufgehoben ist, lässt sich aus dem Horoskop nicht exakt erkennen.

Wichtiger als die Frage, wann Sie bei welchem Kurs einsteigen, ist auf jeden Fall die Entscheidung, wann Sie aussteigen. Die Unruhe in Ihren Vermögensverhältnissen wird nicht nachlassen. Schnelle Spekulationserfolge wechseln sich mit Katastrophen ab. Ihr Selbstbewusstsein wird durch extreme Höhen und Tiefen gehen. Darunter leiden Sie etwas.

Allerdings wäre auch möglich, dass Sie das alles überhaupt nicht traurig finden. Denkbar ist, sich materiell von allem zu lösen, was die Beweglichkeit einschränkt.

Nutzen Sie das Internet optimal! Schränken Sie sich schriftlich so gut wie möglich ein. Mit einem kleinen Auto kommen Sie in jede Parklücke. Büroressourcen kann man sich mit Gleichgesinnten teilen. Und überhaupt: Wenn Sie hellwach sind, auf dem neuesten Stand und kooperationsbereit, dann macht das Spekulieren richtig Spaß. Sie haben verstanden, dass man nur im Jetzt und Hier wirklich lebt. Alles andere ist Erinnerung an die Vergangenheit oder Hoffnung auf eine bessere Zukunft. Es hat jetzt keinen Zweck, sich an feste Werte zu klammern. Arbeiten Sie mit Gleichgesinnten zusammen. Das wird Ihnen die gewünschte Sicherheit geben.

Uranus [tr] Haus III.

Nervensäge

Wenn Sie sich angewöhnt haben, einfach alles auszusprechen, was Sie auf der Zunge haben, wenn Sie einfach kein Blatt vor den Mund nehmen, Firmengeheimnisse ausquatschen und sich letztendlich überall unbeliebt machen, wenn Sie niemanden mehr ausreden lassen und beginnen, auf andere ziemlich arrogant zu wirken, dann spüren Sie die Schattenseiten des Uranus.

Mehrere Jahre lang durchläuft er Ihr drittes Horoskophaus. Das bringt Unruhe in die Kommunikation. Aber der Geist ist hellwach. Sie müssen ihn nur in die rechten Bahnen lenken. Sie werden die Erfahrung machen, dass Sie über große Entfernungen mit Menschen sehr viel besser auskommen als mit dem Nachbarn von nebenan. Distanz sorgt paradoxerweise für Nähe.

Lassen Sie Ihre Fantasie spielen. Experimentieren Sie. Verabreden Sie sich in der Öffentlichkeit. Ihre Ich-AG hat durchgehend geöffnet. Spannungen bauen Sie durch Sport ab, wenn Sie nicht als Fahrradkurier oder Inline-Skater sowieso schon den Job Ihres Lebens gefunden haben.

Manchmal ist sogar ein ganz normales Gespräch mit Ihnen möglich ;-)

Uranus tr Haus IV.

Im Flugzeug zu Hause

Die ungefähr sieben Jahre, in denen Uranus durch Ihr viertes Haus geht, sind abenteuerlich und aufregend. Die häusliche Unruhe wird sich auf Ihre Berufstätigkeit auswirken, teilweise tragisch. Häufiger Wohnungswechsel ist vorprogrammiert. Der Stress kann ganz schön auf die Nerven gehen. Wie viele Ressourcen dann noch für den Beruf bleiben, ist die Frage.

Es gibt auch Fälle, in denen Uranus im vierten Haus mit einer Zeit einhergeht, in der Sie berufsbedingt ständig auch Achse sind. Ein wandernder Nomade. Sie sind ständig auf Geschäftsreisen, schlafen in fremden Hotelbetten, fühlen sich auf Flughäfen heimisch und kennen die Stewardessen besser als Ihre Ehefrau. Nach Hause kommen Sie nur noch, um sich mit neuer Wäsche zu versorgen - und um mit neuem Stress konfrontiert zu werden.

Das Leben als Handlungsreisender kann abenteuerlich sein. Es hat große Vorteile, derart entwurzelt zu sein. Niemand kontrolliert einen mehr. Man muss keine Rechenschaft ablegen, wenn man mal ein kleines Abenteuer hat. Für den Fall, dass Sie doch noch Ihre Ehe retten wollen, müssen Sie jetzt entweder Ihren Arbeitsplatz nach Hause verlagern oder die Familie in den Job einspannen, sei es als Wanderarbeiter bei der Obsternte, im Zirkus oder via Wohnmobil.

Natürlich ist die üblichste Form der Heimarbeit heutzutage der per Internet mit der Firma verbundene heimische PC. Aber denken Sie in diesem Zusammenhang auch einmal an das Hotelgewerbe. In einer kleinen Familienpension gehört der Gast quasi zur Familie. Und man hat immer ein offenes Haus.

Uranus tr Haus V.

Striptease

Wenn Uranus für mehrere Jahre durch Ihr fünftes Horoskophaus geht, werden Sie nicht nur Ärger mit pubertierenden Jugendlichen und unzuverlässigen Schnöseln haben, sondern zudem noch permanent unterbrochen werden, vielleicht sogar ausgelacht, sind von Verrückten und Nervensägen umgeben, von Exhibitionisten und anderen vollkommen unausstehlichen Menschen. Mit anderen Worten: Die Show beginnt. Das können Sie jetzt nicht mehr rückgängig machen. Sie dürfen nur noch entscheiden, ob Sie sich steif und starr auf Ihre Autorität berufen, damit baden gehen und als Hanswurst enden. Oder ob Sie sich an die Spitze der Bewegung setzen. Da mag anfangs etwas peinlich wirken. Doch mit der Zeit gewöhnt man sich an alles.

Wenn Sie Inspiration brauchen, dann schauen Sie sich einmal »Ein Käfig voller Narren« an. Nehmen Sie an einem großen Stadtmarathon teil. Gehen Sie zum Tuntenball. Oder gleich zum Karneval. Nicht zum Vergnügen, sondern rein geschäftsmäßig. Solche Orgien des öffentlichen Exhibitionismus sind nicht nur verrückt und vulgär, sondern auch exakt durchgeplant, Meisterwerke der Organisation. Alles geht Hand in Hand. Viele Leute machen mit: Stress und Perfektion.

Sie können natürlich auch versuchen, sich an Ihrem alten Schreibtisch auf dem Amt festzuketten. In der Weiberfastnacht wird man Ihnen dann wohl den Schlips abschneiden ...

Uranus ♅ Haus VI.

Kollegenschelte

Jetzt lässt sich wirklich nichts mehr unter den Tisch kehren. Die Unruhe am Arbeitsplatz nimmt stetig zu. Der ganze Stress macht krank. Aufsteigende Hitzewallungen. Nervenzucken. Schlaflosigkeit über mehrere Jahre. Schuld ist Uranus, der derzeit Ihr sechstes Horoskophaus durchquert. Sie selbst sind nur das unschuldige Opfer.

Mit dieser Lebenseinstellung werden Sie sicherlich hier und da Mitleid ernten. Aber so ändern Sie nichts. Sie fallen nur von einer Aufregung in die nächste. Ihre Kritik an den Arbeitsverhältnissen ist berechtigt. Die Kritik Ihrer Kollegen auch. Die Kritik Ihres Chefs an Ihnen aus. Und die Kunden meckern zu Recht.

Generell lassen sich die Probleme in zwei Teile einteilen: 1.) die Lösbaren, 2.) die Unlösbaren. Wenden Sie sich erst einmal mit aller Kraft den Ersteren zu (Sie haben es sicher schon geahnt).

Anstatt Kritik weiterhin abzublocken, sammeln Sie alle Beschwerden. Machen Sie sich zum Ombudsmann des Betriebes. Bitten Sie aktiv um Verbesserungsvorschläge. Machen Sie sich zur öffentlichen Anlaufstelle für Meckereien jeglicher Art. Geben Sie aber jedem Beschwerdesteller auch gleich die Meckerei eines anderen mit auf den Weg. Mit ein wenig Übung haben Sie nach kurzer Zeit alle Kritiker eingespannt. Wenn das geschafft ist, geben Sie die neue Devise aus: Keine Probleme, nur Lösungen. Konstruktiv also.

Ach ja: Die Lösung von Problemen der Kategorie 2 sollten Sie dem lieben Gott überlassen. Damit der auch etwas zu tun hat. Genießen Sie das Leben!

⛢

Uranus ^{tr} Haus VII.

Virtuelle Kontakte

Fast ein Jahrzehnt wird Uranus in Ihrem siebten Haus stehen. Zeit genug, um eine neue Form der Kooperation und des Miteinander zu finden.

Sie werden anfangs nicht verstehen, dass Sie selbst es eigentlich sind, der Nähe nicht zulassen kann. Sie werden denken, dass Ihr jeweiliges Gegenüber am Arbeitsplatz einfach nicht zu Ihnen passt. Vielleicht wechseln Sie aus diesem Grund auch die Stelle.

Woanders kann Ihnen aber das Gleiche passieren. Oder mit vertauschten Rollen. Auf einmal bricht der andere den Kontakt ab. Immer kommt etwas dazwischen. Die Zahl der emanzipierten, freiheitsliebenden und unkonventionellen Kollegen und der Jobs mit aufregenden, höchst spannenden, aber doch nie lange andauernden Kontakten steigt unaufhörlich an.

Aus Dauer werden Sie unzufrieden bleiben, wenn Sie es nicht schaffen, eine Kontinuität innerhalb dieser ständigen Veränderungen zu erreichen. Nutzen Sie die moderne Technik.

Schließen Sie sich mit Gleichgesinnten zu einem Netzwerk zusammen. Und geben Sie Ihrem jeweiligen Gegenüber möglichst viel Freiheit. Dann wird es auch Ihnen selbst möglich sein, stärkere Nähe zulassen.

Uranus tr Haus VIII.

Feindliche Übernahme

Wenn Uranus über mehrere Jahre in Ihrem achten Horoskophaus steht, können Sie sich auf alles verlassen - bloß nicht auf Ihren Partner. Impulsiv vereinbarte Firmenfusionen und Kooperationsverträge werden null und nichtig. Vertragsbruch wird zur Regel - wenn man sich überhaupt daran erinnert, mit Ihnen eine Vereinbarung eingegangen zu sein. Und dass Ihr engster Geschäftspartner die Fahne wechselt und auf einmal mit der Konkurrenz anbandelt: Damit sollten Sie vorsichtshalber auch schon mal rechnen.

Der einzige Mensch, auf den Sie wirklich zählen können, das sind Sie selbst. Und die einzige Eigenschaft, die bei Ihrem jeweiligen Partner konstant sein wird, ist der Eigennutz.

Das ist katastrophal? Vielleicht. Aber auch zutiefst menschlich. Und erstaunlicherweise ist das dazugehörige Wirtschaftssystem namens Kapitalismus in den meisten Ländern dieser Welt höchst erfolgreich. Akzeptieren Sie also die Realität. Und hören Sie gefälligst auf, derart überzogene Ansprüche an Ihre Umwelt zu stellen.

Suchen Sie lieber nach vertraglichen Lösungen und geschäftlichen Formen des Miteinander, die für alle Parteien einen Nutzen versprechen: Win-Win-Situationen. Wenn der eine siegt, siegt der andere auch. Sie werden feststellen, dass diese Form der Zusammenarbeit nicht nur erfolgreich ist, sondern auch große Freiheiten schafft.

Übernehmen Sie die Interessen Ihrer Feinde in Ihr Programm. Dann steht der Freundschaft nichts mehr im Wege.

Uranus ^{tr} Haus IX.

Luftschlösser

Eigentlich schien alles ganz einfach. Der über mehrere Jahre dauernde Transit des Uranus durch das neunte Haus inspiriert Sie zu Kooperation über alle Grenzen hinweg. Positives Denken ist angesagt. Ohne Vertrauen kommt man da nicht aus. Was macht es schon, wenn man nicht die gleiche Sprache spricht oder wenn die Interessen der Mitbeteiligten im Grunde gar nicht zusammenpassen.

Alles nur Detailfragen. Wird sich schon klären.

Tut es aber nicht. Auf den Höhenflug folgt der Absturz. Keiner hat an die Umsetzung der hochtrabenden Pläne gedacht. Der Neurotiker baut Luftschlösser. Der Psychotiker wohnt drin. Und der Nervenarzt kassiert die Miete. In diesem Fall der Konkursverwalter. Oder die Bank. Soll das schöne, neue Großprojekt wirklich so zu Grabe gehen?

Verlassen Sie sich nicht auf Fremde. Schenken Sie intuitiven Erkenntnissen nur begrenzt Vertrauen. Neue Erfindungen beleben den Markt, schaffen aber auch Unruhe.

Wagen Sie etwas Neues. Aber werfen Sie Ihren Verstand nicht weg. Bemühen Sie sich um eine klare Kommunikation. Bereiten Sie Veränderungen gut vor. Suchen Sie nach gemeinsamen Philosophien. Auch in der Firma. Das schmiedet zusammen.

Uranus ^{tr} Haus X.

Karrieresprung

Langsam haben Sie genug von dem ganzen Stress. Seit Uranus in Ihr zehntes Horoskophaus eingetreten ist, wechseln Sie ständig den Job. Sie sind begeistert von der Originalität Ihrer Einfälle. Und trotzdem hat noch niemand Ihr wahres Talent erkannt. Über nichts können Sie sich mehr ärgern als über unfähige Chefs, stupide Behörden und überholte Organisationsstrukturen.

Und genau diese Leute kleben auf ihren Posten. Unverrückbar. Ohne sich irgendwie infrage zu stellen. Steigen höher und höher, von einer Beförderung zur nächsten. Ihr eigener Berufsweg ähnelt hingegen einer Zickzacklinie, die Sie nur schwer zu einem sinnvollen Ganzen zusammenfügen können.

Oder: Es gibt überhaupt keine Entwicklung. Sie können sich schon die Rente ausrechnen. Und was bis dahin passiert? Beklemmung machen sich breit, Nervosität und Platzangst. Irgendwann werden Sie entweder den großen Rauswurf provozieren oder selbst kündigen, als Freiberufler einen eigenen Laden aufmachen. Das, was diese Heinis in der Firma schaffen, können Sie schon lange. Sie haben genug gelernt. Direkt auf der anderen Straßenseite eröffnen Sie Ihr Konkurrenzgeschäft. Eine ganze Menge höchst erfolgreicher Computerfirmen sind auf diese Weise entstanden.

Dieser Jobtipp lässt sich aber auch auf Casting-Agenturen, Friseurgeschäften, Kebabbuden und Ähnliches anwenden. Machen Sie sich selbstständig!

Kein Interesse? Eine Nummer zu groß? Keine falsche Scham! Wenn Sie Ihre Grenzen kennen und Ihre Fähigkeiten realistisch einschätzen, dann setzen Sie Ihre Kreativität halt in der angestammten Firma ein. Man wird es Ihnen danken. Mitarbeiter, die kreativ mitdenken, werden geschätzt.

Uranus ^{tr} Haus XI

Ein Irrenhaus

Manchmal fragen Sie sich, wo Sie hier eigentlich gelandet sind. Der mehrere Jahre dauernde Transit des Uranus durch Ihr elftes Haus bringt Sie mit Menschen zusammen, die rein aus Spaß an der Freude die unterschiedlichsten Dinge ausprobieren.

Und die kümmern sich nicht um den Nutzwert. Reine Experimentierfreude. Manchmal haben Sie das Gefühl, Ihre Zeit und Ihr Leben an einen Haufen Spinne zu verschwenden.

Die Kernfrage ist jedoch, ob Sie selbst schon spinnert geworden sind. Und ob Sie sich mehr zutrauen. Es macht nur einen kleinen Unterschied aus, ob Sie mit einem Haufen Verrückter rumhängen oder ob Sie in einer Hightech-Firma das Brainstorming leiten, den Thinktank.

Der Unterschied liegt in der Bezahlung. Es gibt Leute, die aus Spaß an der Freude in fremde Computersysteme einbrechen, Firewalls überwinden, als Hacker halblegal bzw. illegal bzw. scheißegal digitalen Sicherungssysteme von Großbanken knacken - und die hinterher für teures Geld eben dieses Wissen an ihre Opfer verkaufen. Manch einer aus dieser Truppe sitzt heutzutage einem hoch dotierten Beraterposten in der Industrie.

Es ist alles eine Frage des Standpunkts. Die richtigen Freunde muss man haben. Und es ist nichts Falsches daran, nebenbei stets das Geldverdienen im Auge zu behalten.

Uranus ^{tr} Haus XII.

Enthüllungen

Mehrere Jahre wird Uranus durch Ihr zwölftes Haus gehen. Eine vage, nicht genau lokalisierbare, innere Unruhe erfasst Sie. Möglicherweise erahnen Sie intuitiv, wer im Hintergrund gegen Sie arbeitet. Sie könnten anfällig für heimliche Intrigen werden. Versteckte Feinde, gegen die Sie nur schwer vorgehen können. Oder ist dies alles nur Ausdruck von aufkommender Paranoia, von grassierendem Verfolgungswahn?

Sie können jetzt den Rückzug antreten. Auch dies ist eine Form von Freiheit. Und Freiheit brauchen Sie jetzt wie die Luft zum Atmen. Wenn es keine andere Möglichkeit gibt, dann gehen Sie diesen Weg. Manchmal sind die äußeren Verhältnisse derart gestaltet, dass es einfach keine Alternative gibt.

Für aktive Menschen, die es im Beruf zu etwas bringen wollen, ist dies allerdings keine Lösung. Was also tun? Schauen Sie hinter die Kulissen. Und nehmen Sie sich vor, all das, was Sie an Skandalen entdecken, der Öffentlichkeit zugänglich zu machen. Enthüllungsjournalismus nennt man das.

Es gibt eine Reihe erfolgreicher Schriftsteller, die jahrelang im stillen Kämmerlein gearbeitet haben und dann ganz groß rauskommen. Carl Bernstein und Bob Woodward von der Washington Post erlangten mit ihren Enthüllungen über die Machenschaften des US-Präsidenten Nixon Weltruhm. Später wurde die Watergate-Affäre mit Robert Redford erfolgreich verfilmt.

Was auch immer Sie in dieser Uranus-Phase an Hintergründen und Machenschaften aufdecken: Arbeiten Sie solide und diszipliniert. Und lassen Sie sich nicht von Ihren inneren Ängsten beherrschen. Wird schon schief gehen!

Uranus ^{tr} Sonne ☌

Befreiungsschlag

Wenn Uranus über die Sonne geht, erwacht der Rebell in Ihnen. Und das nicht langsam, sondern so abrupt, dass Sie nur über sich staunen können. Das ist das Problem. In gewissen Zeiten werden Sie sehr schnell handeln, haben blitzartig Ideen, sind ungeduldig und hypernervös. Dann wieder folgen Phasen, in denen Sie vollkommen phlegmatisch sind, mit leerem Kopf und völlig ohne Energie.

Sie könnten jetzt gegen alle Autoritäten, Chefs und verkrusteten Strukturen angehen, die Kündigung einreichen und auf den ganzen Mist pfeifen. Doch damit allein bauen Sie noch nichts Neues auf.

Schauen Sie lieber, wie viel an positiver, aufbauender und schöpferischer Kreativität in Ihnen steckt. Erkennen Sie Ihre eigenen Grenzen. Und rebellieren Sie gegen das Brett vor Ihrem Kopf, den Feigling in Ihrem Bauch. Dann werden Sie feststellen, dass Sie frei werden - um sich außerhalb der Firma selbständig zu machen oder sich innerhalb der Firma Selbstständigkeit zu erarbeiten.

Uranus ^{tr} Sonne □ ☍

Neuerungszwänge

Die Spannungsaspekte des Transit-Uranus zur Sonne bringen eine stark elektrisierende Atmosphäre, Unfallneigung, gute und weniger gute Ideen, Neuerungen. Letztere scheinen jetzt nicht immer den eigenen Wünschen zu entsprechen. Stress, Herzrasen, innere Unruhe begleiten diese Zeit. Vorsicht: Als Gegenreaktion übersteigert mancher nun seine Egozentrik, um damit erst recht in Zeitnot und Überforderung zu geraten. Man erkennt, dass wirkliche Freiheit erst dann beginnt, wenn man bereits ist, über die Grenzen der eigenen Subjektivität hinauszutreten. Das hat viel mit sozialer Kompetenz zu tun. Wollen oder müssen Sie das jetzt lernen?

Uranus tr Sonne ⚹ △

Mal was ausprobieren

Die harmonischen Transite von Uranus zur Sonne bringen uns stark positive, geistige Verbindungen zu anderen Menschen. Neue Anregungen, Horizonte und Freiräume tun sich auf. Nehmen Sie sich jetzt nicht so wichtig. Lachen Sie auch einmal über sich selbst. Gerade durch diese Art von Humor gewinnt man Freunde. Der Wunsch, sich sozial zu engagieren und für Neuerungen einzusetzen, treibt Sie an. Zusammen mit Gleichgesinnten lässt sich viel erreichen. Nutzen Sie auch den technischen Fortschritt. Sie können dadurch Mängel kompensieren, die sich in anderen Lebensbereichen zeigen.

Uranus tr Mond ☌

Vogelflug

Wenn Uranus den Mond bedeckt, ist die Seele wie ein Vogel und duldet keine Grenzen. Sie sind offen für alles, wenn es nur neu und ungewöhnlich ist. Eine ständige innere Unruhe. Das Bedürfnis nach Veränderung. Und gleichzeitig die Angst vor Zerrüttung. Man könnte herausgerissen zu werden, aus was auch immer ... Das gewohnte, vertraute Milieu wird sich radikal verändern. Vorsicht vor körperlichem Stress. Wagen Sie jetzt, schon lang ersehnte Neuerungen durchzuführen, lösen Sie sich von Konventionen. Alte überholte Gewohnheiten und seelische Muster werden zerstört, um für neue Formen Platz zu schaffen.

Sie klammern jetzt nicht mehr so stark an alte Kollegen, an überkommene Sicherheiten und Gewohnheiten. Und Sie sind nicht so fürchterlich erdverbunden. Der passende Beruf: Stewardess. Sie wechseln ständig die Position auf diesem Planeten. Frei wie ein Vogel schweben Sie durch die Wolken.

Uranus tr Mond □ ☍

Stressmagen

Uranus harte Transite zum Mond sind körperlich ziemlich anstrengend. Eine ständige innere Unruhe, das Bedürfnis nach Veränderung und gleichzeitig die Angst vor Zerrüttung und davor, herausgerissen zu werden aus alten Bezügen.

In einer solchen, mehrere Monate dauernden Lebensphase sind Begegnungen mit Menschen auf einer sehr freien Art und Weise möglich. Konventionen spielen keine große Rolle mehr. Andererseits können dauernde Veränderungen einen ungeheuren Stress bewirken. Entrümpeln Sie freiwillig den Dachboden Ihrer Seele, und Sie haben bald wieder Ruhe. Lösen Sie sich jetzt auch von der Fixierung auf Kollegen, die Sie krank machen. Stehen Sie zu Ihren Aversionen und Bemühen Sie sich um Milieuveränderung.

Uranus tr Mond ⚹ △

Stimulans

Mit Uranus im Transit zum Mond wird Stress ganz hervorragend verkraftet, dient quasi als Stimulans für das alltägliche Leben, genau wie ein Gläschen Sekt am Nachmittag.

Es gelingt jetzt, sich sehr schnell auf neue Situationen einzustellen. Man braucht die Veränderung. Dies ist eine gute Gelegenheit, um sich in den Außendienst versetzen zu lassen. Oder man arbeitet dort, wo Kommen und Gehen herrscht. Auf einem Bahnhof zum Beispiel. Oder in einer Großkantine. Ja selbst ein Job bei einer Hamburger-Kette kann als Befreiungsakt wirken: Mal in die Videothek gehen und »American Beauty« ausleihen!

Uranus ^{tr} Merkur ☌

Geistesblitze

Uranus über Merkur setzt ihr Gehirn unter Starkstrom: Unkonventionelle Ideen, schnelle Reaktionsfähigkeit und eine ungewöhnlich wache Art, die Kommunikation zu führen. Das Nervensystem ist sehr angeregt, ja übererregt. Schlafstörungen.

Wichtig ist es, die geistigen Spannungen zu lösen. Der Verstand kann jetzt schnell wie ein Computer reagieren. Da aber keine Grenzen mehr gesetzt sind, kommt es auch ebenso schnell zur Überlastung. Wichtig: Lösen Sie sich von alten Denkstrukturen. Dann können Sie diese intuitive Phase bestens genießen. Bewerben Sie sich jetzt am besten bei einer großen amerikanischen Software-Schmiede. Dort können bzw. müssen Sie in klitzekleinen Räumen ohne Fenster 20 Stunden pro Tag am Bildschirm arbeiten, schlafen dann auf einer Matratze unter dem PC. Sie werden es wunderbar finden und unter Ihres gleichen sein.

Uranus ^{tr} Merkur □ ☍

Aussetzer

Die Spannungsaspekte des Transit-Neptun zu Merkur bringen eigentlich immer Unruhe und technische Pannen mit sich. Die Kommunikation ist gestört. Gerade in der Wirtschaft kann so etwas fatale Folgen haben. Ursache dieser Komplikationen kann eine zu große Beschleunigung des Austausches von Informationen sein. Versuchen Sie also, dem Trend zur Geschwindigkeit entgegenzuarbeiten. Unterbrechen Sie Gesprächspartner nicht. Und achten Sie darauf, dass man Sie selbst auch ausreden lässt. Es ist nicht leicht in dieser Zeit, eine wirklich effektive Kommunikation zu führen. Beginnen Sie eine Umschulung zum Logopäden. Arbeiten Sie mit Stotterern oder bei der Störungsstelle der Telekom. Was? Wie? Nicht verstanden? Wohl ne schlechte Verbindung, mit dem Handy gerade im Funkloch?

Uranus tr Merkur ⚹ △

Spieltrieb

Uranus harmonische Transite zu Merkur bringen Geistesblitze, unkonventionelle Ideen, schnelle Reaktionsfähigkeit und eine ungewöhnlich wache Art, die Kommunikation zu führen. Das kommt Ihnen jetzt zugute:

Erstaunt können Sie feststellen, wie viele Informationen dem offenen, wachen Menschen fast automatisch zufließen. Natürlich besteht eine leichte Gefahr zur nervlichen Überreizung: Ständige Analogiesprünge strapazieren auch die robustesten Gemüter. Humor bringt Entspannung.

Uranus tr Venus ☌

Virtuelle Verträge

Mit Uranus im Transit zur Venus ist das Nervensystem sehr angeregt, ja übererregt: Schlafstörungen. Wichtig ist es, die geistigen Spannungen zu lösen. Sie lernen Menschen kennen, mit denen es sich fantastisch flirten lässt. Man hüte sich gleichzeitig aber vor intellektueller Arroganz, die zu Missverständnissen und Einsamkeit führt. Lösen Sie sich von überkommenen Denkweisen.

Bedenken Sie aber auch, dass sich jetzt andere von Ihnen lösen können. Das ist bei bereits bestehenden Arbeitsverträgen besonders heikel. Sie führen sich nicht verpflichtet, die andere Partei möglicherweise aber auch nicht.

Uranus tr Venus □ ☍

Beziehungsstress

Wenn Uranus im Transit eine Spannung zur Venus aufbaut, kommt es zu plötzliche Trennungen und Brüche in zwischenmenschlichen Beziehungen. Überlegen Sie jetzt, wen Sie wirklich um sich haben wollen, wer für eine erfolgreiche Arbeits- und Geschäftsbeziehung wirklich geeignet ist, und wer nicht. Brüche entstehen dort, wo keine echte Nähe vorhanden war, wo Verkrustungen verhinderten, dass sich eine echte Zusammenarbeit entwickelt.

Dies ist ein schwieriger Zeitpunkt für die Diplomatie. Plötzlich können Allianzen zerbrechen. Zulieferer, Lieferanten und vor allem Kunden, auf die man sich ansonsten doch immer verlassen kann, kündigen die Freundschaft. Doch oft wird gerade in solchen Krisen der Grundstock für eine bessere geschäftliche Zusammenarbeit in der Zukunft gelegt.

Uranus tr Venus ⚹ △

In Sektlaune

Die sanften Transitaspekte von Uranus zur Venus bringen uns in eine beschwingte Stimmung. Klassen- oder Hierarchieschranken werden mühelos übersprungen, Kontakt auf unkonventionelle geknüpft. Weil die geistige Ebene stimmt, versteht man Menschen viel besser. Es ist ein geistiger Draht vorhanden. So kann eine Verbindung auch über eine längere räumliche Distanz hergestellt werden. Altersunterschiede spielen keine Rolle mehr, wenn die geistige Wellenlänge stimmt. Zu Kunst, Mode, Ästhetik, aber auch Finanztransaktionen können Sie durch die moderne Technik und geistesblitzartige Inspiration einen besseren Zugang bekommen. Heutzutage bietet das Internet ideale Auslebungsmöglichkeiten für dieses Bedürfnis nach Nähe auf Distanz, speziell im E-Business, aber auch im konventionellen Versandhandel.

Uranus ^{tr} Mars ☌

Überraschungsangriff

Wenn Uranus über Mars geht, neigen Sie zu spontanen Befreiungshandlungen. Halten Sie sich in dieser Zeit von allen Autoritätspersonen fern! Sie sind einfach nicht in der Laune. Und auf Duckmäuserei stehen Sie jetzt überhaupt nicht.

Suchen Sie sich eine Tätigkeit, in der Sie innerhalb klarer Rahmenbedingungen frei und unabhängig handeln können, schnell und explosiv. Bewerben Sie sich als Pilot bei einem Jagd- oder Bombergeschwader, als Feuerschlucker beim Zirkus, oder (und das ist die praktikabelste Lösung) als Taxifahrer. Da können Sie befördern, wenn Sie wollen. Man sagt Ihnen die Adresse und schon rasen Sie los.

Uranus ^{tr} Mars □ ☍

Zum ausflippen

Bildet der Transit Uranus Spannungen zu Mars, kommt es fast zwangsläufig zu nervösen Überreaktionen, Stress und Hektik. Und die wiederum werden abgelöst von Lethargie und Leere. Wahre Profis lernen nun, noch besser mit Stress umzugehen. Laufen Sie vor lauter Ungeduld nicht ins offene Messer! Und flippen Sie nicht gleich aus, wenn Ihnen Widerstand entgegengesetzt wird.

Es ist eine Zeit, in der es kaum möglich erscheint, völlig unabhängig zu entscheiden. Gerade dies lernt man aber, mit jeder neuen, ungewöhnlichen Situation. Übrigens: Wirkliche Stärke zeigt sich nicht im Protest, sondern in selbstverantwortlicher Eigenständigkeit.

Uranus ^{tr} Mars ⚹ △

Mal was anderes

Uranus harmonische Marsaspekte schaffen einen wachen Kopf, gute Reaktionen und ein elektrisiertes Nervensystem. Das bringt starke Durchsetzungskraft. Wer schnell und sicher entscheiden kann, ist den anderen immer um eine Länge voraus.

Nutzen Sie die moderne Technik! Sie haben Mut, sich über störende Konventionen hinwegzusetzen. Und vielleicht können Sie jetzt auch endlich einmal kooperativ mit Freunden und Gleichgesinnten zusammenzuarbeiten. Es ist eine Zeit des Neuanfangs - des völligen Neuanfangs!

Uranus ^{tr} Jupiter ☌

Leicht und heiter

Wenn Uranus über Jupiter geht, fühlt man sich allem Irdischen enthoben. In solchen Zeiten wagt man ruhig mal eine Last-minute-Reise nach Weißnichtwo. Philosophische Denkmodelle von Freiheit und Unabhängigkeit faszinieren einen.

Manche spekulieren jetzt an der Börse, schwelgen in Möglichkeiten statt in Tatsachen. Unverbindlichkeit wird auf die Spitze getrieben, Vertrauen zerbricht. Lebenskünstler sind wir alle. Gründungsfieber. Start-up Unternehmen. Pioniere brauchen Optimismus!

Uranus tr Jupiter □ ☍

Verpufft

Die Spannung vom Transit-Uranus zum Jupiter bringt viele, oft zu viele Ideen. Und ein falsch verstandenes Freiheitsgefühl, das des Egoismus nahe ist, schafft jede Menge Unruhe. Wo ist die Grenze zwischen Freiheit und Haltlosigkeit? Wann sollte man auf seinen siebten Sinn hören und wann doch lieber auf die Stimme der Vernunft?

Nicht jede Geschäftsidee ist wirklich lohnend. Spekulieren Sie nicht zu viel in dieser Zeit. Sie könnten große Mengen an Kapital aufnehmen. Doch wann ist der Einsatz sinnvoll. Und wann vertan?

Uranus tr Jupiter ⚹ △

Leichtigkeit

Die harmonischen Uranustransite zum Jupiter bringen eine luftigleichte Stimmung, in der alles möglich zu sein scheint, zumindest in der Welt des positiven Denkens.

Setzen Sie jetzt ruhig auf die Hilfe von Freunden, arbeiten Sie mit sozial engagierten Organisationen und Stiftungen zusammen. Unkonventionelle Ideen können gewinnbringend genutzt werden. Brauchen Sie ein Stipendium, suchen Sie Kontakte zum Ausland? Mithilfe moderner Technologie kommen Sie weiter.

Uranus tr Saturn ☌

Ausdauer

Der Transit des Uranus über Saturn zerschlägt eherne Traditionen, die überholt sind, aber auch Rahmenbedingungen, die bislang Schutz und Halt gaben. Es ist Ihnen jetzt kaum möglich, Kompromisse einzugehen. Doch nur so würden Sie Ihre hochtrabenden Ideen zumindest teilweise verwirklichen können.

Entscheidung zwischen Freiheit und Sicherheit. Grenzen kann man besser akzeptieren, wenn man weiß, welchen Innovationen sie den schützenden Rahmen geben. Tradition und Fortschritt sind durchaus miteinander vereinbar. Man muss nur die richtigen Ideen haben. Und einem langen Atem.

Uranus tr Saturn □ ☍

Knirschen im Gebälk

Uranus harte Transite zu Saturn bringen erhebliche Spannungen mit sich. Eine ungeheure Ungeduld und Kompromisslosigkeit wird Menschen ergreifen, die sich aus erstarrten Strukturen ansonsten nicht befreien können.

Hüten Sie sich davor, mit allen Konventionen zu brechen, wenn Sie keine positive Orientierung haben. Verkrustete Strukturen können jetzt sehr schnell aufbrechen. Wichtig ist gerade jetzt innere Wachheit und Klarheit. Sie müssen auf gewisse Dinge verzichten.

Es kann einen Bruch in Ihrer Karriere geben. Dass Sie gerade dadurch in die Freiheit geführt werden, verstehen Sie jetzt wahrscheinlich noch nicht.

Uranus tr Saturn ⚹ △

Zickzack

Die harmonischen Transite von Uranus zu Saturn bringen Ihnen die Kraft, den harten Realitäten ins Auge zu sehen und gleichzeitig Ihre Vision von einer besseren Welt nicht aus den Augen zu verlieren. Es ist Ihnen jetzt möglich, die Brüche im Leben als eine Entwicklung zu sehen. Sie sind so schnell wie ein Blitz. Und der bahnt seinen Weg in Zickzack-Linien. Was der Natur recht ist, sollte Ihnen nur billig sein.

Auf der Basis des Alten lässt sich Neues verwirklichen. Ausnahmen bestimmen mehr denn je die Regel. Gerade in traditionell konservativen Strukturen können Sie sich jetzt Freunde machen.

Uranus tr Uranus ☌

Feierabend!

Der Transitaspekt Uranus Konjunktion Uranus tritt nur im achtzigsten Lebensjahr auf. Wenn Sie dieses Alter wirklich erreicht haben, sollten Sie endlich mit dem Arbeiten aufhören. Etwas mehr Freizeit kann wirklich nicht schaden!

Ach ja: Gehen Sie mal ins Kino bzw. die Videothek und schauen Sie sich »Harold and Maude« an. Das bringt Sie jetzt auf ganz neue Ideen. Mit dem Abstand des Alters lassen sich viele Dinge viel besser verstehen. Man fühlt sich sehr, sehr jugendlich in einem alten Körper und begreift, was Zeit eigentlich ist.

Uranus ^{tr} Uranus □ ☍

Umdenken

Die harten Aspekte des Transit-Uranus zu seiner Ursprungsposition bewirken stets größere Veränderungen. Man spürt viel stärker, was Individualität bedeutet, mit allen Vor- und Nachteilen. Und man setzt sich selbst in Beziehung zum sozialen Umfeld.

Freiheit ist in erster Linie die Freiheit der Andersdenkenden. Dies verstehen Sie jetzt sehr gut. Und so gehen Sie ein ganzes Stück weiter in der Verwirklichung eines individuellen und zugleich gemeinschaftlich orientierten Lebens. Gleichzeitig fällt es ungeheuer schwer, nicht permanent in eine jugendliche Protesthaltung hineinzurutschen.

Was für Jobs jetzt infrage kommen? Fallschirmspringer, Astronaut, Fahrradkurier, Friseuse, Porschefahrer. Moment mal: Friseuse? Porschefahrer? Na ja, für alle, die ihr Leben radikal verändern wollen. Und dazu gehört nun mal ein neues Outfit. Alles klar?

Uranus ^{tr} Uranus ⚹ △

Unabhängigkeit

Bildet Uranus günstige Aspekte zu seiner Radixposition, fällt es leicht, die eigene Individualität zu bewahren und sogar noch auszuweiten. Die Kunst besteht darin, auf all das zu verzichten, was die Freiheit einschränkt. Dazu kommt dann noch ein gewisses Quäntchen an Wagemut.

Wozu all dies? Lässt sich daraus ein Beruf machen? Smart-, Twingo- oder Mini-Verkäufer vielleicht. Oder eine Ein-Mann-Show. Survival-Trainer. Mitglied einer SEK-Truppe im Sondereinsatz für die Bundeswehr. Und alle anderen Jobs, für die Minimalisten und Individualisten gebraucht werden.

Uranus tr Neptun ☌

Fantasterei

Uranus über Neptun ist eine fantastische Konstellation. Große Sensibilität und starkes Ahnungsvermögen fördern die Kreativität. Natur und Kultur verbinden sich, Mythos und Technik. Sie sind für ungeheuer viele Sinneseindrücke offen. Das führt fast unweigerlich zur Reizüberflutung. Der Verstand kann all die Empfindungen kaum richtig einordnen.

Hüten Sie sich vor krank machendem Stress. Genießen Sie all jene Inspirationen und Visionen, die noch lange Jahre Ihre Psyche nähren werden. Dieser Aspekt ist für musische Berufe sehr geeignet.

Uranus tr Neptun □ ☍

Übersensibilität

Die harten Transite von Uranus zu Neptun setzen uns verschiedensten Umwelteinflüsse aus. Die Sinneseindrücke und Signale überfordern Körper und Psyche, fordern auf zur inneren Ruhe. Eine Übersensibilität gegen Umweltgifte, Lärm, Stress, denaturierte Nahrung und psychischen Stress kann den Ausbruch von Allergien fördern.

Üben Sie ganz intensiv Entspannung, Reinigung, Meditation. Füttern Sie Ihre Seele mit ausgewählter Poesie. Vermeiden Sie zu starke Vermischung. Gut sind Berufe, in denen sich Natur und Technik kombinieren lässt.

Uranus ^{tr} Neptun ⚹ △

Flexibilität

Mit harmonischen Aspekten von Uranus zu Neptun ist es so, als ob Sie Antennen hätten, mit denen sich Stimmungen und Gedanken der Umwelt empfangen lassen.

Es ist eine gute Zeit, um mit Menschen zusammenzuarbeiten, egal was der Inhalt des gemeinsamen Tuns auch sei. Gutes Gelingen!

Uranus ^{tr} Pluto ☌

Durchbruch

Uranus über Neptun ist eine explosive Konstellation. Die scheinbare Unvereinbarkeit von Individualität und fester Partnerschaft provoziert Entscheidungen und erzwingt Klarheit: Freiheit und Unabhängigkeit kann durch gut durchdachte Pläne langfristig verwirklicht werden. Zugleich kommen aus den Tiefen des Raums Phänomene zum Vorschein, die Sie vollkommen überraschen. Alte Sicherheiten und Machtgefüge zerbrechen.

Wie das konkret aussieht?

Sie befinden sich in einem großen Konzern und werden plötzlich in einen Skandal verwickeln, dessen Aufdeckung sich nicht verhindern lässt und alles von Grund auf umstrukturiert. Oder: Sie arbeiten in einem Familienbetrieb und wollen mit der Tochter des Chefs durchbrennen.

Oder: Sie haben ein Computerprogramm entwickelt und irgendjemand klaut Ihnen den Quellcode. Aufregend wirds allemal!

Uranus tr Pluto □ ☍

Radikaler Wandel

Bei Uranus im harten Transit zu Pluto zerreißen viele mühsam aufgebaute Spinnennetze. Das tut weh. Und es ist trotzdem wichtig. Denn nur so lässt sich eine Weiterentwicklung in die Wege leiten. Versuchen Sie, Ihre Lebenspläne dort, wo sie verkrustet und erstarrt sind, völlig umzugestalten.

Starke innerseelische Spannungen zeigen sich auch in Auseinandersetzungen mit Partnern oder Somatisierung durch Krankheiten.

Steigern Sie sich nicht in fixe Ideen hinein. Wem nützt ein Meinungskrieg? Der Kopf ist rund, damit das Denken die Richtung wechseln kann. Damit sind nicht nur die anderen gemeint. Sie sollten alle schwierigen Umbrüche, die jetzt geschehen, von der positiven Seite sehen.

Uranus tr Pluto ⚹ △

Alles ausplaudern!

Uranus im harmonischen Transit zu Pluto: Das ist eine gute Zeit, um an geheime Informationen heranzukommen, psychologisch geschickt zu arbeiten. Eine neue Offenheit kann gewagt werden. Tabus werden angesprochen. Deshalb sind große Veränderungen möglich. Tiefe Blockaden werden gelöst.

Dieser Planetenaspekt ist hervorragend für die Arbeit in den Massenmedien geeignet. Probieren Sie es mit einem Volontariat bei der Zeitung, arbeiten Sie für Radio oder Fernsehen. Oder sagen Sie ganz einfach überall Ihre Meinung. Wo auch immer. Sie haben damit fast immer Erfolg.

Uranus ^{tr} Aszendent ☌

Einzigartigkeit

Uranus auf dem Aszendenten ist eine ganz besondere Zeit. Man ist hellwach und spürt eigentlich zum ersten Mal im Leben, was Individualität bedeutet, die Einzigartigkeit der eigenen Existenz ausmacht. Die Konsequenzen für das Berufsleben können in vielerlei Richtungen gehen. Immer jedoch bringen sie uns hin zur Selbstverwirklichung. Die inneren Kräfte und Fähigkeiten drängen nach Selbstausdruck.

In der Praxis dürfte das bedeuten, dass man seinen Job vollkommen hinschmeißt, zum Aussteiger wird und auf Kreta ein Strandbar aufmacht. Andere gehen auf Wanderschaft. Es hält sie nichts mehr an einem festen Standort. Überhaupt ist bei dieser Konstellation der Gang in die berufliche Selbstständigkeit angesagt. Ob es sich dabei um mehr als nur eine vorübergehende Laune handelt, wird sich mit der Zeit zeigen.

Uranus ^{tr} Aszendent □ ☍

Krampf

Wenn Uranus einen harten Transitaspekt zum Aszendenten bildet, werden Sie zwanghaft versuchen, in der Firma oder auf dem freien Arbeitsmarkt einen Sonderstatus einzunehmen und Neuerungen durchsetzen. Abrupte Kursänderungen und Brüche in menschlichen Beziehungen deuten an, dass es Ihnen schwerfällt, sich emotional einzulassen. Konzentrieren Sie sich am besten auf genau das, was Sie einzigartig macht, erschöpfen Sie sich nicht im Protest oder in sinnlosen Spielereien.

Und gehen Sie nicht zu schnell und zu direkt auf andere Menschen ein. Manchmal bringt selbst gewählte Distanz genau den Freiraum, den andere brauchen, um später dann freiwillig auf Sie zuzukommen.

Sie werden nicht verhindern können, dass Geschäftsbeziehungen abbrechen, dass sich Kunden zurückziehen, dass es Probleme bei der Werbung neuer Kunden gibt bzw. bei der Bewerbung für einen vakanten Posten. Sie werden experimentieren müssen. Nur so finden Sie heraus, welche der vielen neuen Strategien wirklich den gewünschten Erfolg bringt.

Uranus ^{tr} Aszendent ⚹ △

Ganz besonders

Uranus im harmonischen Transit zum Aszendenten macht es leicht, sich ins Spiel zu bringen. Ihr unkonventionelles Auftreten findet bei vielen Menschen Anklang. Sie können mühelos einen Sonderstatus einnehmen und Neuerungen durchsetzen. Vor allen Dingen ist die Fähigkeit zur Selbstdarstellung enorm. Künstlerische und geistige Talente entwickeln sich. Genießen Sie ihre Sonderrolle. Wünsche werden erfüllt.

Es ist eine Phase der gesteigerten Individuation. Sie werden erkennen, dass Sie vollkommen alleine dastehen. Doch die Ideen, für die Sie sich jetzt einsetzen, gehören im Grunde der ganzen Welt und kommen allen Menschen zu Gute. Deshalb sind Sie trotz Ihres Einzelgängertums mit allen verbunden. Die Zeit ist hervorragend, um die eigene Kreativität zu entwickeln. Zugleich ist die Konstellation hervorragend geeignet für Teamwork. Dort, wo sich Individualisten zusammentun, entsteht stets etwas ganz Besonderes.

Uranus tr Medium Coeli ☌

Gipfelleuchten

Mit Uranus auf dem MC werden Sie auf Hierarchien pfeifen. Nichts kommt Ihnen lächerlicher vor als Chefs, die ihre Position nur einem jahrzehntelangen Buckeln und Kriechen, einem angepassten und devoten Verhalten verdanken. Was Sie bewundern, ist das einsame Genie an der Spitze, den begnadeten Meister seines Faches, kurz: die Fachkompetenz.

Chefs von Computerunternehmen, die in Jeans und Turnschuhen daherkommen, Filmregisseure inmitten ihres Teams, Stardirigenten mit dem Nimbus des Einzigartigen entsprechen da schon eher Ihren Vorstellungen. Doch was sind diese Vorstellungen eigentlich wert? Sie müssen aufpassen, die Ansprüche an »die da oben« nicht ins Unermessliche zu schrauben. Versuchen Sie sich lieber selbst als genialer, aber lockerer und umgänglicher Chef, als »primus inter pares« als Gleicher unter Gleichen. Das hat wahrhaft Stil!

Uranus tr Medium Coeli □ ☍

Elternwünsche

Uranus im harten Transitaspekt zum MC bringt eine Zeit voller Spannungen, Veränderungen und Unruhe in der Öffentlichkeit. Man ist geneigt, alles hinzuschmeißen. Beruf und Privatleben erscheinen auf einmal wie ein Gefängnis. Man möchte ausbrechen, alles hinter sich lassen. Individualismus sollte jetzt nicht unbedingt zur absoluten Lebensphilosophie hochstilisiert werden. Überdenken Sie die Beziehung zu ihren Eltern. Schließen Sie mit ihnen Frieden und emanzipieren Sie sich zugleich von ihnen. Ihr Beruf sollte helfen, ganz persönliche Ziel zu verwirklichen - und nicht die Ihrer Familie! Erinnern Sie sich daran, was Sie als Kind eigentlich werden wollten. Denken Sie positiv. Wagen Sie Neuerungen. Aber vermeiden Sie weitere Brüche.

Uranus ^{tr} Medium Coeli ⚹ △

Quereinstieg

Bei Uranus im harmonischen Aspekt mit dem MC sollten Sie direkt auf Behörden und Vorgesetzte zugehen. Die Schwellenangst ist einfach weg. Sie himmeln diese Autoritäten nicht unhinterfragt an. Und Sie können Forderungen stellen, ohne gleich rot zu werden, ins Stottern zu kommen oder einen Rausschmiss zu riskieren.

Auch können sie jetzt sehr kooperativ innerhalb einer Hierarchie mit Untergebenen zusammenarbeiten, Teamwork probieren. Es existiert in Ihnen ein siebter Sinn für Ausnahmen, Nebenwege, günstige Gelegenheiten, Workaround.

Nutzen Sie die moderne Technik, um weiterzukommen. Sie können erstarrte Konventionen durchbrechen, ohne gleich die gesamte Rahmenstruktur kaputt zu schlagen. Beste Zeit für Innovationen!

Zyklen des Neptun

♆

Sensibilität, Intrigen und geheime Bündnisse

Neptun braucht mehr als ein Jahrzehnt, um ein Haus des Geburtshoroskops zu durchschreiten. Seine Transite über ganz bestimmte Radixpositionen dauern mehrere Monate. Und genau wie bei den anderen Planeten kommt es durch Vor- und Rückläufigkeit aus Sicht der Erde zur mehrmaligen Wiederholung der gleichen Thematik. Seine Transit-Aspekte sind somit ein ganzes Jahr wirksam.

Neptun Wirkung ist subtil, aber keineswegs schwach. Im Geburtshoroskop deutet seine Position auf Fantasie, Feinsinnigkeit, aber auch Unsicherheit und Suchtneigung. Er ist auch für Chemie zuständig, im doppelten Sinne. Und dies ist gerade im Berufshoroskop besonders wichtig. Ein starker Neptun kann einen mit Chemie in Form von Drogenkriminalität oder der ganz legalen Pharmaindustrie in Kontakt bringen. Beides sind äußerst machtvolle Wirtschaftszweige.

Das Reich des Neptun ist die Welt der Illusionen und Träume. Wir finden das Thema des schönen Scheins beim Film und der Musik wieder, in der Medienindustrie.

Neptun zeigt uns auch, wie wichtig es ist, dass im zwischenmenschlichen Bereich »die Chemie stimmt«. Im Berufsleben ist es höchst wichtig, dass man miteinander auskommen kann. Oft erleben wir es, dass Führungskräfte über keine handwerklichen Fähigkeiten verfügen, ja nicht einmal einen Computer bedienen können. Man sieht sie hingegen stets zu irgendwelchen Arbeitsessen gehen. Sie konzentrieren sich voll und ganz auf die Psychologie, auf den zwischenmenschlichen Kontakt.

Im ungünstigsten Fall wird man unter einem schwierigen Neptun-Transit zum Mobbing-Opfer. Missliebige Kollegen quälen einen, bis man krank ist und den Job verliert.

Nutzt man hingegen alle Chancen Neptuns, dann kann man es zur Massenwirkung bringen und beispielsweise im Medienbusiness beruflich ganz groß herauskommen. Zudem ordnet man Neptun allen Flüssigkeiten zu. Seine mächtigste Ausformung in der Welt der Wirtschaft ist die Ölindustrie.

Neptun hat also mit Chemie zu tun, auch im übertragen Sinne, wie eingangs erwähnt. Schauen Sie also zu, dass sie seine Zyklen nutzen, um die zwischenmenschliche Chemie zu ihren Kollegen, Vorgesetzten, Geschäftspartners und Kunden zu verbessern.

Neptun fordert uns auf, unseren siebten Sinn zu schärfen. Zu gewissen Zeiten verordnet er uns eine Auszeit in Form von Arbeitslosigkeit, Krankheit oder Auftragsflaute. Beschweren wir uns nicht. Selbstmitleid als negative Neptun-Ausformung bringt nichts. Diese Auszeiten haben stets einen tieferen Sinn. Sie bringen uns dazu, die innerseelische Balance wieder herzustellen. Damit die Chemie wieder stimmt - tief in uns drinnen. Neptun-Krisen bringen einen wieder mehr mit der Natur in Kontakt, auch mit der inneren Natur der Psyche. Wir erkennen wieder, was die eigentlichen Ziele unseres Lebens sind. Beruf und Berufung stimmen sich auf einander ab.

Neptun [tr] Haus I.

Weg des Wassers

Man kann mit Macht und Kraft seinen Keil in die Welt treiben – und dabei seine Energie verschleudern. Klappt es nicht, dann trinkt man sich notfalls einen an und wütet im Rausch weiter. Hauptsache, man weiß, was man will. Aber in dem Jahrzehnt, in dem Neptun durch das erste Horoskophaus geht, ist dies leider selten der Fall. Und so kommt man oft in verworrene Situationen. Das eigene Selbstverständnis ist lädiert. Auswirkungen auf den Beruf sind garantiert. Was tun, wenn bedingt durch fertigungstechnische Neuerungen der Job einfach flachfällt?

Die Schriftsetzer an den Bleilettern wurden überflüssig, als die Zeitungen den elektronischen Druck einführten. Busschaffner wurden durch Automaten ersetzt. Und das Fräulein vom Amt ist schon lange ein elektronisches. Es kann, aber muss nicht sein, dass man in dieser Zeit in die Arbeitslosigkeit rutscht.

Auch besteht Suchtgefahr. Wer an seinem Posten hängt, sollte die Schnapsflasche jetzt aus dem Aktenschrank holen und wegschmeißen. Und das Surfen in Porno-Websites während der Arbeitszeit (warum nicht mal über diese weitverbreitete Gewohnheit ansprechen) ist bei Neptuns keineswegs zu empfehlen. Achten Sie darauf, dass Ihr Passwort nicht vom missliebigen Kollegen benutzt wird, um irgendeinen Unfug auf Ihrem Firmen-PC zu veranstalten! Mit Neptun im ersten Haus ist man extrem gutgläubig, um nicht zu sagen: Naiv!

Sicherlich ist man jetzt auch ungeheuer feinfühlig, bis hin zur Medialität. Sensitive, spirituelle Kräfte wachsen im Inneren heran. Doch was nützt einem das, wenn man nach außen hin unklar auftritt? Einen neuen Job bekommt man auf diese Weise jedenfalls nicht. Die äußere Erscheinung ist chaotisch, verwirrend.

Allerdings lässt sich dies auch zum eigenen Vorteil nutzen. Suchen Sie sich Tätigkeiten im künstlerischen oder musischen Bereich. Erkennen Sie, dass Sie für manche Menschen ein Ideal verkörpern. Davon profitiert die ganze Galeristenszene. Auf dem Kunstmarkt werden jährlich Milliarden umgesetzt. Wie wäre es, wenn Sie sich bei einem Auktionator bewerben? Oder wenn Sie in der Werbebranche als Trendscout jobben? Es gibt viele Geschäftsbereiche, in denen Sie gerade mit ihrem neuen, fließenden Selbstverständnis und diesem gewissen Etwas, das Sie jetzt umgibt, Erfolge feiern können!

Neptun tr Haus II.

Bis sie uns lieben

Ein gutes Jahrzehnt lang geht Neptun durch den Horoskopbereich, der für Ihre Finanzen zuständig ist. Sie können sicher sein, dass in dieser Zeit alle festen Werte irgendwie aufgelöst werden. Wenn Sie in Aktien investiert haben, dann wissen Sie, in welche Richtung sich der Kurs bewegt ...

Diese ganze Problematik bezieht sich nicht nur auf Ihr Vermögen, sondern auch auf den Marktwert, den Sie nach außen hin verkörpern: Ihre Gehaltsklasse. Es kann passieren, dass die Inflation oder andere widrige Umstände wie Konkurrenz oder Marktumstrukturierung alle vermeintlichen Sicherheiten auflösen. Selbst Immobilien sind davor nicht sicher. Was nützt Ihnen das tollste Haus, wenn sich Schwamm im Mauerwerk ausbreitet? Und der solideste Wohnblock ist auch nichts mehr wert, wenn sich im Stadtteil die Sozialstruktur verändert und in infolge dessen alle zahlungskräftigen Mieter ausziehen.

Sofern noch Ressourcen vorhanden sind, werden in dieser Zeit Investitionen nach dem Gießkannenprinzip getätigt. Nützt das nichts, dann ist der Jammer groß. Manches Start-up-Unternehmen der New Economy ging nach dieser Methode vor. Unklare Besitzverhältnisse und Finanzbetrug sind ebenfalls denkbar.

Wenn Sie allerdings in einem Unternehmen arbeiten, das zu den großen Fischen der Branche zählt, dann können Sie nun erleben, wie allein durch die Kraft des Geldes Mythen geboren und somit neue Märkte geschaffen werden. Beispiel: Ein großes TV-Unternehmen kaufte im Ausland eine Daily Soap, eine täglich gesendete Vorabendserie. Die Zuschauerquote war und blieb gering. Der Sender erwirtschaftete mit diesem TV-Format erhebliche Verluste. Doch der Unternehmenschef behielt Nerven und gabt Durchhalteparolen aus: »Wir senden sie Serie so lange, bis die Leute sie lieben.« Noch fast ein weiteres Jahr musste der Konzern Verluste durch Gewinne aus anderen Bereichen ausgleichen. Dann kam der Brake-even-point.

Die Daily wurde zur Kultserie. Seitdem sind viel Jahre vergangen und sie läuft immer noch. Die Gewinne über Merchandising und Nebenerwerbsrechte sind enorm.

Noch ein letzter Tipp für diese gute Zeit, damit sie keine schlechte Zeit wird: Geld muss fließen. Halten Sie es nicht fest. Vergrößern und beschleunigen Sie seinen Strom. Schwimmen Sie mittendrin. Dort, wo die meisten Nährstoffe sind. So machen es die großen Walfische auch. Und die müssen es ja wissen.

Neptun ^{tr} Haus III.

Mit Händen und Füßen

Über ein Jahrzehnt lang transitiert Neptun Ihr drittes Haus, das für Kommunikation zuständig ist. Sie werden jede Menge Unklarheiten erleben, Missverständnisse, Kommunikationschaos und Einsamkeit. Denn niemand versteht Sie wirklich. Und es fällt Ihnen immer schwerer, Ihre Gedanken und Gefühle in Worte zu fassen. Auch technisch wird es zu erheblichen Problemen kommen. Daten verschwinden auf unerklärliche Weise, Festplatten schmieren ab, Schriftstücke lösen sich ins Nichts auf.

Wenn Ihnen all das noch nicht reicht, dann schauen Sie sich mal bei Ihren Nachbarn und Kollegen um. Auf wen können Sie sich überhaupt noch verlassen? Um Ihre wichtigsten Partner bei der Stange zu halten, müssen Sie möglicherweise zum Seelenklempner werden - oder zum Drogentherapeuten. Unklare Absprachen, Verluste durch Geschwister und Nachbarn. Datenklau. Betrügerei. Geschwätz hinter Ihrem Rücken.

Andererseits dürften Sie in dieser Zeit auch selbst zum Abhörspezialisten qualifizieren. Rein intuitiv kommen Sie an geheimste Informationen. Manchmal hilft es, jemandem ein oder zwei oder drei Gläser Wein einschenkt - und selbst Mineralwasser zu trinken.

Emotionale Nähe bringt enorme Vorteile. Man wird Ihnen unter der Hand Nachrichten zuspielen. Ihr sprachlicher Ausdruck kann in dieser Zeit leiden. Manch einer beginnt zu nuscheln, verschluckt Silben. Aber auch das lässt sich geschickt nutzen. Es ist durchaus von Vorteil, nach außen hin als Trottel aufzutreten. Sollen eine die anderen doch ruhig unterschätzen! Aus der Position des vermeintlichen Narren lässt sich sehr gut operieren.

Und wenn Sie sich wirklich einmal ganz direkt, klar und eindeutig ausdrücken wollen? Wenn Sie beim Radio arbeiten, dann werden Sie sicherlich an einer Sprecherschulung teilnehmen. Nicht mehr so viel Konsonanten verschlucken, lautet die Devise. Die Kunst besteht darin, trotz aller Zungenfertigkeit das gewisse Etwas in der eigenen Stimme nicht zu verlieren.

Ansonsten: Probieren Sie es mal mit Singen. Oder fahren Sie zum Training in irgendein Ausland, dessen Sprache Sie nicht verstehen und wo die Leute partout nicht englisch reden wollen bzw. können. Quartieren Sie sich privat ein. Nach kurzer Zeit entwickelt sich die Fähigkeit des Gestikulierens. Und wenn Sie dann wieder nach Hause kommen, werden Sie immer noch mit Händen und Füßen reden. Was gibts Schöneres?

Neptun tr Haus IV.

Auf Sand gebaut

Wenn Neptun für ein gutes Jahrzehnt durch Ihr viertes Haus geht, werden Sie überdeutlich spüren, wie wichtig für die berufliche Karriere eine solide familiäre Basis ist - und wie katastrophal es sein kann, wenn all das auf einmal fehlt. Und genau das wird Ihnen eventuell passieren. In diesen Jahren können Sie erleben, bei einer Bewerbung vom Personalchef mit dem Begriff »Soziale Gesundheit« konfrontiert zu werden. Wenn er Ihnen dabei streng in die Augen schaut, wissen Sie, dass Sie verloren haben. Familiengeheimnisse lassen sich nicht gut verbergen. Zumindest nicht jetzt. Sie sind äußerst sensibel. Gefühle wie Altersangst, Heimweg und unklare Ahnungen können sich einschleichen.

Eine stabile Ehe und sicheres Elternhaus wären die Lösung. Aber so lange Neptun im vierten Haus steht, wird es Ihnen kaum gelingen, Ihre privaten Verhältnisse festzubetonieren. In dieser Hinsicht werden Sie auf Sand bauen.

Was immer Sie auch tun, sie müssen sich alternative Strategien ausdenken. Wie wäre es mit einer Künstlerexistenz? Sie könnten Ihr Privatleben mit einem Mythos umgeben. Ihre Wohnung müsste ganz besonders hergerichtet sein. Sie geben kleine Partys, zu Ihnen Sie hier und da auch Arbeitskollegen einladen. Sie könnten sich auf einem Hausboot einmieten. Vielleicht machen Sie dort eine Künstleragentur auf. Allerdings ist es möglich, dass Sie in dieser Zeit Ihr Privatleben mehr denn je schützen wollen. Sie wollen entspannen und auftanken, damit in Folge dessen mehr Kraft dem Job zufließt. Oder Sie pflegen gewisse Vorlieben, die nicht von allen geteilt werden. Verschleierungstaktiken werden helfen.

Aber vielleicht das Gegenteil erfolgversprechender, die Vorwärtsverteidigung. Als sich ein bedeutender Politiker zur Bürgermeisterwahl einer großen Stadt stellte, ging er in die Offensive: »Ich bin schwul, und das ist gut so.« Der Erfolg gab ihm recht.

Neptun tr Haus V.

Merkwürdiges Showtalent

Neptun wird fast ein Jahrzehnt Ihren ganz persönlichen Selbstausdruck bestimmen. Wenn sie in dieser Zeit versuchen, sich nach außen hin ganz normal zu geben, geht das sicherlich schief. Warum? Sie sind es einfach nicht! Im Grunde entspricht niemand der Norm. Jeder Mensch ist ein Individuum, mit allen dazugehörigen Sorgen und Nöten, Träume, Wünschen und Verschrobenheiten. Es könnten in dieser Zeit Gefühle von Scham auftreten. Gemessen an den Leistungsidealen der Gesellschaft gibt es immer einen Grund, sich etwas vorzuwerfen. Doch das bringt nichts. Je mehr Sie versuchen, nach außen hin der Norm zu entsprechen, umso mehr verlieren Sie Ihren ganz speziellen Charakter. Und Ihre Kreativität. Darum wäre es wirklich schade.

Mit Neptun im fünften Haus entwickelt man eine schier chamäleonhafte Wandlungsfähigkeit. Auf der Bühne des Lebens liefern Sie dem Publikum genau das, was es braucht. Wenn Sie sich immer wieder vergegenwärtigen, wer Sie selbst hinter dieser Maske eigentlich sind, wenn sie sich Rückzugs- und Regenerationsphasen fernab der Öffentlichkeit gestatten, können Sie beruflich ungeheure Erfolge feiern. Eine gute Show wird in jedem Wirtschaftszweig gebraucht. Sie könnten als Vertreter, als Autoverkäufer, im Entertainmentbereich oder in der Public Relation arbeiten. Machen Sie also etwas aus Ihrem Typ. Kultivieren Sie Ihre Macken, anstatt sie zu verstecken!

Ihr ganz besonderes, mystisches Charisma wird in diesen Jahren manche unklare Liebschaft hervorbringen, Kinder ohne eindeutigen Vater und überraschende Alimenteforderungen. Gentest als Ultima Ratio.

Neben all diesen Auswüchsen von Lebenslust soll noch ein ganz besonderes Talent angesprochen werden, das sich mit der Zeit bei Ihnen entwickelt: Ihre sanfte, feinfühlige Ausdrucksweise öffnet die Herzen der Menschen, speziell die der kleinen und schwachen. Manch einer entdeckt sein soziales Engagement: Theatergruppen für Behinderte, Kreativtraining beim Drogenentzug, Clown als Besucher am Krankenbett (ist tatsächlich ein Beruf!), Animateur im Ferienklub, Feriencamps mit Jugendlichen. Es gibt so viele sinnvolle Tätigkeiten, auch im ehrenamtlichen Bereich.

Neptun tr Haus VI.

Kuddelmuddel

Die folgenden Jahre werden Sie in unklaren Beschäftigungsverhältnissen stehen, was auch immer das heißen mag. Spätestens dann, wenn Ihre körperliche Leistungsfähigkeit drunter zu leiden beginnt, sollten Sie sich ernsthaft nach Alternativen umschauen. Aber vielleicht fangen Sie schon vorher damit an!

Circa ein Jahrzehnt wird Neptun durch Ihr sechstes Haus gehen und das Chaos Sie am Arbeitsplatz heimsuchen.

Sie werden viel Zeit mit den Folgen einer selbstgeschaffenen Unordnung verplempern. Möglicherweise bringen Sie nichts richtig zu Ende. Arbeiten Sie im Büro, dann werden Sie jetzt ständig mit der Ablage auf Kriegsfuß stehen. Als Rohrleger Heizungstechniker oder Automechaniker besteht Ihr Werkzeug aus überdrehten Schraubenziehern, ausgeleierten Zangen und Akkuschraubern mit leerer Batterie - falls man Ihnen nicht sowieso alles geklaut hat. »Ordnung ist für Dilettanten, das Genie beherrscht das Chaos« wird zu Ihrem Leit- und Leidensspruch. Der Krankenstand in Ihrer Abteilung pendelt sich auf hohem Niveau ein. Sie spucken in die Hände und arbeiten doppelt so hart. Sonst bleibt ja alles liegen. Irgendwann gewöhnen Sie sich das Blaumachen dann doch an. Und das ewige Jammern.

Na gut. Es gibt ja noch die Alternativen. Aber die müssen Sie selbst entwickeln. So lange Sie das von anderen verlangen, klappt es nicht. Vielleicht werden Sie eine Kur machen. Oder Sie gehen in den Bildungsurlaub. Der Kontakt zum Heilpraktiker wäre auch nicht schlecht. Haben Sie mediale Heilfähigkeiten?

Zurück auf der Arbeit sollten Sie Ihr neu gewonnenes Wissen gleich in die Praxis umsetzen. Das muss nicht heißen, dass Ihr Büro jetzt mit Räucherstäbchen und Meditationsgesängen dekoriert wird. Stürzen Sie sich ruhig in tägliche Routine. Und bleiben Sie dabei. Aber entwickeln Sie ganz bewusst einen anderen Arbeitsstil, der zu Ihnen und Ihrer Firma besser passt. Lassen Sie sich nicht mehr ausnehmen. Setzen Sie sich gegenüber Intriganten und faulen Kollegen durch. Wenn es sein muss, dann mobben Sie ruhig einen schmarotzenden Mitarbeiter aus der Abteilung raus. Machen Sie sich unbeliebt. So verschaffen Sie sich Respekt. Man wird Sie im Endeffekt nur noch mehr mögen. Denn alle Welt weiß: Sie können auch anders. Das ist die Alternative!

Neptun ^{tr} Haus VII.

Was ist schon ein Wort

Über ein Jahrzehnt lang geht der Transit-Neptun durch das siebte Haus I.hres Geburtshoroskops. In dieser Zeit werden sie sehr oft von Ihren Geschäftspartnern begeistert sein, voller Hoffnung grandiose Verträge unterschreiben, erstaunt den erotischen Fantasien des Art Directors der Werbeabteilung lauschen, sich von den Raffinessen eines ausgeklügelten Product-Placements faszinieren lassen. Und am Ende stellen Sie fest, dass alles nur Schall und Rauch war. Der neue Partner ist eine Niete, der Vertrag das Papier nicht wert, auf dem er geschrieben wurde. Der Art Direktor hat einen Knall. Und das Produkt floppt auf dem Markt. Sie sind umgeben von Dilettanten und Schaumschlägern. Tintenpisser! Traumtänzer! Fortan misstrauen Sie jedem und allem. Und das nennt sich dann Lebenserfahrung!

Wo bleibt da noch der Spaß? Und ist unter diesen Bedingungen überhaupt beruflicher Erfolg möglich? Sicherlich. Sie müssen nur erkennen, dass Sie es auf dieser Erde mit Menschen zu tun haben. Und die sind anders als Engel oder Götter. Wenn Sie das Paradies auf Erden schaffen wollen, dass müssen Sie hart dafür arbeiten. Und Sie brauchen Mitstreiter mit Fantasie und Visionen. Das sind nicht unbedingt Leute, welche die Zuverlässigkeit zur Lebensmaxime erhoben haben. Die sind auch nicht unbedingt praktisch veranlagt. Nicht umsonst hat jeder große Popstar oder Filmschauspieler seinen Manager. Nur ganz wenige schaffen den Sprung vom Künstlerleben in die Welt des Managements. Und auch dort können Sie nur überleben, wenn Sie gelernt haben, mit Fantasten und Traumtänzern klug umzugehen.

Neptun wird in Ihnen die Mitmenschlichkeit wecken. Sie werden zu ihren zukünftigen Vertragsunterzeichnern ein warmes, persönliches Verhältnis entwickeln. Und die gemeinsamen Geschäfte werden sich fortan prächtig entwickeln.

Neptun tr Haus VIII.

Kontakte zum Diesseits

Sollten sie bislang mit dem Schwarzgeld anderer arbeiten, dann ist es jetzt an der Zeit, diese Geschäfts glimpflich zu beenden. Wenn Sie nicht genau wissen, aus welchen Finanzquellen Ihre Partner gespeist werden, dann finden Sie es heraus. Jetzt. Sie könnten ganz schön ins Staunen kommen. In den Jahren, da Neptun durch das achte Haus geht, kommt es manchmal zu Kontakten mit dem Jenseits. Man kann sich um Ahnenforschung kümmern, seine sensitiven Kräfte aktivieren, Spukgeister ins Haus bekommen. Sie werden nun mit Erbschaften und Vermächtnissen zu tun haben. Man setzt Sie vielleicht zum Erblasser der Liegenschaften eines Verblichenes ein.

Während Neptuns Reise durch das achte Haus kann man aber auch als Totengräber arbeiten. Oder als Extrawache in einem Altersheim, am Bett von Sterbenden. Kontakte mit dem Jenseits gehen stets auch mit Kontakten zum Diesseits einher.

Wenn Sie sich mit der Schattenwirtschaft der Mafia liieren, werden Sie die Konsequenzen tragen müssen. Als Nachtwache im Krankenhaus sollten Sie sich vor der Annahme kleiner oder größerer Geschenke hüten. Auch das ist strafbar. Und die Erbschaften und Vermächtnisse? Vordergründig wird sich jetzt wohl jeder mit seiner Religiosität zur Schau stellen. Im Gedenken des Verstorbenen werden Krokodilstränen vergossen. Es ist eine Zeit grandioser Heuchelei. Es gibt nichts Furchtbareres als zerstrittene Erbengemeinschaften. Das kann gewaltige Kapitalsummen blockieren. Immobilien verrotten über Jahre, weil sich die Erben nicht einigen können.

Mit Neptuns Transit durch das achte Haus sollte Sie Ihre Kontakte zum Diesseits verfeinern. Finanzieller Erfolg ist garantiert!

Neptun ♅ Haus IX.

Blindes Vertrauen

Ungefähr ein Jahrzehnt transitiert Neptun das neunte Haus, Bereich von Glauben, Religion und Weltanschauung. Es ist gut möglich, dass gewaltige spirituelle Erkenntnisse von Ihnen Besitz nehmen. Vielleicht geben Sie auch viel Geld für eine Sekte aus. Die Sucht nach Weiterbildung ist enorm. Wenn Sie als Topmann oder Topfrau in der Kundenakquisition arbeiten, dann durften Sie sicherlich schon einmal ein Motivationsseminar besuchen. Das wird jetzt öfter nötig sein. Denn solche Kurse funktionieren nach dem Prinzip der Schlankheitskuren: Die Kur schlägt an, Besserung tritt ein, doch danach pendeln sich Körper und Seele sofort wieder zum Ursprungszustand zurück. Je öfter man sich diesen Kuren unterwirft, umso schneller schaukelt sich danach das alte Gewicht wieder hoch.

Doch Sie brauchen die Motivation, sie brauchen Fortbildung, wenn Neptun durch Ihr neuntes Haus geht. Schließlich müssen Sie in Ihrem Job positiv auftreten. Innerlich haben Sie schon lange den Sinn verloren. Was Sie nach außen hin vertreten, hat eigentlich nichts mehr mit Ihnen zu tun. Sie geben sich keinerlei Illusion hin. Der Job ist ausschließlich zum Geldverdienen. Mehr nicht. Auf Dienstreisen wird der Griff zur Minibar im Hotelzimmer zur Routine. Noch ein Motivationsseminar. Und noch eine Fortbildung. Bald spüren Sie, dass Ihnen diese Kurse nicht mehr weiterhelfen. Was tun? Die Desillusionierung nach außen tragen? Den Frustrierten spielen? Zyniker werden?

Fallen Sie jetzt bloß nicht auf einen Psycho-Guru herein! Testen Sie lieber alle aus. Und gehen Sie in die Kirche. Nehmen Sie an karitativen Veranstaltungen teil. Tun Sie Gutes. Und reden Sie drüber. Studieren Sie das Stiftungsgesetz. Teilen Sie die Sorgen und Nöte derjenigen, die ihr Geld vor dem Fiskus verbergen wollen. Langsam sollten sie sich mal für die steuerlichen Schlupflöcher auf den Bahamas oder den Kaiman-Inseln interessieren. Auch die Isle of Man ist ein interessanter Finanzplatz. Welche Fördermittel könnten in Brüssel angezapft werden?

Und wie schnürt man eigentlich als Filmgeschäftsführer einen Fond gemäß neuester Medienerlasse des Finanzministeriums?

Bloß keine falsche Scham. Wenn Sie sich jetzt aktiv mit den Tricks und der Heuchelei aller Edeltuer dieser Welt vertraut machen, ist das keine Schande. Zudem sind nicht alle Heuchler. Die Grauzone zwischen effektiver Fortbildung und Scheinbildung, zwischen legaler und illegaler Finanztransaktion, zwischen Abschreibungsmöglichkeiten und Fördermitteltöpfen ist riesig. Sie müssen ja nicht gleich alle unseriösen Methoden anwenden. Aber Sie sollten sie zumindest kennen. Oder Sie engagieren ich jetzt wirklich für die Kirche, eine seriöse Kulturinitiative oder einen Umweltschutzverband. Es gut, mit allen Wassern gewaschen zu sein. Haben Sie die Zusammenhänge erst einmal erkannt, wird es Ihnen wie Schuppen von den Augen fallen. »Vertraue auf Allah, aber binde dein Kamel an« sagt der weise Sufi.

Neptun [tr] Haus X.

Traumhafte Karriere

Das stinknormale Berufsleben kann Ihnen gestohlen bleiben, zumindest für die paar Jahre, in denen Neptun durch Ihr zehntes Horoskophaus geht. Sie wollen einfach mehr. Sie wollen echte Gefühle, etwas ganz besonderes erleben, mit wunderbaren Menschen zusammen großes aufbauen. Eine karitative Organisation vielleicht. Oder ein idealistisches Projekt. Ein Titel wäre nicht schlecht. Hauptsache, Sie sind dabei. Hierarchien spielen keine Rolle. Engagement ist alles. Die sind nur allzu gern bereit, jeden und alles zu unterstützen. Mit anderen Worten: Man kann Sie jetzt nach Strich und Faden ausnutzen!

In diesen circa zehn Jahren werden Ihre beruflichen Ziele unklar bleiben. Sie bauen Luftschlösser und verpulvern Ihre Energie. Intrigen zwischen leitenden Angestellten werden auf Ihrem Rücken ausgetragen. Möglicherweise stellen Sie fest, dass Ihr Vorgesetzter ein Betrüger ist. Oder ein Lump. Und nichts ist trauriger als der Status einer Geliebten, deren Partner der eigene Chef und zudem verheiratet ist.

Sie sollten sich jetzt ganz genau überlegen, auf wen Sie sich einlassen, um Ihre Karriere zu fördern. Ihr Ruf steht auf dem Spiel. Das ist Ihnen egal? Gut so. Denn es kommt sowieso nicht darauf an, wie andere Menschen Sie bewerten. Viel wichtiger ist, dass Sie alles dafür tun, dass Ihr Traum von einer Karriere Wirklichkeit wird. Schminken sie sich also jegliche Illusionen ab.

Gestatten Sie sich ruhig ein wenig Biestigkeit. Dort oben in der Vorstandsetage ist die Luft dünn. Freiwillig wird keiner den Posten für Sie räumen. Versuchen Sie vor allem, aus der Opferrolle herauszukommen. Beten Sie ruhig. Pflegen Sie Ihre Spiritualität. Aber benutzen Sie auch ruhig ab und an mal Ihre Ellenbogen. Hilfst du dir selbst, dann hilft dir Gott.

Neptun tr Haus XI

Drunter und drüber

Ein gutes Jahrzehnt lang wird Neptun durch Ihr elftes Haus gehen und Ihren Idealismus prüfen. Möglicherweise werden Sie bei einer spirituellen Gemeinschaft arbeiten oder inmitten von Künstlern, ökologischen Landbauern bzw. als virtuelles Mitglied einer globalen Internetgruppe, die eigentlich nur im Netz existiert. Es kann aber auch sein, dass Sie sich ganz praktisch in der Gewerkschaft oder in der Betriebssportgruppe engagieren.

In diesen Jahren sind Sie von dem Wunsch beseelt, ohne Hierarchien mit Menschen unterschiedlichster Couleur auszukommen. Sie träumen von einer Gemeinschaft Gleichgesinnter. Das mag für eine gewisse Zeit ganz befriedigend sein. Doch werden Sie vermutlich immer wieder als Außenseiter dastehen. Wo ist Ihre Position innerhalb der Gruppe? Wer steht in der Hierarchie über Ihnen und wer darunter? Gibt es überhaupt eine Hackordnung? Aus dem Nebeneinander kann ein Drunter und drüber werden. Wenn Sie in einer Firma in einem kleinen Team arbeiten, werden Sie die Probleme einer hierarchiefreien und leider auch verantwortungslosen Arbeitsatmosphäre kennenlernen.

Die Nagelprobe des Idealismus zeigt sich in Details. Checken Sie einmal durch, welche Arbeitsverträge bestehen, wie es mit der Mitbestimmung ist und welche sozialen Sicherheitsmaßnahmen für Betriebsunfall bzw. Krankheit getroffen sind. Machen Sie sich innerhalb der Gruppe für Außenseiter stark. Das wird Sie selbst stärken. Und Ihr Idealismus zahlt sich dann doch noch aus.

Neptun tr Haus XII.

Das wahre Leben

Neptuns Transit durch das zwölfte Haus bringt Sie über Jahre mit den zwielichtigsten und verschrobensten Gestalten zusammen. Auch wird Ihnen bei gewissen Leuten nie klar sein, was die eigentlich im Schilde führen. Aber das ist noch lange kein Grund, permanentes Misstrauen an den Tag zu legen. Das bringt nichts. Im Gegenteil. Dadurch werden Sie nur noch unsicherer. Beschäftigen Sie sich lieber selbst mit ihren Schattenseiten. Schreiben Sie Ihre Träume auf. Und gehen Sie Ihrem Gespür nach. Für gewisse Geschäftsbereiche braucht man einfach ein gutes Näschen.

Manche meinen, dass man unter diesem Planetenaspekt Gewinne durch Hellsichtigkeit erwirtschaften kann. Denkbar wäre auch, dass Sie als Heiler arbeiten oder als Medium. Praktischere Auslebungsformen in unserer Gesellschaft wären der legale und der illegale Drogenhandel. Letzterer mag uns an dieser Stelle weniger interessieren. Zum legalen Drogenhandel gehört das Zigarettengeschäft, der Schnapsladen, die Eröffnung einer Bar, aber auch Drogerie und Apotheke. Es ist möglich, dass Sie während des Neptun-Transits aktiv (als Händler) oder passiv (als Käufer) mit diesem Metier zu tun bekommen.

Das wahre Leben, wenn es denn überhaupt eines gibt, spielt sich jenseits dieses Geschäftsverkehrs ab. Neptuns Transit durch das zwölfte Haus kann uns zu einer Tätigkeit in einer religiösen Gemeinschaft oder einer psychiatrischen Anstalt führen. Denkbar sind auch Aktivitäten in den Grenzbereichen der Gesellschaft: Arme, Kranke, Freaks, Behinderte,

Außenseite. Neptun kann uns auch verstärkt mit der Natur in Kontakt bringen. Vielleicht ziehen wir auf Land? Auf jeden Fall sollten wir uns auf die Suche nach dem wahren Leben machen.

Neptun tr Sonne ☌

Elastischer Ganz

Neptuns Transit über die Sonne bringt einen oft in Situationen von Hilflosigkeit und scheinbarer Lethargie. Man kann noch so viel Leistung zeigen. Der Effekt gleicht einer Faust, die ins Wasser schlägt. Ein leises Platschen. Mehr nicht. Die Gefahr, seine Energie sinnlos zu verschwenden, ist groß. Auch gelingt es nicht auf Anhieb, Menschen zu überzeugen. Körperliche Schwäche und Motivationsverlust kommen häufig vor.

Manchmal handelt es sich um Geschäfte, die man mit unseriösen Partnern jenseits des Großen Teichs begonnen hat. Oder man versinkt im Sumpf einer Bürokratie, deren Motive letztlich nicht durchschaubar sind. Vielleicht arbeitet man auch in scheinbar blühenden Ländern. Und die Subventionsgelder versickern im Sande.

Hüten Sie sich vor Eigenblindheit. Und Blauäugigkeit! Selbstmitleid ist ein gefährliches Gift. Jetzt hilft nur noch rudern, rudern, rudern. Und psychologisches Feingefühl. Beschäftigen Sie sich mehr mit den Menschen, mit denen Sie es zu tun haben. Seien Sie einfühlsam, aber vorsichtig. Vermeiden Sie in dieser Zeit Drogen jeglicher Art.

Neptun tr Sonne □ ☍

Weich in den Knien

Neptuns harte Transite zur Sonne machen es fast unmöglich, der Welt eine geschlossene Persönlichkeit entgegenzusetzen. Die Sensibilität ist einfach zu groß. Und damit auch die Gefahr der Täuschung und des Betrugs - durch andere, aber auch durch sich selbst.

In dieser Zeit könnten Sie es mit Alkoholikern oder Drogensüchtigen zu tun bekommen, aber auch mit Betrügern oder ganz einfach Versagern. Aus welcher Ecke diese Person jetzt kommt, lässt sich nicht genau sagen. Vielleicht aus Ihrem eigenen Inneren? Sie werden nun auf zweierlei Arten auf die Situation reagieren.

Erste Möglichkeit: Sie betrachten prinzipiell jeden Ausländer, jeden Künstler, verträumten Menschen, Andersartigen oder Sensiblen als potenzielle Gefahr, sehen in jedem Menschen einen Kriminellen oder zumindest eine Niete, sich selbst als den einzigen, der einen klaren Kopf behält. Folglich werden Sie sich dank mangelnder Sensibilität überall Feinde machen. Und betrogen werden Sie auch. Weil Sie das Unglück magisch anziehen, zur Bestätigung Ihrer Feindbildprojektion.

Zweite Möglichkeit: Aus Angst vor obigem Verhalten werden Sie zum naiv-blauäugigen Vertreter der Multikulti-Ideologie, nehmen jede Minderheit in Schutz und lassen sich nach Strich und Faden ausnehmen. Dritte Möglichkeit: Mischen Sie beide Varianten. Erlauben Sie sich ruhig, ein wenig zu lügen und zu heucheln. Aber behalten Sie einen klaren Kopf dabei. Das geht! Schließlich soll Ihr Geschäftspartner weich in den Knien werden - und nicht Sie.

Neptun ^{tr} Sonne ⚹ △

Tümmler

Neptuns harmonische Aspekte zur Sonne stärken Intuition und Sensibilität. Besonders im Musikgeschäft und anderen künstlerischen Geschäftsbereichen ist dies von großem Vorteil. Dort ticken die Menschen nicht richtig - jedenfalls nach »normalen« Kriterien betrachtet. Um deren Aufmerksamkeit und Anerkennung erringen zu können, darf man nicht logisch agieren.

Die Sprache der Seele verwendet keine Worte, Zahlen und Tabellen. Sie benutzt Bilder, Töne, Gerüche und Farben. In der Kunstszene konfrontiert man sich gegenseitig nicht mit harten Fakten. Man scheut klare Absprachen, hält Termine selten ein. Gefragt sind vielmehr bestimmte

Stimmungen als Voraussetzung für den kreativen Prozess. Der aktuelle Planetenaspekt begünstigt den Groove. Sie tummeln sich als Delfin im Pool der Fantasten und ziehen manch großen Fisch an Land.

Neptun ^{tr} Mond ☌

Tränenreich

Transit-Neptun über dem Mond gibt Ihnen im Berufsleben eine nicht leicht zu erklärende, innere Unsicherheit. Es kann Ihnen passieren, dass Sie am helllichten Tag auf der Arbeit in Tränen ausbrechen und nicht wissen wieso.

Denken Sie an Robert De Niro in »Reine Nervensache«: Als Mafiaboss bekommt er plötzlich Panikattacken und heult drauflos. Mit den Erektionen klappt es auch nicht mehr. Vor lauter Verzweiflung begibt er sich zum Psychiater. Mit vorgehaltener Kanone natürlich. Der Rest der Hollywood-Komödie ist wie gesagt reine Nervensache.

Das Leben erscheint Ihnen derzeit wie ein Film. Und der hört leider nicht nach 90 Minuten auf. Sie reiben sich die Augen. Nichts ändert sich. Was tun? Akzeptieren sie diesen Zustand. Und machen Sie das Beste draus! Vielleicht arbeiten Sie jetzt mal zwischenzeitlich als Seelsorger oder Beichtvater. Es spricht nichts dagegen, den seelischen Mülleimer für Ihre Arbeitskollegen, Klienten und Kunden zu spielen. Sie werden feststellen, dass die Leute bereit sind, ungeheure Summen an Geldes zu zahlen, wenn man ihnen einfach nur zuhört.

Geben Sie Ihren Mitmenschen ein Ohr. Seien Sie ganz einfach da. Aber achten Sie auch auf die Zeit. Und auf das Geld. Eine Gesprächsstunde beim Nervenarzt kostet circa 90 Euro und dauert 45 Minuten. Das macht 2 Euro pro Minute. Nur fürs Zuhören. Eigentlich ein ganz lukrativer Job, oder?

Neptun tr Mond □ ☍

Abstrampeln

Bei Transit-Neptun in Spannung zum Mond fühlt man sich von Weicheiern umgeben. Innere Unsicherheit. Täuschungen. Identitätsschwäche. Angestellte auf dem Selbsterfahrungstrip, die einfach nicht mehr belastbar sind. Kollegen, die sich reihum im Schwangerschaftsurlaub abwechseln. Ohne Vertretung natürlich. Vordergründige Sicherheiten und Zugehörigkeitsgefühle lösen sich auf. Begegnungen mit mystischen Charakteren. Gefahr der Täuschung.

Falls Sie unter solchen Bedingungen einen Job abgefangen haben, arbeiten Sie entweder in einem Varietétheater, einer Nervenheilanstalt oder einer städtischen Behörde. Nein? Daneben getippt? Auf jeden Fall verstehen Sie hoffentlich, dass Sie derzeit Ihre Arbeitsstrukturen verbessern sollten.

Die Situation ist nicht hoffnungslos. Entwickeln Sie Strategien, die Ihnen das tägliche Überleben sichern. Wenn einem das Wasser bis zum Halse steht, muss man halt schwimmen. Und den Kopf nach oben halten! Wie jener berühmte Frosch, der in den Milchtopf gefallen ist. Das schäumte ganz schön. Dann entstand Sahne. Und schließlich Butter. Und er sprang unbeschadet heraus!

Neptun tr Mond ⚹ △

Stallgeruch

Mit Neptun im harmonischen Transit zum Mond ist vieles im Leben leichter. Scheinbar mühelos können Sie sich in das Seelenleben Ihrer Mitmenschen einfühlen, beinahe wie Gedankenlesen. Wem auch immer Sie jetzt begegnen, stets gibt es so eine gewisse Form der Verbrüderung. Ohne große Worte entsteht Verständnis. Ja im Grunde spürt man, dass man aus demselben Holz geschnitzt ist, den gleichen Stallgeruch hat.

Im Berufsleben ist dieser Aspekt ungeheuer förderlich. Nicht dass Sie jetzt automatisch den richtigen Posten bekommen. Dafür müssten Sie schon etwas mehr leisten. Aber bei allen Angelegenheiten, die den Kontakt mit Menschen erfordern, ist gerade das kein Problem mehr. Die Schwellenangst ist abgebaut, Bereitschaft zur Zusammenarbeit tendenziell vorhanden. Wo immer Sie jetzt auch hinkommen.

Neptun tr Merkur ☌

Wortlos

Bei Neptuns Transit über dem Merkur ist die Motorik äußerst sensibel. Das Nervensystem und die Sinnesorgane nehmen sehr viel mehr wahr. Zu gewissen Zeiten kommt es zu Überreaktionen. Dann wiederum geschieht überhaupt nichts. Vollkommen überwältigt von den Eindrücken und Informationen ist man zu keiner vernünftigen Reaktion fähig. Oder man artikuliert sich nicht richtig. Weil man (fälschlicherweise) erwartet, vom anderen verstanden zu werden. Ohne Worte.

Ein differenzierteres Verhältnis zum eigenen Intellekt entsteht. Man beginnt, andere Mittel für die Kommunikation einzusetzen. Geheimcodes reizen. Warum nicht mal eine E-Mail im Symbol-Schriftfont Windings abfassen? Oder statt Text eine Voicemail schicken? Wie wäre es mit Kryptierungen? Mit der Zeit entdecken Sie die nonverbale Kommunikation. Und noch ein bisschen später dann die verbale. Oder?

Eh! Was'n? Gecheckt? Logo. Cool? Etwas heftig vielleicht. Echt. Na ja. Versteh' ich schon.

Neptun tr Merkur □ ☍

Stimmengewirr

Harte Neptuntransite zu Merkur bringen eigentlich immer Chaos in die Kommunikation. Vielleicht ist ihre übersteigerte Sensibilität daran schuld. Oder Sie haben sich zu leichtgläubig auf die Technik eingelassen. Es kann zu Täuschungen der Wahrnehmung kommen, zu Irrtümern in Schrift, Technik, Medizin. Mit ganz normaler Logik werden Sie dem Problem nicht Herr werden. Und mit Denken in Schuldkategorien sowieso nicht.

Generell gilt, dass Sie sich jetzt sehr viel mehr und sehr viel gründlicher auf jene Menschen einlassen müssen, mit denen Sie beruflich zu tun haben. Sie müssen die Spreu vom Weizen trennen. Auf wen können Sie sich wirklich verlassen? Und wer tut eigentlich das, was er verspricht? Wenn Sie die derzeitigen Probleme noch weiter analysieren, werden Sie erkennen, dass in Ihnen selbst oft ein ganz erheblicher Widerspruch besteht zwischen dem, was Sie innerlich fühlen und dem, was Sie den anderen mitteilen. Und dies geschieht meist nicht aus Böswilligkeit, sondern aus Scheu. Oder weil Sie wieder einmal nicht auf Ihre innere Stimme gehört haben.

Also: Ein bisschen genauer hinhören bitte. Auch nach innen.

Neptun tr Merkur ⚹ △

Stille Post

Bei Neptuns harmonischen Transiten zu Merkur sitzt eigentlich immer jemand im Raum, der die Ohren weit aufsperrt. Und das wissen Sie zu schätzen. Sie haben erkannt, dass in der Firma sowieso ständig hinter dem Rücken anderer geredet wird. Und dass diese Kommunikation sehr viel schneller und effizienter ist als Internet oder Intranet.

Also machen sich den Klatsch und Tratsch zu ruhig nutze. Sie streuen Gerüchte aus. Oder Sie sprechen so laut hinter vorgehaltener Hand, dass wirklich jeder mithört. Wenn Sie ganz sicher sein wollen, dass sich eine Information schnell verbreitet, dann verpflichten Sie den jeweiligen Kollegen zu strengstem Stillschweigen. Weisen Sie ihn auf die Gefahren hin, wenn diese Fakten an die Öffentlichkeit kämen. Die Nachricht wird sich wie ein Lauffeuer verbreiten.

Diese Taktik ist in Politik, Wirtschaft und Börse weit verbreitet. Man spricht hier von den gewöhnlich gut unterrichteten Kreisen. Wollen Sie sich für einen zur Vakanz stehenden Posten bewerben, dann geben Sie das als Gerücht an die Presse. Und dementieren Sie es. Natürlich! Und sofort sind Sie als Kandidat im Gespräch.

Neptun tr Venus ☌

Romantische Komödie

Neptuns Transit über Venus wird Ihnen jede Menge zwischenmenschlicher Verwicklungen bringen. Sie werden ein wenig Zeit brauchen, bis Sie erkennen, dass Ihr eigenes indifferentes Verhalten in erheblichem Maße zu dem ganzen Chaos beiträgt. Indifferenz bedeutet ganz konkret, dass Sie es diesem und jenem Recht machen wollen, dass sie auf zwei Hochzeiten tanzen, allen schöne Augen machen. Und wenn sie so nicht sind, dann eben Ihre Partner - und Sie haben es bislang nicht bemerkt.

Das ist an sich kein Fehler. Wenn die Gefühle zu Menschen nicht eindeutig sind, gibt es halt Dreiecks- und Vierecksgeschichte. Why not? Romantic Comedy. Privatsache. Im Berufsleben sieht das anders aus. Sie werden sich für Ihre Affären offiziell verantworten müssen. Und wenn es sich um Geschäftsbeziehungen handelt, kann sich das finanziell auswirken. Versuchen Sie also, Klarheit in Ihre Gefühle zu bringen. Und denken Sie darüber nach, welche nach Motivationen Ihre Partner wirklich handeln.

Neptun tr Venus □ ☍

Irritationen

Neptuns Spannungstransite zur Venus bringen einiges an Problemen mit sich. Durch Fehleinschätzungen und Irrtümer, weil Unausgesprochenes falsch gedeutet wird, entstehen Störungen im zwischenmenschlichen Bereich. Vordergründige Beziehungsmuster lösen sich auf. Irritationen des Geschmacks sind möglich. Achten Sie darauf, sich ab und zu vollkommen zurückzuziehen. Dann können Sie vielleicht trotz allem eine sinnvolle Distanz zu Ihren Mitmenschen wahren.

Achten Sie jetzt auf Verträge und Absprachen. Nichts muss so werden, wie es geplant ist. Rechnen Sie mit allem. Und vertrauen Sie niemandem. Außer sich selbst. Und Ihrem eigenen Gefühl. Wenn sie alle diese Ratschläge befolgen und immer noch nicht zum zynischen Skeptiker und Intriganten mutiert sind, wenn Sie die Menschen trotzdem und gerade deshalb lieben, und wenn Sie gerade aufgrund all dieser Lebenserfahrung noch erfolgreich mit ihnen zusammenarbeiten können: Dann haben Sie es geschafft!

Neptun tr Venus ⚹ △

Diplomatische Künste

Neptuns harmonische Transite zur Venus begünstigen alle geschäftlichen Kontakte als Verhandlungsführer, Verkäufer, Vertreter etc. Charme, musisches Können und künstlerisches Talent wirken und werden auch verstärkt wahrgenommen. Eine große Feinfühligkeit ist in Ihnen entstanden. So kann mit sehr viel Charme und Takt der Andere gewonnen werden.

Dieser Planetenaspekt kann sich im finanziellen Bereich äußerst günstig auswirken, ohne dass man es sofort bewusst bemerkt. Man trifft auf Menschen, die einem wie selbstverständlich unter die Arme greifen, den Kundenkontakt halten, Aufträge erteilen oder einem den Arbeitsplatz sichern - gerade dann, wenn man in einer Krise ist. Das dieses nobles Verhalten gar nicht so selbstverständlich ist, merkt man oft erst im Nachhinein.

Neptun tr Mars ♂

Traumjobs

Wenn Neptun über Mars transitiert, ist das eigene Handeln nicht mehr so zielgerichtet wie sonst. Man wird sensibler, setzt seine Kraft und Dynamik in fließende Bewegung um, in Musik und Poesie. Konflikte werden im Unbewussten gelöst oder auf die lange Bank geschoben. Entscheidungen werden zunehmend schwieriger, wenn es nicht gelingt, zwischen echtem Idealismus und Betrug, zwischen Wunschvorstellung und Realität zu unterscheiden. Dazu kommt eine erhöhte Suchtneigung. Wenn man seine Kraft nicht richtig einsetzen kann, verpufft sie im Drogenrausch.

Unter diesem Gestirn verfügt man plötzlich über gewaltige Energien, die bislang durch das Unterbewusstsein blockiert wurden. Man kann sehr gut Hochleistungssport betreiben, besonders Laufen und Schwimmen. Musik und Tanz sind weitere Möglichkeiten, die eigenen Energie ungehemmt ins Fließen zu bringen. Im Berufsleben kann man jetzt zum verklemmten Spießer werden, der seine geheimen Leidenschaften nur noch versteckt auslebt. Und dem man genau dies ansieht.

Oder man findet Betätigungsfelder, die der eigenen Tatkraft keine Grenzen mehr setzen. Das kann die Seefahrt sein, die Welt der Kunst und Musik, der Film, eventuell Medizin und Heilkunst.

Aber unter diesem Gestirn kann man auch sehr gut mal als Bauarbeiter arbeiten. Draußen in der freien Natur. Schon morgens um sieben das erste Bier. Ständig von Chaos umgeben. Bis zur Erschöpfung arbeiten. Wie im Rausch. Besoffen mit den Kumpeln Lieder singen. Mit der verklecksten Kleidung wie ein Räuber daherkommen. Den Weibern nachpfeifen. Und wenn der Bau dann fertig ist, weiterziehen zum nächsten Platz. Ein Zigeunerleben. Immer an der freien Natur.

Neptun tr Mars □ ☍

Schlamperei

Neptuns Spannungstransite zu Mars bringen den normalen Ablauf von Produktion- und Fertigungsprozessen durcheinander. Unsicherheit und Unklarheit in Entscheidungsprozessen führt zu Missverständnissen. Seelische Ängste können die Aktivität lähmen. Hüten Sie sich vor Mehrdeutigkeiten, die Konflikte heraufbeschwören. Achten Sie auch darauf, wirklich klare Entscheidungen zu treffen.

Vordergründige Aktivitätsmuster lösen sich auf. Ein neues Selbstverständnis soll sich entwickeln. Aber das ist nicht leicht. Bei diesem Aspekt erlebt man eine gewisse innere Unsicherheit, die lähmt. Und zugleich hat man in der Außenwelt mit Intrigen, Lug und Trug, Suff und Schlamperei zu tun. Die Verlockung, durch einen Gewaltakt Herr der Lage zu werden, ist groß.

Doch viel effektiver ist die sensible Abstimmung aller Tätigkeiten. Ziel sollte es sein, Hand in Hand zu arbeiten. Was dann immer noch stört, sollte aus dem Produktionsprozess ausgegliedert werden.

Neptun tr Mars ⚹ △

Schleichwege

Neptuns harmonische Transite zu Mars begünstigen alle künstlerischen Aktivitäten. Aber im Grunde kann in dieser Zeit alles, was man tut, zum Kunstwerk werden. Sie entwickeln eine Liebe zum Detail, zur Form und Gestaltung - und dies nicht im herkömmlichen, intellektuell-ästhetischen Sinne.

Was Sie tun, oder vielmehr: Wie Sie etwas tun, berührt die Menschen auf einer tieferen Ebene. Auch können Sie in dieser Zeit Ihr eigenes Ding viel ungestörter durchziehen als sonst.

Sie finden Hilfsmittel und Umwege, Tricks und Nischen, in denen Sie außerhalb des Zugriffs dritter herumbasteln können. Es ist so, als ob man eine Tarnkappe trägt. Niemand erkennt einen.

Dieser Aspekt macht es Kriminellen leicht, inmitten der Gesellschaft zu leben. Sie werden jetzt eventuell mit solchen Leuten am Rande zu tun haben. Die Probleme kommen dann später. Halten Sie Abstand! Nutzen Sie lieber die halblegalen Methoden, die stillschweigend von unserer Gesellschaft geduldet werden. Jeder trickst hier und da ein wenig, um zu überleben. Das ist schon ganz OK so.

Neptun tr Jupiter ☌

Vertrauensseligkeit

Wenn Neptun im Transit über Jupiter geht, weiß man auf einmal nicht mehr, wem und was man Vertrauen soll und kann. Die Bandbreite des möglichen Verhaltens reicht von naivem Alles-wird-gut-Denken über positives Denken (Ein Optimist ist, wer Linsen sät, um Fotoapparate zu ernten) und Zweckskeptizismus (Das wird bös enden) bis hin zu Visionen á la Walt Disney, der mit seinen Zeichentrick-Fantasien einen Weltkonzern aufbaute.

Grenzenlos ist die Welt der Ideen. Sie sind offen für Weltanschauungen aller Art, besonders aus dem asiatischen Bereich, können sich mit der Kultur der Naturvölker befassen. Vielleicht möchten Sie jetzt auch ganz gerne auf eine Reise über den Ozean gehen oder sich weiterbilden in Richtung Ökologie und Naturheilkunde.

Achten Sie darauf, nicht den falschen Menschen Vertrauen zu schenken. Schauen Sie genau hin. Und wenn Sie ein wirklich gutes Gefühl haben, dann lassen Sie sich ruhig auch auf Experimente ein.

Neptun tr Jupiter □ ☍

Richtungslos

Neptuns harte Transite zum Jupiter können eine ganze Reihe von Problemen mit sich bringen, je nachdem, wie sehr man auf Kooperation angewiesen ist und welchen Stellenwert das Zwischenmenschliche hat. Vertrauen kann sich in nichts auflösen, wenn unausgesprochene Arrangements nicht eingehalten werden. Hochmut und Heimlichtuerei verletzen zu tiefst. Stück für Stück kann man im Koordinatensystem menschlicher Beziehungen die Orientierung verlieren.

Seien Sie jetzt sehr vorsichtig bei Spekulationen. Machen Sie sich keine falschen Hoffnungen. Diese Lebensphase ist günstig, um nach dem Sinn des Lebens zu suchen. Man kann seelisch und künstlerisch außergewöhnliche Erfahrungen machen. Im praktischen Berufsalltag ist diese Experimentierfreude allerdings wenig vorteilhaft.

Neptun tr Jupiter ⚹ △

Mit dem Strom

Bei harmonischen Transit-Aspekten Neptuns zum Jupiter können Sie schnell Vertrauen schaffen und erkennen intuitiv, wie ehrlich ein Mensch tatsächlich ist. Sie finden Mittel und Wege, jenseits aller Verträge und bindenden Absprachen Dinge doch noch zu ermöglichen. Gerade große Veranstaltungen aus dem Sport- und Musikbereich sowie das ganze Kongresswesen verlangen nach Menschen, die sich in den großen Strom einfügen, Pingeligkeiten vergessen, unkonventionell Problem lösen. Ferne bietet dieser Planetenaspekt sehr gute Möglichkeiten im Hotelgewerbe, im Kongressbereich, bei Public Relation und Promotion sowie auf dem Reisesektor. Sie schwimmen innerseelisch mit dem Strom. Warum sollten Sie dem nicht durch einen Job auf einem Ozeandampfer einen äußeren Ausdruck verleihen?

Neptun tr Saturn ☌

Respektlosigkeit

Neptuns Transit über Saturn nimmt Ihnen jeglichen Respekt vor Autoritären. Anderen allerdings auch. Wenn Sie verkrampft an Althergebrachtem und Konventionen festhalten, sehen Sie ganz schön alt aus. Eigentlich schade, denn diese Konstellation bietet alle Chancen zur Verjüngung, innerlich und äußerlich.

Achten Sie darauf, sehr ehrlich und sehr hart sich selbst gegenüber zu sein. Beschäftigen Sie sich mit Selbstverantwortung in allen Lebensbereichen. Täuschungen und Unehrlichkeit können dazu führen, dass sich nicht nur die einengenden, sondern auch die Halt gebenden Strukturen auflösen. Versuchen Sie, ein neues, ehrlicheres Verhältnis zu Autoritäten zu entwickeln.

Bei dieser Konstellation laufen Sie Gefahr, aus der gewohnten Sicherheit eines festen Jobs z.B. bei der Behörde oder einem Großbetrieb herausgeworfen werden. Zugleich kommen Sie mit Institutionen in Kontakt, die Musik, Fantasie, Nächstenliebe, Sozialarbeit oder Spiritualität professionell betreiben. Dort könnten Sie in der Karriereleiter aufsteigen und zugleich einen Regenerations- und Verjüngungsprozess durchleben.

Neptun tr Saturn □ ☍

Desillusionierung

Bei Neptuns harten Transiten zu Saturn werden ungewöhnliche musische, ökologische oder feinsinnige Projekte verwirklicht. Unrealisierbare Traumgespinste hingegen platzen endgültig. Vordergründige, scheinbar fest gefügte Strukturen lösen sich auf. Die Hintergründe werden sichtbar. Soziale Kälte tritt hervor. Das ist das Ende aller Illusionen. Somit wäre die Basis für einen realistischen Neuanfang geschaffen.

Bedenken Sie, dass Enttäuschung nur auf Grundlage langjähriger Täuschung geschehen kann. Wenn man unter dem Deckmäntelchen der sozialen Nächstenliebe oder weltweiter Verbrüderung sein eigenes Süppchen kocht, dann werden andere das auslöffeln – oder schlimmstenfalls man selbst.

Viele Menschen, die gesellschaftliche Realitäten wie beispielsweise die Härte der Arbeitswelt oder den gnadenlosen Konkurrenzkampf der weltweiten Märkte bislang ignorierten, werden in dieser Zeit wirklich leiden. Ihnen sei der Mut jener gegönnt, die sich schon lange Zeit abmühen und nun feststellen, dass ihre Zähigkeit belohnt wird.

Wer gelernt hat, mit Entbehrungen auszukommen, wer schon immer bereit war, für seinen Idealismus Opfer zu bringen, gehört nun zu den Gewinnern.

Neptun ^{tr} Saturn ⚹ △

Verwirklichung

Neptuns harmonische Transite zu Saturn helfen uns, dass Träume wahr werden. Dies ist das Prinzip der Bausparkasse: Man pflegt die Vision vom Leben in den eigenen vier Wänden, möglichst im Grünen, damit die Kinder ungestört spielen können. Und dafür besteht die Bereitschaft, sehr viele Abstriche zu machen und lange zu arbeiten.

Zur Verwirklichung Ihrer Ziele können Sie auf ungewöhnliche Mittel zurückgreifen. Ein siebter Sinn hilft Ihnen weiter, wenn Sie an scheinbar unüberwindliche Grenzen gelangen. Vielleicht ergattern Sie einen ruhigen, aber komfortablen und sicheren Job.

Oder jemand bietet Ihnen ein Geschäft in ungewöhnlich guter Lage an. Sie tun eine Marktlücke auf.

Was auch immer es ist: Seien Sie bescheiden genug, um die Chance mit beiden Händen zu ergreifen!

Neptun ^{tr} Uranus ☌

Alles ist möglich

Neptuns Transit über Uranus findet bei Menschen, die im 20. oder frühen 21. Jahrhundert geboren sind, erst in sehr hohem Alter statt. Wenn Sie dann noch in der Lage sind, sich beruflich zu betätigen, dann können Sie praktisch alles annehmen. Ihr hohes Lebensalter ist Qualifikation genug!

Neptun ^{tr} Uranus □ ☍

Künstlernatur

Neptuns Spannungsaspekte im Transit zu Uranus bringen ein Unmaß an verlockenden Möglichkeiten - und die Unfähigkeit, all dies wirklich zu realisieren. Wenn es Ihnen jetzt gelingt, auch nur ein einziges Projekt komplett durchzustehen, dann ist das mehr als genug.

Verschiedenste Umwelteinflüsse, Sinneseindrücke, Signale überfordern Körper und Psyche, zwingen zu innerer Ruhe. Träume von Freiheit, die immer wieder von der Realität eingeholt werden.

Achten Sie darauf, wieder mehr Distanz herzustellen. Reinigen Sie in der Abgeschiedenheit Ihre Sinne. So lässt sich dieser Zustand der permanenten Verwirrung einigermaßen in der Griff bekommen und eine Zeit der geistigen Kreativität kann anbrechen.

Neptun tr Uranus ⚹ △

Ganzheitsdenken

Neptuns sanfte Transite zu Uranus bringen große Sensibilität und starkes Ahnungsvermögen. Das fördert die Kreativität, verbindet Natur und Kultur, Mythos und Technik. Ihnen steht eine große Menge an Sensibilität zur Verfügung. Auf ungewöhnliche Art und Weise kommen Sie in Kontakt mit progressiven Gesellschaftsströmungen in Kontakt.

Auch bei diesem positiven Aspekt werden Sie mit Reizen und Möglichkeiten überflutet. Aber es kann Ihnen eventuell gelingen, das alles zu einem sinnvollen Ganzen zusammenzufügen. Delegieren Sie möglichst viele Aufgaben an andere. Suchen Sie sich eine Tätigkeit in einem global operierenden Unternehmen. Oder arbeiten Sie in der Öko-Bewegung. Auch ehrenamtliche Tätigkeit wird jetzt sehr viel innere Erfüllung bringen.

Neptun tr Neptun ☌

Methusalem

Der Transitaspekt Neptun Konjunktion Neptun existiert nur bei der Geburt eines Menschen und nach circa 160 Jahren.

Wenn Sie dieses Alter wirklich erreicht haben, sollten Sie schleunigst die Literatur- und Filmrechte an Ihrer Biografie durch Ihren Agenten verkaufen lassen und den Profit Ihren Urururenkel im Testament vermachen. Die werden es Ihnen danken und damit vermutlich steinreich werden. Gesundheit und ein langes Leben!

Neptun ᵗʳ Neptun □ ☍

Unerfüllt

Neptuns Spannungsaspekte im Transit zur Radixposition lassen uns über unsere grundlegenden Lebensmotive nachdenken. Grund dafür dürften schleichende Veränderungen sein, merkwürdige Umstände oder Verwirrung.

Es ist aber auch eine poetische Zeit. Man kann ungewöhnliche Freundschaften erleben. Eine überaus starke Sensibilität und Empfindsamkeit macht deutlich, welche Wünsche das Leben bislang noch nicht erfüllte und welche vielleicht nie erfüllt werden können. Wenn man all dies mit realistischen Augen sieht, wird man sich ans Werk machen. Entweder bietet der Job Möglichkeiten, auch dies zu leben, oder man schafft sich Freiräume neben der Arbeit, in denen dieses zusätzliche Plus an Erfüllung gelebt werden kann.

Neptun ᵗʳ Neptun ⚹ △

Kein Stress

Die harmonischen Transitaspekte Neptuns zu seiner Geburtsposition markieren Lebensabschnitte, in denen man ohne Zwang und Druck den Bedürfnissen der Seele nachkommt. Man merkt dies oft nur daran, dass gar nichts schlimmes passiert, dass man ausnahmsweise nicht ins Visier des Chefs gerät, das die unangenehmsten Arbeiten an einem vorbei gehen und dass ausnahmsweise mal kein Stress in der Firma ist.

Im schon fortgeschrittenen Alter markiert dieser Zeitraum eine Phase, in der es einem leicht fallen kann, sich aus dem aktiv-dynamischen Handeln zurückzuziehen, hinein in eine eher kontemplative, schauendbegreifende Lebensweise.

Das positive Potenzial dieser Zeitphase erleben besonders diejenigen Zeitgenossen, die ständig unter Strom stehend ihr großes Ding verwirklichen wollen, die Hürdenläufer und Sisyphusarbeiter, die nicht ablassen von einem schier unmöglichen Projekt. Diese verschrobenen Zeitgenossen, die oft zu den Verlierern gehören, manchmal aber auch zu den gefeierten Erfindern und Nobelpreisträgern, werden es genießen, dass Ihnen das Schicksal jetzt ein paar Steine weniger vor die Füße legt.

Neptun ^{tr} Pluto ☌

Nachrechnen!

Wenn Sie den Transit Neptuns über den Radix-Pluto gedeutet haben wollen, dann leben Sie entweder in der fernen Zukunft des 24. Jahrhunderts nach Christi Geburt, in dem es wahrscheinlich sowieso keine Berufe im herkömmlichen Sinne mehr gibt, oder haben Sie die Zahlen beider Horoskopberechnung durcheinandergebracht. Im Zweifelsfall bitte noch einmal zurück auf Los!

Neptun ^{tr} Pluto □ ☍

Subtile Wandlung

Wenn der Transit-Neptun in Spannung zu Pluto steht, fällt es einem sehr schwer, die eigenen Vorstellungen durchsetzen und auf die eigenen Rechte zu pochen. Man kann seine eigene Meinung nicht so kraftvoll wie gewohnt vertreten. Doch im Grunde ist man nur dort unsicher, wo man sowieso immer nur geschauspielert hat. Denken Sie jetzt darüber nach, was tatsächlich wichtig ist, welche Vorstellungen wirklich der Weiterentwicklung Ihrer Persönlichkeit dienen. Neue und vor allem alternative Konzepte werden gebraucht. Lassen Sie sich aber genug Zeit, um innerlich zu reifen. Solange dieser Transit aktuell ist, wird von vorschnellem Handeln abgeraten.

Neptun tr Pluto ⚹ △

Farbig denken

Neptuns sanfte Transite zu Pluto bringt einen konstruktiven Austausch zwischen den hellen und dunklen Seiten der Psyche, zwischen Mystik und Magie, Engeln und Teufeln. Endlich kommt man mal ohne Schwarz-Weiß-Denken aus. Viel leichter als sonst können Sie jetzt auch mit sogenannten Bösewichtern der Gesellschaft zurechtkommen.

Und Sie werden auch hier und da entdecken, dass Sie sich geirrt haben und Ihren eigenen Spukbildern aufgesessen sind. Sie haben das rechte Feingefühl, sodass - bildhaft gesprochen - sogar ein reißender Wolf ganz zahm aus Ihrer Hand fressen würde. Eigentlich eine ganz gute Konstellation, um karrieremäßig mal etwas zu wagen, oder?

Neptun tr Aszendent ☌

Tarnkappe

Bei Neptuns Transit über den Aszendenten werden einem auf einmal Dinge wichtig, die vollkommen außerhalb der normalen Geschäftswelt liegen. Es ist fatal, jetzt in althergebrachten Arbeitstrott zu verfallen und die innere Stimme zu unterdrücken. Die Folgen wären Chaos, unsicheres Auftreten, wirre oder gar keine Entscheidungen, somatisieren bis hin zur Arbeitsunfähigkeit. Lassen Sie sich aber gesagt sein: Die beste Krankheit taugt nichts!

Such Sie lieber nach Alternativen zum gängigen Weg. Kleiden Sie sich so, wie es Ihrer augenblicklichen Stimmung entspricht. Und wenn Sie sich verkriechen wollen, dann setzen Sie morgens halt Ihre Tarnkappe auf: das kleine Graue oder den gedeckten Zweiteiler.

Spielen Sie den Angepassten, seien Sie es aber nicht. Im Gegenteil. Es tut jetzt gut, sich abends in Jazzkneipen herumzudrücken, sich beruflich mehr als notwendig in Künstlerkreisen zu bewegen, vielleicht als

Sozialarbeiter für Alkoholiker am Hauptbahnhof zu arbeiten, möglicherweise auch als Bademeister am Strand von Barbados - oder doch lieber als Seelentröster für tablettenabhängige Witwer oder Witwen der oberen Klasse?

Sie werden mit den ungewöhnlichsten Menschen zusammentreffen. Und irgendwann finden Sie dann auch selbst zu ihrem neuen, ganz anderen Arbeits- und Lebensstil.

Neptun ^{tr} Aszendent □ ☍

Konfliktvermeidungsstrategien

Mit Neptun im harten Transitaspekt zum Aszendenten fragen Sie sich permanent, wie man sanft, mühelos und gewaltfrei mit einander auskommen könnte.

Wenn man Ihre Gutmütigkeit dann wieder und wieder nach Strich und Faden ausgenutzt hat, flippen Sie womöglich vollkommen aus. Dann kommt die Entschuldigung. Und alles geht wieder von vorne los.

Ziehen Sie sich in dieser Zeit am besten ab und zu vollkommen von der Außenwelt zurück. Überlegen Sie sich mal, was Sie selbst eigentlich wollen. Und was Sie von ihren Mitmenschen eigentlich wirklich erwarten. Eine große Sensibilität kann bei zu spontanen Entscheidungen störend wirken. Phasen der Ruhe und inneren Klärung sind deshalb notwendig.

Aber Sie müssen auch lernen, sich wehrhafter zu zeigen. Lernen Sie also ruhig auch das Knurren und Beißen. Um Konflikte zu vermeiden, sollten sie Konflikte suchen. Schlechten Menschen geht es immer gut. Haben Sie sich dieses Negativimage erst einmal geschaffen, wird man Sie automatisch in Frieden lassen. Und das war Ihr erklärtes Ziel.

Neptun tr Aszendent ⚹ △

Rücksicht

Neptuns harmonische Transite zum Aszendenten machen es Ihnen leicht, anderen Menschen ihren Willen aufzuzwingen. Die merken das nicht einmal! Schließlich gehen Sie so sanft und einfühlsam vor, dass man Sie für den rücksichtsvollsten Menschen der Welt halten.

Mit persönlichem Charme, Taktgefühl und einer gewissen musikalischen Ader öffnen sich Ihnen jetzt alle Türen. Das können Sie für Betrügereien, Drogenhandel, Lug und Trug nutzen. Langfristig bauen Sie sich damit jedoch nur negative Hypotheken auf. Wer den Überziehungskredit des Lebens bis über alle Maßen ausnutzt, dem sperrt das Leben zeitweilig das Konto. Und man ist vom Geschäftsverkehr ausgeschlossen.

Klug ist es, in solchen Zeiten die Energie in soziale, ökologische oder künstlerischen Projekte zu stecken. Sie können Ihre Energie ungehemmt einsetzen, haben Erfolg und wissen zudem noch, dass all dies einer guten Sache dient. Das Leben wird es Ihnen danken!

Neptun tr Medium Coeli ☌

Menschenführung

Mit Neptun über dem Medium Coeli ändert sich Ihre Vorstellung davon, was ein guter Chef ist, fast unmerklich, aber letztendlich doch radikal. Sie könnten jetzt ungeheuer enttäuscht sein von großen Vorbildern, zu denen Sie bislang voll Ehrfurcht aufschauten. Und andere, die bislang klein und unwichtig erschienen, erheben Sie zum Ideal.

Es wird eine Zeit dauern, bevor Sie den menschlichen Faktor in der Personalführung mit all seinen Konsequenzen, Paradoxien, Eigenarten und Verschwiemeltheiten erkannt haben.

Sie müssen die Leute lieben lernen. So wie sie sind. Dann können Sie gestalten. Dann frisst man Ihnen aus der Hand. Dann ärgern Sie sich nicht mehr über neurotische oder sonst wie unfähige Führungskräfte. Denn nun sind in Ihnen selbst Managementfähigkeiten aufgekeimt. Der nächste freie Posten in der Chefetage ist der Ihrige!

Neptun tr Medium Coeli □ ☍

Irrungen und Wirrungen

Mit dem Transit-Neptun im Spannungsaspekt zum MC macht man keine Karriere. Jedenfalls nicht auf dem vorgegebenen Beförderungsweg. Im Gegenteil. Es kann vorkommen, dass jetzt mehr denn je schief läuft. Es ist eine Zeit des Lernens, der langsamen, mühevollen Verbesserungen und der unerwarteten Rückschläge.

Gehen Sie jetzt unbedingt äußerst sensibel auf Probleme im beruflichen und auch privaten Sektor ein, entwickeln Sie alternative Strukturen, vermeiden Sie jede weitere Selbsttäuschung, geben Sie sich keinen Wunschträumen hin. Versuchen Sie jetzt, im Geschäft eine soziale und ökologisch orientierte Umstrukturierung zu erwirken. Entwickeln Sie Alternativen in der Produktion. Die alten Strukturen werden auf Dauer nicht mehr die gewünschte Stabilität bringen.

Investieren Sie in das Humanpotenzial. Verwirklichen Sie Ihre Vision vom menschlichen Arbeitsplatz. Aber bitte keine hochgesteckten Ideale. Nur das Machbare zählt!

Neptun tr Medium Coeli ⚹ △

Ganz leicht nach oben

Neptuns weiche Transite zum Medium Coeli versetzen Sie in die Lage, auf eine sanfte und scheinbare mühelose Art und Weise beruflich Karriere zu machen.

Man muss allerdings einen Blick für die kleinen Dinge des Lebens entwickeln, für die sich nur ganz sanft anbietenden Nischen und Lücken, Vergünstigungen und Ausnahmesituationen, für das stillschweigende Dulden und Augenzwinkern.

Es bieten sich interessante Alternativen. Aber sie drängen sich nicht auf. Es ist möglich, dass man in dieser Zeit vollkommen problemlos am Arbeitsplatz schläft, zu spät kommt und zu Ausgleich dafür umso früher geht, ganz nach dem Motto: Wer nicht arbeitet, der soll wenigstens gut essen. Und möglicherweise gehen sie mit dem Chef jetzt auch hin und wieder einen trinken. Wenn Sie jetzt in einer Brauerei als Gabelstaplerfahrer arbeiten, haben Sie schon morgens um sieben einen im Tee. Da fährt es sich in der Kurve ganz besonders gut. Doch auf diese Weise verballern Sie nur kosmische Chancen, die derzeit wirklich gewaltig sind.

Wenn Sie wissen, was Sie wollen, dann machen Sie jetzt ganz gezielt Karriere. Stocknüchtern und in der Position des Vorarbeiters Chef aller Gabelstaplerfahrer: Wäre das nicht wahrhaft erstrebenswert?

Zyklen des Pluto

♇

Powerplay, Intensität, Reorganisation

Pluto zählt wie Uranus und Neptun zu den sogenannten Transsaturniern. Seine Bahn verläuft weit außerhalb des Saturn, dem äußersten der mit dem bloßen Auge noch erkennbaren Planeten. Man zählt Pluto zu den kollektiven, außerpersönlichen Kräften, die nicht mehr durch das Individuum direkt erfassbar oder beeinflussbar sind.

So sieht es zumindest die spirituelle oder tiefenpsychologische Astrologie. Die sogenannte Vulgärastrologie hingegen verteufelt Pluto. Er bringt nach herkömmlicher Meinung Tod und Verderben. Unter Uranus zerbricht alles, Neptun steht für Lug und Trug. Damit bekommen alle drei Planeten etwas Schicksalhaftes. Und das ist erstens unpraktisch und zweitens für Menschen, die aktiv im Berufs- und Geschäftsleben stehen, ein vollkommen unbrauchbarer Ansatz.

Nehmen wir als Beispiel die moderne Medienwelt. Die ganze elektronische Technologie, die für Telefon, Internet oder Fernsehen überhaupt erst ermöglicht, wird dem Uranus zugeordnet. Dieser Planet ist kühl und neutral, sorgt für die Beschleunigung und Übertragung von Information, welcher Art auch immer sie sei. Neptun steht in diesem Beispiel für die emotionalen Inhalte, die übertragen werden. Von ihm hängt es ab, ob man des Abends vor dem Fernsehen beim Liebesfilm heult oder lacht. Die uranische Technik selbst sorgt nur dafür, dass das Bild selbst nicht wackelt.

Und Pluto? Er klassische Gott der Unterwelt sorgt für die Finanzierung des Fernsehsenders, die Organisation des Kabelnetzes, die Programmgestaltung, die politische Aussage der Nachrichtensendungen etc. Natürlich macht Pluto dieses alles nicht selbst. Er ist ja nur ein weit entfernter Planet, erst Mitte des 20. Jahrhunderts entdeckt. Aber an seiner seit Entstehung der Erde stets gleichbleibenden Bahn im Sonnensystem mit ihren verschiedenen Winkelverbindungen zu den Planeten lässt sich nach Auffassung der Astrologen vieles von dem ablesen, was schon die alten Römer Plutokratie nannten: Geldherrschaft. Und somit kommen wir zu den Themen Powerplay (Machtspiele), Intensität, Bankrott und Reorganisation.

Die Prinzipien von Stirb und Werde zeigen sich in der Wirtschaft u.a. bei Firmenfusionen, Zusammenbrüchen und Neugründungen. Selbst als kleiner Angestellter bleibt man davon nicht verschont. Im Gegenteil: Setzen die Banken als Hauptgläubiger eine Firma unter Sparzwang, kann es zu Entlassungen kommen. Der ganze Druck innerhalb der Belegschaft pflanzt sich immer weiter nach unten fort. Mobbing von Kollege zu Kollege ist die Folge. Wer die anderen aus dem Nest stößt, kann selber drin bleiben. Solche psychologischen Machtspiele sind durchschaubar. Selbst wenn man vom Typ her nicht gern an Machtspielen teilnimmt, sollte man doch darum wissen.

Pluto im Geburtshoroskop zeigt, wie wir als Einzelperson mit größeren Geld- und Machtstrukturen verbunden sind. Die Transitaspekte des laufenden Pluto durch die Radix-Häuser geben Hinweise darauf, wo ganz aktuell Powerplay angesagt ist. Wir können uns gegen den äußeren Druck wehren, indem wir selbst in diesem Lebensbereich eine größere, geistige Intensität entwickeln.

Ein Häusertransit dauert weit mehr als ein Jahrzehnt. Wir haben also Zeit genug, um unsere diesbezüglichen Qualitäten zu entwickeln. Plutos Transitaspekte zu einzelnen Radixfaktoren wirken meistens etwa ein Jahr. Wir werden dies als unterschwelligen Druck wahrnehmen, als Zwang zur Reorganisation. Im Berufsleben haben wir allerdings auch genau durch diese Pluto-Transite die Chance, in die Königsklasse aufzusteigen. Dabei müssen wir nicht unbedingt selbst Mobbing oder Powerplay gegen unsere Arbeitskollegen einzusetzen.

Wir müssen nur in dem Bereich, in dem Pluto steht, sehr genau wissen, was wir wollen.

Pluto tr Haus I.

Wo die Angst ist, da gehts lang

In diesen Jahren werden Sie immer wieder in Machtkämpfe verwickelt, auch wenn Sie das scheinbar gar nicht wollen. Warum ausgerechnet Sie? Wo Sie doch sonst immer so brav und schüchtern waren?

Diese Lebensphase ist nun ein für alle Mal vorbei. An die Wand lassen Sie sich nicht mehr drücken. Ganz erstaunlich, mit welchen Menschen Sie es jetzt zu tun bekommen. Viele werden Ihnen Angst machen, zumindest auf den ersten Blick. Mit der Zeit stellen Sie jedoch fest, dass die Mächtigsten der Mächtigen auch nur Menschen sind. Und Sie lernen die Macht der Ichdurchsetzung kennen.

Eigentlich ist es ja ganz einfach: Wenn man vor einem Hund Angst hat und wegläuft, macht das den Köter erst recht mutig. Bleibt man hingegen stehen und schaut das Tier fest in die Augen, kommt es allein durch die Kraft des Blickes zur Räson. Ganz ähnlich laufen die Machtspiele unter den Menschen. Spielen Sie mit. Werden Sie ein guter Spieler! Aber werden Sie nicht spielsüchtig. Wenn sie erst einmal gelernt haben, sich von anderen nicht unterdrücken zu lassen (und auch selbst alle diesbezüglichen Ambitionen vergessen), dann können Sie aus dem Teufelskreis aussteigen.

Pluto im ersten Haus bringt meistens eine lange Zeit der Umwälzungen. Das eigene Selbstbild wandelt sich. Nicht nur, dass man lernt, sich im Berufsleben durchzusetzen. Oft kommt man auch mit Firmen in Kontakt, welche die Massen begeistern und beeinflussen. Oder man spürt, welch krumme Geschäfte manchmal notwendig sind, um Erfolg auf dem Markt zu haben. Sie werden manchmal nicht umhinkommen, sich schuldig zu machen oder zumindest zum Mitwisser. Manchmal entsteht in solchen Phasen das Gefühl, einen Pakt mit dem Teufel geschlossen zu haben. Aber wer ist eigentlich der Teufel? Kämpfen Sie nicht gegen ihren eigenen Schatten! Macht ist per se nicht schlecht. Es fragt sich nur, wofür man sie einsetzt. Im Grunde verlangt niemand von Ihnen, dass Sie sich korrumpieren lassen.

Wichtig ist, dass sie in diesen Jahren weit mehr Initiativkraft entwickeln, als jemals zuvor. Sie können andere für neue Vorhaben begeistern. Sie können längst überfällige Reformen er Firma einleiten. Sie stecken den Finger in die Wunde. Unter Ihrer Leitung werden neue Ressourcen frei, werde neue Märkte erobert. Möglicherweise kommen Sie mit Unternehmen in Berührung, die kurz vor dem Konkurs stehen. Und möglicherweise sind genau Sie es, der die notwendigen Umwälzungen in Gang bringt, um den drohenden Zusammenbruch doch noch abzuwenden.

Bei alledem sollten sie auch an sich selbst denken. Bemühen Sie sich, an Ihrer eigenen Persönlichkeit grundlegend etwas zu verändern. Man wird es an Ihrem Äußeren merken. Sie häuten sich wie eine Schlange. Die Regenerationskraft ist enorm. In dieser Phase werden Sie früher oder später mehr Kontrolle über Ihr Leben bekommen. Ganz bestimmt. Und ihre Angst vor kleinen Hunden werden Sie auch noch verlieren!

Pluto tr Haus II.

Geld muss fließen

Wenn Sie bislang geglaubt haben, niemand könne Ihnen in Gelddingen wirklich reinreden, dann werden Sie jetzt eines besseren belehrt. Dauernd steckt jemand seine Nase in Ihren Geldbeutel!

Das können Sie ganz direkt verstehen oder im übertragenen Sinne. Im Geschäftsleben erfährt man nun überdeutlich die wirtschaftliche Verzahnung mit der Außenwelt. Wem gehört die Firma eigentlich - vielleicht schon der Bank? Und wem gehören Sie? Voll Schrecken kann man feststellen, dass man sich mit Leib und Seele an den Teufel verkauft hat - und nicht nur all sein Geld ausgegeben hat, sondern auch das der anderen. Die lassen so etwas nicht ungestraft zu.

Das Wort Schuld bekommt auf einmal einen ganz anderen Klang. Sie können das rein finanziell und zugleich auch seelisch deuten. Wenn Pluto über mehrere Jahre hinweg das zweite Haus durchquert, wird man erfahren, was es bedeutet, mit anderen Menschen finanziell verflochten zu sein, durch Dick und dünn. Besitz ist Macht. Mit Geld kann man Menschen kaufen. Plutokratie. Extreme in Gewinn und Verlust. Und Sie werden sich fragen, ob dieses Spiel denn nie aufhört. Finanzieller Zusammenbruch ist möglich. Reorganisation auch. Und Sie werden erfahren, wie viel Sie eigentlich in den Augen anderer Wert sind.

Möglicherweise wird man Sie bis auf die Knochen ausbeuten. Dann fühlen Sie sich letztendlich als Arbeitssklave, den man nicht kündigen, sondern nur noch verkaufen kann. Mit der Zeit kann Ihnen dieses Spiel auch Spaß machen. Wenn Sie nur seine Regeln besser verstehen. Und wenn Sie es bloß nicht so wichtig nehmen würden!!!

Befreien Sie sich von materiellem Ballast. Verkaufen Sie, was Sie sowieso nicht mehr brauchen. Beteiligen Sie sich an Projekten dritter, die finanzielle Erfolge bringen! Und lernen Sie, sich selbst geschickt anzupreisen. Seien Sie ihr eigener Börsenmakler - und die Aktie sind Sie selbst! Wenn diese mehrjährige Phase vorbei ist, werden Sie verstehen, dass materielle Werte an sich nicht statische sind. Geld muss fließen. Und Sie müssen nur zusehen, dass sie mitten drin sind in diesem Strom von Energie.

Hüten Sie sich in diesen Jahren vor schmutzigen Geschäften, denn das würde sich rächen. Aber lösen sie sich auch von überkommenen Moralvorstellungen, legen Sie falsche Verklemmtheiten ab. Pecunia non olet - Geld stinkt nicht. Das wussten schon die alten Römer.

Pluto ^{tr} Haus III.

Der Kommunikator

Ist Ihnen schon als Kind von Ihren Geschwistern das Wort abgeschnitten worden? Mussten Sie Schweigegelübde ablegen? Trauten Sie sich nicht, ganz bestimmte Wahrheiten auszusprechen?

Nun, all das wird Ihnen in der mehrjährigen Phase, in der Pluto ihr drittes Horoskophaus durchmisst, wahrscheinlich wieder passieren. Doch diesmal sind es die Kollegen, die Sie nicht ausreden lassen. Firmengeheimnisse müssen bewahrt werden. Chefs werden Ihnen über den Mund fahren. Kunden werden Ihnen Worte in den Mund legen, die Sie niemals gesagt haben. Informationen verschwinden. Und worum es wirklich geht, erfahren Sie als letzter. Zu alledem wird man Ihnen noch dominantes Verhalten vorwerfen. Angeblich lassen Sie bei Unterhaltungen niemanden wirklich zu Wort kommen.

Wenn Sie sich getraut haben, bis hierher weiterzulesen, dann liegt es an Ihrer Neugierde. Und genau die wird Sie vorantreiben. Sie werden mehr wissen wollen über Manipulation durch Schrift und Sprache. Zu oft hat man Sie schon angelogen und durch geschickte Formulierungen aufs Glatteis geführt. Sind Sie eigentlich selbst stets ehrlich? Ja? Wenn das mal nicht gelogen ist!

In all den Jahren, in denen Pluto das dritte Haus transitiert, wird man gewollt oder ungewollt zum Meister der Kommunikation. Man analysiert seine eigenen Worte gründlicher und kommuniziert kraftvoller. Es ist jetzt von Vorteil, Marketing- oder Rhetorikseminare zu besuchen. Auch bringt es entscheidende Vorteile, sich der Körpersprache bewusst zu werden. Darüber hinaus lernt man, vernetzt zu denken. Die modernen Kommunikationssysteme werden ständig weiterentwickelt. Hier zeigt sich ein großes Betätigungsfeld.

Übrigens: Auch Betriebsspionage wird astrologisch dieser Zeitphase zugeordnet. Denken Sie mal über Datenschutz und Verschlüsselungscodes nach. Wissen ist Macht. Und die wollen Sie doch nicht völlig den anderen überlassen, oder?

Pluto ^{tr} Haus IV.

Firma als Familienclan

Sie haben mal ein Privatleben gehabt. Spätestens dann, wenn Pluto Ihr drittes Haus transitiert, ist damit Schluss - für mehrere Jahre. Es muss ja nicht gleich so schlimm kommen wie in der Hollywood-Trilogie »Der Pate«. Aber rein zur Inspiration sollten Sie sich jetzt diese Mafia-Familiengeschichte doch mal anschauen.

Natürlich ist in Ihrem Unternehmen alles viel, viel harmloser. Aber ein bisschen Ähnlichkeiten gibt es schon. (Um ehrlich zu sein: Ein bisschen zu viel Ähnlichkeiten!)

Seien Sie jetzt äußerst misstrauisch, wenn Sie hören, der Betrieb sei wie eine große Familie. Möchten Sie wirklich wieder wie ein Kind behandelt werden? Wollten Sie sich nicht gerade durch den Beruf auch etwas Neues aufbauen, das gänzlich anders ist als damals das Leben daheim bei Papa und Mama?

Familienähnliche Strukturen mit den üblichen Machtkämpfen, wie wir sie aus dem Elternhaus kennen, gibt es nicht nur in kleinen Handwerksbetrieben, sondern auch in Großkonzernen. Auch dort haben Frauen oft viel mehr zu sagen, als es vordergründig den Anschein hat. Machen Sie jetzt bloß nicht den Fehler, die kleine Blonde am Empfang oder die gar die Chefsekretärin zu unterschätzen! Anstatt sich weiterhin um Ihre berufliche Qualifikation zu kümmern, sollten Sie die Bedeutsamkeit von Geschäftsessen erkennen. Besuchen Sie einen Kochkurs, wenn Ihnen Ihre Karriere lieb ist. Lernen Sie, Sushi zu essen und Austern zu schlürfen. Und vergessen Sie bei offiziellen Festessen nie Ihre Magenmittel. Finden Sie heraus, welche Kuchensorte die Chefsekretärin bevorzugt. Oder vielleicht doch besser Pralinen?

Mit der Zeit werden Sie ein gutes Gefühl für Menschen entwickeln. Wie schafft man eine behagliche, vertraute Arbeitsatmosphäre? Noch viel mehr: Wie lässt sich eine Firmenphilosophie kreieren, die den Mitarbeitern Identität gibt, Geborgenheit und Heimat? Jedoch werden Sie persönlich auch erkennen, dass sich wahre Geborgenheit nur im Inneren finden lässt. Jeder Versuch, sich auf Dauer in der Firma zu Hause zu fühlen, wird scheitern. Das Gesetz der Wandlung. Mitarbeiter kommen und gehen. Unternehmen müssen sich anpassen. Märkte verschwinden, andere entstehen neu. Möglicherweise werden Sie in diesen Jahren ihren Arbeitsplatz nach Hause verlagern. Oder Sie setzten eine strikte Trennung von Beruf und Privatleben durch. Auf jeden Fall werden Sie sich und die anderen sehr viel menschlicher betrachten, jenseits aller Schablonen namens Chef, Untergebener, Angestellter, Kollegen oder Sachbearbeiter. Sie werden durch tiefe Gefühle gehen. Gemeinsam.

Pluto [tr] Haus V.

Die große Show

Wahrscheinlich werden Sie während dieser langjährigen Phase, in der Pluto durch Ihr fünftes Haus geht, der festen Überzeugung sein, dass niemand, aber auch absolut niemand will, dass Sie sich wirklich glücklich sind. Möglicherweise haben Sie sogar recht.

Bloß nützt Ihnen das nichts. Sie werden versuchen, das Glück erzwingen. Mit aller Macht. Wer sich Ihrem Kommando nicht unterwirft, wird zum Todfeind erklärt, zumindest innerlich. Manche Leute nennen Sie hinter vorgehaltener Hand schon längst Despot, Einzelgänger oder Fanatiker. Sie selbst sehen das natürlich ganz anders. Eigentlich wollen Sie sich jetzt nur selbst verwirklichen. Ihre Ideen sind genial. Die Firma braucht solch kraftvolle Führungspersönlichkeiten, wie Sie es sind! Schließlich sind Sie bereit, für Ihr eigenen Ideen alles zu geben. Überstunden? Kein Problem. Arbeiten bis zum Umfallen? Selbstverständlich. Wie kam man bloß so lange ohne Sie aus? Eigentlich unvorstellbar.

Irgendwann werden Sie vielleicht realisieren, dass Sie Kraft verschwenden, dass vieles leichter wäre mit ein wenig mehr an Rücksichtnahme. Hoffentlich kommt diese Erkenntnis noch vor dem Herzinfarkt. Wird schon nicht so schlimm werden? Wenn Pluto das fünfte Haus transitiert, kann man gewaltiges vollbringen. Man hat eine stark erotische Ausstrahlung, erschließt verborgene Quellen der Kreativität. Doch man geht auch weit über die eigenen Grenzen und die der anderen hinaus. Und nach dem Motto »Wer nicht für mich ist, ist gegen mich« düpiert man den tolerantesten Chef. Heftige Autoritätskämpfe sind die Folge.

Wenn Sie irgendwann in der Lage sind, Ihre eigenen Projekte genauso loszulassen wie eigenen, schon längst groß gewordenen Kinder, dann haben Sie den positiven Wendepunkt erreicht. Auch hilft es in solchen Zeiten ganz enorm, sich selbst nicht so wichtig zu nehmen. Beobachten Sie Ihr eigenes Verhalten. Besuchen Sie einen Managementkurs. Nehmen Sie sich selbst mit der Videokamera auf. Wie wirken Sie auf andere? Unsicher oder bedrohlich? Und ist es wirklich das, was Sie beabsichtigt haben? Optimieren Sie Ihr öffentliches Auftreten!

In dieser Zeit winkt Ihnen in künstlerischen Projekten mehr und mehr der Erfolg. Ihre Persönlichkeit bekommt so etwas wie eine Aura, Charisma, magische Strahlkraft. Möglicherweise animieren Sie andere, in Ihre Fußstapfen zu treten. Wenn Sie es geschickt angehen, steht Ihnen bald eine ganze Menge Geld zur Verfügung. Aber Vorsicht! Sie werden sich auch Feinde machen. Was nützt es Ihnen, wenn Sie der Firma zum Durchbruch verhelfen und Ihnen dann das Projekt von Neidern aus der Hand genommen wird? Es ist Ihr geistiges Kind. Drücken Sie dem Projekt Ihren ganz persönlichen Stempel auf. Aber geben Sie ihm auch die nötige Freiheit. Dann wird es immer wieder gerne zu Ihnen zurückkommen, ihr geistiges Kind. Eine gute Zeit, um sich mal mit Patent- und Urheberrecht zu beschäftigen!

Pluto ^{tr} Haus VI.

Nie mehr buckeln!

In den langen Jahren, in denen Pluto durch Ihr sechstes Horoskophaus geht, können sie jammern, klagen, unter untragbaren Arbeitsverhältnissen leiden, Kränkungen seitens Ihrer Kollegen erleben, darüber Ihre Gesundheit verlieren und den ganzen Spaß am Leben.

Graue Maus im Büro. Hiwi für die gesamte Belegschaft. Ihre Mittagspause bringen Sie damit zu, für die Kollegen Kaffee zu kochen oder Koteletts aus der Kantine zu holen. Fehler werden grundsätzlich Ihnen angelastet. Schuld sind stets Sie. Man wird Sie höchsten mal bedauern. Aber Ihre ewige Nölerei macht Sie auch nicht beliebter. Ihre Karriere dürften Sie abschreiben. Als Zuarbeiter sind Sie gerade noch gut genug. Der Gang zum Betriebspsychologen wird zur Routine. Ihre Fehlzeiten wegen Grippe und anderer Unpässlichkeiten bringen Sie auf die Abschussliste. Doch Sie wagen es nicht, die überheizten Bürofenster im Sommer zu öffnen, wenn die lieben Mitarbeiter anderer Meinung sind.

Befinden Sie in leitender Position, dann stellt sich die Situation schon viel günstiger dar. Untergebene tanzen Ihnen auf der Nase rum. Dienst nach Vorschrift bringt Sie zum Wahnsinn. Um nicht auch noch Ärger mit Ihrer Sekretärin zu bekommen, schreiben Sie die Briefe lieber selbst. Unleidliche Angestellte werden zur Regel. Sie arrangieren sich. Doch man dankt es nicht. Sie verlieren den letzten Rest von Autorität. Mit der Zeit finden Sie sich mit allem ab. Und resignieren.

Vielleicht aber auch nicht. Wehren Sie sich gegen alles, was krank macht. Strukturieren Sie den Betrieb um! Informieren Sie sich über Ihre Rechte. Studieren Sie das Kleingedruckte auf der Rückseite des Arbeitsvertrags, auf dass Sie jeden einzelnen Paragrafen parat haben, wann immer Sie es brauchen. Melde Sie sich freiwillig beim Kontaktmann der Berufsgenossenschaft. Machen Sie sich zum Experten für Arbeitsschutz. Werden alle Sicherheitsvorschriften beachtet? Machen Sie Ihren Vorgesetzten klar, dass Intrigen am Arbeitsplatz nicht nur unangenehm sind, sondern auch kontraproduktiv. Ihre Vorschläge zur Verbesserung des Betriebsklimas zahlen sich für die Firma schließlich auch finanziell aus.

Und der Machtkampf am Arbeitsplatz? Sprechen Sie laut und deutlich aus, was Sie krank macht. Wenden Sie sich notfalls an den Mobbing-Experten der Gewerkschaft. Den gibt es. Ganz bestimmt.

Lernen Sie, Ihre Gefühle besser auszudrücken - nicht nur die schönen, sondern auch die unschönen. Zeigen Sie sich Ihnen Kollegen. Und bieten Sie Alternativen an. Wer verbietet Ihnen, in der Mittagspause Gymnastik zu betreiben? Sie können Ihnen Arbeitsplatz umgestalten, sodass Sie sich wohler fühlen. Die Ablage: Lassen Sie nichts mehr liegen. Müllen Sie alle Schränke aus. Was brauchen Sie, um ökonomisch zu arbeiten. Und was nicht? Mit der Zeit wird Ihnen Ihr Beruf wieder mehr Spaß machen. Vielleicht erscheinen Sie jetzt hin und wieder schon vor Arbeitsbeginn in der Firma. Freiwillig. Erkämpfen Sie sich aber auch das Recht, Überstunden abzubummeln. Machen Sie exakte Listen, anhand derer Sie Ihrem Chef beweisen können, wie sehr Sie schon über dem Soll sind.

Arbeit kann krank machen. Kümmern Sie sich um die Reorganisation. Die verbesserten Verhältnisse werden Sie gesund machen und Ihnen mehr Macht geben, als Sie jemals zuvor hatten.

Pluto tr Haus VII.

Geschäftsbeziehung

Wenn Pluto durch Ihr siebtes Haus geht, werden Geschäftspartner außerordentlich wichtig. Nicht sofort erkennen Sie, wer für oder gegen Sie ist. Zwischentöne lassen Sie nicht zu. Freund oder Feind? Und so werden Sie freudestrahlend Allianzen eingehen, die Sie später dann bitter bereuen. Sie werden wiederum neue Allianzen eingehen. Die Heirat zweier Business-Yuppies kommt der Fusion zweier Unternehmen gleich. Mit allen Konsequenzen.

Einst gab sich Königin Kleopatra dem römischen Herrscher Cäsar hin. Eingewickelt in einen Teppich. Darunter ganz nackt. Und das nur, um ihr eigenes Reich Ägypten zu retten. Nur deshalb? Ihre Liebe war heiß und innig, heißt es. Ein Sohn kam zur Welt, Erbe und zukünftiger Statthalter Roms. Mit Cäsar Ermordung jedoch lösten sich alle strategischen Pläne der letzten Pharaonentochter ins Nichts auf. Antonius und Oktavian teilen das machtvolle Römische Reich unter sich auf. Würde man nun Ägypten als Provinz unterwerfen? Genau so geschah es - bloß umgekehrt. Im prachtvollen Gewand der Liebesgöttin Isis verführte Kleopatra den neuen Kaiser Antonius. Zwillinge wurden geboren, Thronfolger für ein vereintes, ägyptisch-römisches Reich. Doch auch Antonius verlor den Machtkrieg, beging Selbstmord. Der siegreiche Oktavian konnte nicht verhindern, dass Kleopatra ihrem Antonius freiwillig in den Tod folgte. Liebte sie ihre Männer oder liebe sie ihr Reich?

Private und geschäftliche Beziehungen sind unter dem Signum des Pluto eng miteinander verwoben. Geschlechterkampf kann Firmen in den Ruin treiben oder ihren Ruhm nähren. Schicksalsgemeinschaften. Sie werden in diesen Jahren Geschäftsbeziehungen erleben, die Sie niemals mehr vergessen. Man stellt Sie vielleicht vor die Alternative Ehe oder Beruf.

Wie werden Sie sich entscheiden?

Pluto tr Haus VIII.

Schuldverschreibungen

Während der vielen Jahre, in denen der laufende Pluto durch Ihr achtes Haus geht, werden Sie mehr und mehr Einfluss auf den Körper oder die Finanzen Ihrer jeweiligen Partner nehmen.

Sexuelle Verwicklungen sind ein Weg, im Berufsleben Karriere zu machen. Ob das legitim ist, sei dahingestellt. Es ist auf jeden Fall üblich, und das nicht nur in der Filmwelt. Solche Liebschaften können als Resultat Kinder hervorbringen. Finanzielle Verpflichtungen entstehen. Man kontrolliert Sie. Enge Bindungen. Macht durch die Magie des Blutes. Erbschaften und Vermächtnisse.

Es braucht sich in diesen Jahren jedoch nicht unbedingt alles nur um die Sexualität zu drehen. Vielleicht arbeiten Sie als Bodyguard. Auch in diesem Beruf müssen Sie sich um das körperliche Wohl eines anderen Menschen kümmern. Für solch einen Job braucht man eine ganze Menge Todesverachtung. Sie arbeiten als Chirurg oder Therapeut. Jemand vertraut Ihnen seinen Körper an. Sie verkaufen ihm Ihre Sensitivität, geben ihm Regenerationskraft. Passen Sie auf, dass Sie sich nur dann privat auf Klienten einlassen, wen Sie es auch wirklich wollen. Solche Prozesse sind nur sehr schwer zu kontrollieren.

Oder Sie arbeiten im Finanzsektor, verwalten die Konten anderer. Möglich wäre auch die Tätigkeit in einer Körperschaft des öffentlichen Rechts. Die Person, mit der Sie es zu tun haben, wäre dann eine juristische Person. Als Treuhänder sorgen Sie sich nun um fremde Gelder. Jemand überträgt Ihnen die Verwaltung seiner Finanzen. Und sie stecken fortan in dessen Schuld. Welche Verpflichtungen gehen Sie ein? Man kann Sex als einen Austausch von Macht betrachten, finanzielle Transaktionen ebenfalls.

Sorgen Sie sich jetzt ruhig um andere Menschen. Das gemeinsame Schicksal wird sie verbinden. Blieben Sie dennoch authentisch. Das sind Sie sich schuldig.

Pluto tr Haus IX.

Geschenke verpflichten

Ein gutes Jahrzehnt wird dieser Plutotransit durch Ihr neuntes Haus dauern. Wenn Sie in dieser Zeit mit dem Ausland zu tun haben, dann müssen Sie sehr genau hinschauen. Fremdländische Mentalitäten üben eine ungeheure Faszination auf Sie aus. Doch wissen Sie wirklich, was gespielt wird? In einem fremden Land mit einer fremden Sprache kann man viel vor Ihnen verheimlichen.

Da hilft nur Toleranz. Doch wie weit soll das gehen? Blinde Toleranz wäre fatal. Andererseits: Arbeitet wirklich jeder Ausländer, der einen irgendwie suspekt erscheint, mit der Mafia zusammen? Misstrauen kann jedes gute Geschäft zerstören. Gerade im Import-Export-Geschäft. In diesem Zusammenhang könnten Sie mit dem Thema Bestechung konfrontiert werden. Kleine Geschenke erhalten die Geschäftsfreundschaft. Große auch? Wo ist die Grenze?

Bei umfangreichen Auslandsgeschäften werden in der Regel erhebliche Summen an Bakschisch ausgegeben. Das ist illegal? Nun, gegenüber dem Finanzamt sind solche Geldbeträge absetzbar. Manchmal jedenfalls. Wenn Sie ins außereuropäische Ausland gezahlt werden. Andersherum geht es nicht.

Wo ist die Moral? Mit solchen Fragen werden sie sich nun beschäftigen müssen. Und es gibt keine einfache Antwort. Zumindest dann nicht, wenn Sie ins wirklich große Geschäft einsteigen wollen. In diesen Jahren werden Sie immer wieder mit den Themenkomplexen Moral, Philosophie und Weltanschauung konfrontiert. Möglicherweise geraten Sie auch in Kontakt mit Unternehmen, die sich im Besitz einer Sekte oder Glaubensgemeinschaft befinden. Es muss ja nicht gleich die Vatikanbank sein.

Mit den Jahren werden Sie Ihre eigene Philosophie entwickeln, eine ganz persönliche Ethik und Moral.

Pluto tr Haus X.

Ein Höllenjob

Während der Jahre, da Pluto durch das zehnte Haus geht, sind Sie mit der Droge Macht infiziert. Denkbar ist, dass Sie zu den höchsten Ämtern aufsteigen. Erpressung, Korruption und Schattenwirtschaft sind Ihnen nicht mehr unbekannt. Sie werden verwickelt in Transaktionen jenseits der Legalität, verwalten ungeheure Summen an Geld. Enge Verflechtungen zwischen Politik und Wirtschaft sind denkbar. Die Wichtigkeit Ihres Postens wird Sie und andere berauschen. Geld macht sexy. Ihre Vorzimmerdame bzw. der nette Privatsekretär sind fasziniert.

Denkbar ist jedoch auch, dass Sie in diesem ganzen Spiel nicht mitmachen wollen. Und dass Sie zum Spielball von Intrigen werden. Der Optimierungszwang in der Wirtschaft kann direkt bis zu Ihrem Arbeitsplatz durchschlagen. Die Anforderungen steigen immer weiter. Der psychische Druck erhöht sich. Und egal, was Sie auch tun - Sie werden niemals von denen da oben ein Dankeschön hören.

Im Gegenteil. Erfüllen Sie eine Leistung, werden die Anforderungen sofort höhergeschraubt. Es ist noch eine dritte Variante denkbar: Sie durchschauen die Organisation und ihre verborgenen Machtmechanismen. Und dazu gehört auch Selbsterkenntnis. Vielleicht sind Sie bislang gar nicht Ihren eigenen Weg gegangen, sondern den eines anderen? Verwirklichen Sie im Grunde nur den Karrierewunsch, den Ihnen Ihre Mutter und Ihr Vater in die Wiege gelegt haben? Und umgekehrt: Verweigern Sie sich Ihrer eigenen Karriere nur deshalb, weil Sie damit in die Fußstapfen Ihrer Familie treten würden?

All der Geltungsdrang, all diese Fixierung auf Autoritäten: Sind Sie das wirklich selbst? Entspricht das Ihrem innersten Wesen? Sie werden in diesen Jahren an den Schaltstellen der Macht sitzen. Aber vielleicht werden Sie auch etwas völlig anderes tun: Den Beruf an den Nagel hängen, umschulen, noch einmal neu studieren, die Firma verkaufen - weil Sie begreifen, dass wahre Macht in der Fähigkeit liegt, dem eigenen Herzen zu folgen.

Pluto ^{tr} Haus XI

Masse und Macht

Pluto im elften Haus gibt ein gutes Gespür für die psychologischen Machtstrukturen innerhalb von Gruppen. Mehrere Jahre lang werden Sie Zeit haben, zu erkennen und zu durchschauen, was sich hier eigentlich abspielt.

Es wird auch Zeiten geben, in denen Sie mit absoluter Blindheit geschlagen sind. Dann heulen Sie mit den Wölfen, um vom Rudel nicht totgebissen zu werden. Um das Schlimmste zu verhindern, schwingen Sie sich zum Führer auf. Als Alternative bietet sich ansonsten nur noch die Rolle des Sündenbocks. Es gibt viele Arbeitsbereiche, in denen Sie die Eigendynamik von Gruppen erleben können. Vom Vorstandsmitglied einer Aktiengesellschaft über die Arbeitsgemeinschaft von Handwerksfirmen in einem Großbauvorhaben oder der Mitgliedschaft in einer Internet-Community bis hin zur Brigade einer Entsorgungsfirma (im Volksmund Müllmann genannt), ist alles drin.

Die Strukturen sind überall gleich. Freundschaft wird großgeschrieben. Idealismus ist das ungeschriebene Gesetz. Doch die Realität sieht anders aus. Ihre Mitstreiter können eine derartige Kontrolle auf Sie ausüben, dass Sie sich wie im Gefängnis vorkommen. Freundschaft wird zur hohlen Floskel. Denn unter diesem Etikett findet brutalste Ausbeutung statt. Feste Arbeitszeiten gibt es unter Freunden nicht. Da wird auch schon mal das Wochenende durchgearbeitet. Das kann zur Regel werden. Selbst sonntags und nachts ruft die Firma an. Soziale Grenzen verschwinden. Man duzt sich. Schön und gut.

Doch wenn die Kumpanei in Gängelei umschlägt? Es kann tiefe zwischenmenschliche Enttäuschungen geben. Verlust von Freunden. Verlust von Freundschaft überhaupt. Und wenn man unter dem Deckmantel des Idealismus erst einmal gründlich ausgebeutet wird, ist die Enttäuschung groß und nachhaltig. Die Folge kann ein kalter, zynischer Realismus sein, der im Nächsten immer nur den Feind sieht. Einer ist des Anderen Wolf.

All das muss nicht sein. Ihr ständig steigendes Wissen um die Machtmechanismen innerhalb von Massenbewegungen wird Früchte tragen. Mischen Sie sich ein. Gestalten und verändern Sie Prozesse innerhalb von Teams. Bauen Sie selbst an kooperativen Netzwerken. Beschäftigen Sie sich mit Chain Management, der planvoll an exakten Messdaten ausgerichteten Verzahnung verschiedenster Betriebsprozesse. Gleich einer Kette müssen die Fertigungs- und Vertriebsabläufe in einem Unternehmen zusammenpassen. Dem schwächsten Glied ist dabei die größte Aufmerksamkeit zu widmen.

Lassen sich auch weiche Faktoren wie soziale Kompetenz und Kooperationsfähigkeit in Zahlen und Werte umrechnen? Probieren Sie es doch einmal!

Pluto tr Haus XII.

Hinter den Kulissen der Macht

Mehr als ein ganzes Jahrzehnt wird der Transit-Pluto durch das zwölfte Haus I.hres Horoskops wandern. In dieser Zeit können Sie sich als Opfer der Verhältnisse betrachten, Betriebs- und Firmenstrukturen als übermächtige Apparate erleben, die einfach nicht durchschaubar sind. Vielleicht werden Sie Anhänger von Verschwörungstheorien, glauben an die Machtausübung durch geheime Herrschaft, Strippenzieher, Dunkelmänner, Manipulation des Unbewussten.

Eines stimmt auf jeden Fall: Durch unbewusste Gedanken und Gefühle kann man sich und andere erheblich beeinflussen. Eigene, nicht eingestandene Ängste können in erheblichem Maße die Karrierechancen sabotieren.

Wer keinen Zugang zu den eigenen, inneren Quellen der Macht findet, bleibt in der Außenwelt ohnmächtig. Was man sich selbst verweigert, gesteht man auch anderen nicht zu, wird in der Außenwelt als Bedrohung erlebt. Ist der Chef wirklich so angsteinflößend.

Sind die Kollegen wirklich so furchtbar intrigant? Sind der und die aus der Abteilung dort drüben wirklich solch vulgär-zotigen Ferkel? Vielleicht leben sie nur Charaktereigenschaften aus, die wir uns aufgrund irgendwelcher Kindheitserlebnisse selbst verbieten?

Beschäftigen Sie sich in dieser Zeitphase mit der Macht des Unterbewussten. Aber versuchen Sie jetzt bloß nicht, den Aktienkurs Ihrer Firma durch Meditation oder Hypnose zu beeinflussen! Das klappt garantiert nicht. Schauen Sie lieber nach den verborgenen Ängsten, aber auch Hoffnungen und Sehnsüchten in Ihrem Inneren. Gestehen Sie sich zu, dass da Leidenschaften brodeln, die gelebt werden wollen! Und wenn Sie so weit gekommen sind, dann fühlen Sie sich einmal wirklich in die Menschen ein, denen Sie beruflich begegnen.

Schauen Sie hinter die Kulissen der Macht. Dort werden Sie nicht nur auf Schwerenöter und Verbrecher stoßen, sondern auch auf menschlich-allzu-menschliche Sorgen und Nöte. Nehmen Sie Rücksicht auf die anderen. Erkennen Sie deren verborgene Wünsche. Und befriedigen Sie sie. Zumindest ein wenig. Beachten Sie die Sehnsüchte derjenigen Menschen, denen Sie auf Ihrem Karriereweg begegnen. Sie werden es Ihnen danken.

Pluto tr Sonne ☌

Stirb und Werde

Plutos Transit auf der Sonne verlangt von Ihnen Unmögliches, konfrontiert Sie mit Macht und Tod - zumindest im übertragenen Sinne. Lassen Sie sich nicht ins Bockshorn jagen. Man spiegelt nur Ihre eigenen Ängste.

Im Nachhinein dann werden Sie merken, dass vieles nur ein Bluff war. Ihre Angst: Das ist die Macht der anderen. Mehr nicht. Wenn Sie die Sache durchstehen, haben Sie ein gutes Stück an Managementkompetenz erworben. Sie wissen, wie Sie verborgene Kräfte in sich und anderen wecken.

Von einem alten preußischen General stammt der Spruch »Hunde, wenn euch die 24 Stunden des Tages nicht reichen, dann arbeitet halt die Nacht durch.«

Sie werden lernen, sich selbst zu quälen. Und wenn es Ihnen gelingt, von falschen Eitelkeiten loszulassen, wird ihnen das richtig Spaß machen. Wichtig ist, parallel dazu die Regenerationsfähigkeit zu trainieren. Dann werden Sie wie neugeboren aus dieser anstrengenden Lebensphase hervorgehen.

Pluto tr Sonne □ ☍

Häutungen

Unter Plutos Transit-Spannung zur Sonne werden bislang unterdrückte Persönlichkeitspotenziale hervorkommen und abrupt ausbrechen.

Sie haben eine kraftvolle Vorstellungswelt und sind zu planvollem Handeln fähig. Gleichzeitig werden Sie jedoch mit ureigensten Ängsten konfrontiert. Neigung zu Verkrampfungen, Zwangsverhalten und Schuldzuweisungen sind die Folge.

Sie müssen irgendetwas an Ihrem Selbstverständnis grundlegend verändern. So geht es nicht weiter. Lassen Sie los von falschem Stolz und übertriebener Egozentrik. Sonst werden Sie sich noch total verausgaben, möglicherweise bis zum Herzinfarkt. Das wäre dann das typische Managersyndrom. Setzen Sie auf Wandlung und Neubeginn!

Pluto tr Sonne ⚹ △

Unaufdringlich Druck ausüben

Harmonische Transite Plutos zur Sonne bringen einen guten Kontakt zu den Mächtigen dieser Welt. Das sollten Sie nutzen. Vielfach wird man in solchen Zeiten mit Massenorganisationen in Kontakt kommen. Man arbeitet in einer großen Firma oder im Medienbereich. Sie können Tabuthemen ansprechen, ohne dafür bestraft zu werden.

Ein gewisser Zwang zur Wahrhaftigkeit erfasst Sie. Sie können Druck machen. Aber Sie sind nicht penetrant. Und deshalb hört man Ihnen nicht nur zu, sondern überlässt Ihnen auch in wichtigen Bereichen die Entscheidung.

Nutzen die Sie Chance, selbstständiger zu arbeiten. Momentan strahlen Sie eine natürliche Autorität aus - gerade deshalb, weil Sie die Probleme beim Namen nennen.

Pluto tr Mond ☌

Einer muss gehen

Wenn der Transit-Pluto den Mond überschattet, spitzen sich untergründige Machtspiele auf seltsame Weise zu. Das ist nicht mehr rational zu erklären. Einer ist zu viel im Nest. Wenn Sie sich nicht emotional in der Firma durchsetzen können und zugleich innerlich abgrenzen, ist es besser, wenn Sie die Firma jetzt verlassen. Die Atmosphäre ist vergiftet.

Psychologische Kenntnisse sind Gold wert. Versuchen Sie, sich grundlegend anders zu verhalten. Trennen Sie sich von Verhaltensweisen, die noch aus der Familie stammen. Die gehören einfach nicht hier her. Verzichten Sie auch ruhig mal für eine gewisse Zeit auf emotionale Nähe und Zustimmung. Die Leute werden dann auf Sie zukommen, wenn Sie es schon gar nicht mehr erwartet haben.

Und wenn es dann überhaupt nicht mehr geht, dann wechseln Sie halt die Abteilung. Arbeiten Sie mit anderen Kollegen zusammen. Es ist Zeit für eine grundlegende Veränderung.

Pluto tr Mond □ ☍

Bedrückende Bilder

Bei Plutos harten Transiten zum Mond unterliegt Ihre Gefühlswelt einem brutalen Wechselbad. Innere Bilder drängen hoch. Sie fühlen die Bedeutung von Geburt und Tod. Sie sollten sich jetzt mit Psychologie beschäftigen. Und mit Ihrer Herkunft. Wo sind wirklich Ihre Wurzeln? Gibt es Familientraditionen, die über Generationen hinweg scheinbar unbewusst weitergegeben wurden?

Hier gilt es jetzt genau zu unterscheiden zwischen zukunftsträchtigen und überholten Mustern. In der augenblicklichen beruflichen Situation spielt all dies eine große Rolle. Sie schlägt Ihnen auf den Magen. Doch lassen Sie sich nicht emotional unter Druck setzen. Versuchen Sie eher, sich aus eigenem Antrieb mit scheinbar unliebsamen Themen zu beschäftigen. Dadurch nehmen Sie Neidern und Intriganten den Wind aus den Segeln.

Pluto tr Mond ⚹ △

Psychologisches Geschick

Plutos harmonische Transitaspekte zum Mond helfen, die Hintergründe von Personalentwicklungen in Unternehmen intuitiv zu erfassen. Ängste werden abgebaut. Psychologisches Geschick entwickelt sich. In diesen Wochen und Monaten verstehen Sie Ihre Kollegen sehr gut. Doch nicht alles, was Sie durchschauen, muss sofort an die Öffentlichkeit gebracht werden.

Tiefe Bindungen entwickeln sich. Große seelische Nähe entsteht. Sie werden sich im Beruf auf eine sanfte Art durchsetzten. Frauen sind besonders wichtig, gerade die mütterlichen unter ihnen. Dieser Aspekt ist äußerst dienlich, um sich in großen Wirtschaftsorganisationen oder staatlichen Institutionen durchzusetzen.

Pluto tr Merkur ☌

Gedanken kreisen

Ihre Gedanken kreisen ständig. Das ist beim Pluto-Transit über den Mond so üblich. In einem Moment denken Sie, alles durchschaut zu haben. Und gleich darauf sehen Sie nur noch ein Brett vor Ihrem Kopf. Sie spüren deutlich, wie sehr Gedanken in Mustern verlaufen, letztlich von unbewussten Gefühlen bestimmt werden. Wenn Sie Ihre Ängste erst einmal in den Griff bekommen haben, wird der Kopf frei.

Sie werden Tabuthemen ansprechen müssen. Unangenehme Wahrheiten kommen auf den Tisch. Es ist eine Zeit, in der wichtige Strategien ausgearbeitet werden. Ihr Denken bekommt Tiefgang. Auf der intellektuellen Ebene werden Sie erst jetzt richtig erwachsen. Gleichzeitig sollten Sie jedoch darauf achten, sich nicht von fixen Ideen bestimmen zu lassen.

Üben Sie sich im geistigen Loslassen. Wie wäre es mit einem Kurs in Mentalem Training? Oder Zen-Buddhismus für Manager?

Pluto tr Merkur □ ☍

Verfolgungswahn

Bei Plutos Spannung im Transit zu Merkur lassen sich Projektion und Wirklichkeit nicht mehr ganz auseinanderhalten. »Ich denke, dass du denkst, dass ich denke, dass du denkst...« Double-bind hoch drei. Da hilft auch kein Doppelblindversuch mit Supervisor. Sie haben sich gedanklich verstrickt, fixiert. Punktum.

In dieser Zeit sollten Sie darauf achten, Ihre Nerven nicht durch permanente Anspannung zu ruinieren. Vielmehr besteht die Aufforderung, von leicht verrückten Ideen und überkommenen Denkstrukturen loszulassen. Sie erkennen, dass tiefe, meist unbewusste Gefühlsregungen die Wahrnehmung beeinflussen und die innerbetriebliche Kommunikation.

Achten Sie auf das, was zwischen den Zeilen geschrieben steht. Hören Sie auf den Klang der Worte, wenn man mit Ihnen spricht. Wenn sie das tun und den psychologischen Knoten durchschneiden, wird sich der Informationsfluss verbessern. Und Sie denken nicht mehr darüber nach, was der andere gerade über Sie denkt.

Pluto ^{tr} Merkur ⚹ △

Tacheles reden

Transit-Plutos harmonische Merkuraspekte geben einem den nötigen Feinsinn, um die wahren Themen anzusprechen, diejenigen also, worüber eigentlich niemand reden will oder woran jeder denkt. Endlich können Hintergründe aufgedeckt und zur Sprache gebracht werden. Mit psychologischem Geschick vermitteln Sie Inhalte.

Nutzen Sie diese Wochen und Monate für Hintergrundrecherchen, gewinnbringende Vertragsabschlüsse, für die Arbeit bei Film und Fernsehen. Möglicherweise sehen Sie die Vorteile der derzeitigen Situation nicht. Sie halten es für selbstverständlich, dass jeder alles sagen kann und darf.

Sie sind sicherer als sonst, angstloser. Das schafft Vertrauen. Ihnen gegenüber braucht man kein Blatt vor den Mund zu nehmen. Günstig, um auch gegenüber wichtigen Personen im Geschäftsleben Ihre Interessen zu vertreten!

Pluto ^{tr} Venus ☌

Neu verhandeln

Plutos Transit über die Venus macht uns Angst. Auf einmal spüren wir, wie machtvoll menschliche Beziehungen sind und welche Bedeutung sie in unserem tagtäglichen beruflichen Existenzkampf haben. In dieser Zeit können zwanghafte Geschäftsbindungen auseinanderbrechen.

Es bringt einfach nichts, mit Leuten zusammenzuarbeiten, die einen seelisch ausbeuten. Zugleich werden wir selbst aber auch überall dort scheitern, wo wir Zwang und Druck einsetzen, um unser jeweiliges Gegenüber auf den rechten Kurs zubringen. Grundsätzlich neue Strategien sind gefragt.

Studieren Sie alle laufenden Verträgen. Wie sieht es mit Konventionalstrafen aus. Welche Verpflichtungen sind Sie eingegangen. Ist das, was Sie unterschreiben sollen, nicht im Grunde ein Knebelvertrag? Die zwei Seiten einer Medaille, d.h. Licht und Schatten einer fest fixierten Vereinbarung beispielsweise in Form einer Immobilientransaktion oder Erbschaftsangelegenheit, treten offen zutage.

Zur Zeit lernen Sie viel über Strategie. Ihre Verhandlungsführung wird sich verändern. Sie werden Federn lassen. Das ganze Hin und Her geht Ihnen ganz schön an die Nieren. Letztendlich werden sie Ihren Charme gezielter und bewusster einsetzen - und fortan nur noch das unterschreiben, was wirklich gut für Sie ist.

Pluto tr Venus □ ☍

Schuldverstrickung

Wenn Transit-Pluto zur Venus in Spannung kommt, muss man sich sehr genau überlegen, auf wen man sich einlässt, wie man berufliche und private Beziehungen gestaltet. Macht und Kontrolle sind wichtig, wenn man mit Menschen zusammenarbeitet.

Doch wo liegt die Grenze?

Ohne Druck leistet niemand etwas. Und übermäßiger Zwang stimuliert nicht zu Höchstleistungen, sondern erzeugt Verweigerung und Sabotage. Zu viel Charme wirkt schnell anzüglich. Und erotische Kontakte zwischen Arbeitnehmer unterschiedlicher Hierarchieebenen führen zu Ausbeutung und Erpressung.

Wenn Sie mit dem Chef ein Verhältnis anfangen: Sichert das Ihren Arbeitsplatz oder beschleunigt es ihren Hinauswurf? Wenn Sie Ihrer Sekretärin zu nahe treten: Arbeitet sie dann auch nach Feierabend und am Wochenende für Sie? Oder tut sie fortan überhaupt nichts mehr, weil Sie jetzt viel gegen Sie in der Hand hat? Selbst als amerikanischer Präsident sind Sie vor Praktikantinnen nicht mehr sicher!

Pluto tr Venus ⚹ △

Verkaufstaktik

Plutos harmonische Transitaspekte zur Venus eigenen sind sehr gut für Finanztransaktionen, Immobiliengeschäfte, Vertragsabschlüsse. Flirts haben eine stark sexuelle Komponente. Und man versteht es trotzdem, den Blick nicht von den eigenen wirtschaftlichen Interessen zu lassen. Es fällt leichter, Tabus zu umgehen, innerhalb von Partnerschaften und Geschäftsallianzen sein Selbstwertgefühl zu behalten.

Die Kunst besteht darin, Menschen harmonisch in die eigenen Interessen einzubinden. Dies gelingt am besten, wenn man den anderen kommen lässt und wenn der Partner erkennt, dass die Zusammenarbeit auch ihm guttut. Man erkennt die Schattenseiten seiner Mitmenschen. Aber man stochert nicht drin herum, sondern sieht vornehm drüber hinweg.

Pluto tr Mars ♂

Aggressionsstau

Wenn Pluto im Transit über Mars geht, bestimmen Leitbilder von Macht und Stärke das Handeln. Sie sind Orientierung und Beengung zugleich. Tiefe und meist unbewusste Gefühlsmuster gewinnen an Bedeutung.

Nur wenn Sie jetzt bereit sind, Konflikte psychologisch zu begreifen, wenn Sie es wagen, die eigene subjektive Brille immer wieder abzunehmen, vermeiden Sie schwierige Konflikte, die sonst zu langwierigen Rechtsstreits führen.

Sie haben den Eindruck, gegen einen übermächtigen Gegner zu kämpfen. Aggression ist immer mit Angst vor der Außenwelt verbunden, auch mit Angst vor dem eigenen Schatten.

Versuchen Sie, Ihre dunklen Seiten zu verstehen und zu akzeptieren. Dann werden Sie Ihre Energie sinnvoll einsetzen und nur noch das tun, was Sie wirklich wollen.

Pluto tr Mars □ ☍

Schlachten und Kriege

Transit-Plutos Spannungsaspekte zu Mars bringen es oft mit sich, dass man gegen schier unveränderliche Umstände anrennt. Es kann sein, dass Sie unter diesem Gestirn gegen Windmühlen anrennen. Das wäre Energieverschwendung und führt letztendlich nur dazu, dass Sie vollends aufgeben. Das soll nicht sein.

Haben Sie jetzt den Mut, Ihre eigenen Ansprüche geltend zu machen. Aber machen Sie auch Abstriche. Vermeiden Sie Provokation. Ändern Sie Ihr eigenes Verhalten grundlegend. Lassen Sie sich nicht von Ihrem Gegner bestimmen, weder direkt noch indirekt. Sie selbst wählen Zeitpunkt und Art der Aktion.

Manchmal ist es angebracht, den Rückzug anzutreten. Doch eine verlorene Schlacht ist noch lange kein verlorener Krieg.

Pluto tr Mars ⚹ △

Strategiespiel

Plutos harmonischer Transitaspekt zum Mars befähigt zu klugem und effektivem Handeln. Sie erkennen Ihre eigenen Schwächen und Stärken sowie diejenigen Ihres Gegners klar und deutlich. Und so können Sie sich in eine überlegene Position bringen und effektiver handeln. Gerade dadurch, dass Sie die Interessen Ihres Gegners in die Strategie mit einbauen, können sie ihn besiegen.

Diese Konstellation macht Sie zu einem guten Schachspieler auf dem Markt der Möglichkeiten. Man ist sich seiner rechtlichen Möglichkeiten bewusst. Geld spielt eine große Rolle. Allianzen werden geschmiedet, Märkte erobert, Finanzen saniert. Sie kennen die Schwächen und Ängste Ihrer Kontrahenten. Aber das nutzen sie nicht um jeden Preis aus. Diskretion ist von Vorteil.

Pluto tr Jupiter ☌

Tabulos

Geht Pluto im Transit über Jupiter, dann verändern sich religiöse, ethische und moralische Vorstellungen schlagartig. Tiefes Urvertrauen wechselt mit Sinnlosigkeitsgefühlen. Man neigt in diesen Wochen und Monaten zu philosophischem Größenwahn und merkt nicht, wie sehr man doch in Luftschlössern lebt. Was ist der Sinn des Lebens? Welcher Religion, welchem Menschen kann man wirklich vertrauen? Unbewusste Gefühlsmuster haben einen großen Einfluss. Die Suche nach der letzten Wahrheit sollte immer zur Selbsterkenntnis führen.

Dieser Planetenaspekt kann tief enttäuschen, aber auch sehr viel Kraft freisetzen. Was nützt es, streng moralisch zu handeln, wenn sich die anderen doch nicht dran halten?

Es gibt einen himmelweiten Unterschied zwischen Sonntagsreden und alltäglichen Geschäftsgebaren. Wenn es drauf ankommt, ist den meisten Menschen das Hemd doch näher als die Hose. Man wird letztendlich weniger zimperlich, nicht skrupellos, aber tabulos, wo Tabus überholt sind und ihren Sinn verloren haben.

Pluto tr Jupiter □ ☍

Vertrauensbruch

Plutos Transit-Spannung zum Jupiter führt zum ideologischen Diskurs. Prinzipienreiterei kann das Handeln bestimmen. Das Vertrauen ist weg.

Hüten Sie sich jetzt dennoch vor vollkommenen Brüchen. Es besteht die Gefahr, dass Sie sich dann doch nur wieder auf einem anderen Betätigungsfeld geistig fixieren. Wenn ein großes Geschäft geplatzt ist, sollte man nicht sofort das nächste Riesenprojekt starten.

Hinter dem Gefühl, alles durchschauen zu können, verbirgt sich letztendlich nur Größenwahn. Die Suche nach der letzten Wahrheit sollte immer auch Selbsterkenntnis einschließen.

In diesen Wochen und Monaten kann das Vertrauen, das man in Menschen gesetzt hat, total schwinden. Bauen Sie ein neues, echteres Vertrauen zu Ihren eigenen Fähigkeiten und zu Ihrer Daseinsberechtigung auf. Alles andere entwickelt sich in Folge dessen neu.

Pluto tr Jupiter ⚹ △

Gönnerschaft

Mit Plutos harmonischen Transitaspekten zu Jupiter entstehen oftmals äußerst günstige Beziehungen zu Geschäftspartnern, Institutionen und Körperschaften. Man profitiert von Förderprogrammen und Umschulungsmaßnahmen, erlangt ganz besondere Präferenzen.

Auch Erbschaften sind möglich. Ein sehr günstiger Aspekt auch für Immobilienkäufe und -verkäufe sowie Provisionen durch Urheberrecht und Lizenzverträge.

Tiefe seelische Gemeinsamkeiten erzeugen ein großes Vertrauen. Man spürt, wie innerer und äußerer Reichtum einander bedingen. Nur maßlose Überheblichkeit kann jetzt noch Verluste bringen.

Da Sie bei Ihren Vorhaben psychologische Bewegmomente berücksichtigen und Toleranz gegenüber den Schwächen Ihrer Mitmenschen zeigen, lässt sich in partnerschaftlicher Kooperation viel erreichen.

Pluto tr Saturn ☌

Kassensturz

Plutos Transit über Saturn bringt starke Wandlungen in unserer Einstellung gegenüber Autoritäten und Hierarchien. Was ist wirklich wichtig für unser Leben? Und was ist nur überflüssige Etikette, lästige Formalität? Wo sind Gewinnerwartungen unrealistisch. Welche Märkte sind im Grunde nicht mehr zu halten? Welche finanziellen Ressourcen stehen wirklich zur Verfügung? Wie ist unsere Leistung tatsächlich zu bewerten? Und wie sicher ist unser Arbeitsplatz wirklich? Kassensturz. Ground Zero. Aschermittwoch.

Existenziell wichtige und solide Strukturen werden sich auch jetzt nicht verändern. Und das, was Sie sich hart und mühselig aufgebaut haben, bleibt erhalten, allerdings oft nur in der Essenz. Es ist so, als ob Sie Ihren Rucksack für eine Gebirgstour zurechtmachen. Nur das Wesentliche kommt mit. Überflüssiger Ballast fliegt raus.

Dieser Plutotransit ist hart für alle Schaumschläger und Angeber. Die Fleißigen und Selbstdisziplinierten, die Skeptiker und Krisenmanager hingegen werden belohnt. Und Sie auch! Man erkennt Ihren wahren Wert.

Pluto tr Saturn □ ☍

Gewinnwarnung

Bei Plutos Spannungstransiten zu Saturn sollten Sie sich nicht von Ängsten bestimmen lassen, die Sie früher einmal hatten, die aber mit der Zeit schon längst an Kraft und Bedeutung verloren haben. Im geschäftlichen Bereich sollten jetzt neue schriftliche Vereinbarungen getroffen und rechtliche Rahmenbedingungen angepasst werden. Rationalisierungsmaßnahmen sind notwendig.

Die Kunst besteht darin, Wesentliches von Unwesentlichem zu unterscheiden. Schauen Sie der Realität ruhig ins Auge. Aber lassen Sie sich von Ihren Ängsten nicht handlungsunfähig machen. Sanieren Sie Ihr Unternehmen, aber werden Sie nicht zum Kaputtsanierer. Geben Sie eine Gewinnwarnung heraus, verschrecken Sie die Aktionäre aber nicht mit Katastrophenmeldungen. Manchmal erleidet man in solch einer Situation zum Konkurs. Doch wenn dieser geschickt und im Einverständnis aller Gläubiger vollzogen wird, bietet dies zugleich Gelegenheit für einen vielversprechenden und soliden Neuanfang.

Pluto tr Saturn ⚹ △

Krisenmanagement

Mit Plutos harmonischen Transiten zu Saturn setzen Sie Ihr psychologisches Geschick und Ihr Hintergrundwissen für die Karriere ein. Für eine kurze Zeit stehen Sie mit den Mächtigen dieser Welt auf Du und Du. Besonders mit älteren Menschen kommen Sie jetzt sehr gut zurecht. Sie strahlen eine Ernsthaftigkeit aus, die äußerst seriös wirkt und Vertrauen schafft. Und Sie bringen Wesentliches auf den Punkt.

Planen Sie jetzt ruhig langfristige Projekte. Stellen Sie maßvolle, aber zielgerichtet Forderungen. Lassen sie sich befördern. Unterschreiben Sie Verträge, die für große Zeiträume Geltung haben. Bewerben Sie sich bei öffentlichen Institutionen.

Pluto tr Uranus ☌

Luftleerer Raum

Wenn Pluto über Uranus geht, erleben Sie die Schattenseiten der Freiheit. Überdeutlich. Kompromisslos. Radikal. Vielleicht in Form eines abrupten Rausschmisses. Aber auch Gegenteiliges ist möglich: Eine große Organisation vereinnahmt Sie. Ihre Arbeitskraft wird über alle

Maßen absorbiert. Wochenende und Urlaub sind passé. Der Druck erhöht sich noch, bis hin zu Nervenschäden und Erstickungsgefühlen, bis zum Burn-out-Syndrom. Der Meinungsdruck der Umwelt nimmt in dieser Zeit enorm zu. Sie können sich ihm kaum entziehen.

Wer selbstständig arbeitet, erlebt Wohl und Wehe des Freiberuflers: Keine soziale Absicherung, ständige Unsicherheit, allein im luftleeren Raum. Andererseits bietet einem gerade diese neue Position ungeahnte Möglichkeiten zum Geldverdienen. Der Freelancer kann, wenn er mit seinem Können oder seinen Produkten einzigartig ist, die Preise des Marktes diktieren. Alle wollen ihn. Und er kann wählen.

Wer es vorzieht, weiterhin im Schutz eines großen Unternehmens zu operieren, tut gut daran, sich nun mit seinen Kollegen zu solidarisieren, Bündnisse zu schmieden, zu kooperieren. So lässt sich die Vereinzelung aufbrechen.

Pluto tr Uranus □ ☍

Allein gegen alle

Bei Plutos Spannungstransiten zu Uranus provoziert die scheinbare Unvereinbarkeit von Individualität und Gesellschaft harte Brüche und Entscheidungen, die unumkehrbar sind - oder es zumindest zu sein scheinen. Letztendlich will man Klarheit, koste es, was es wolle. Sie werden harte Einschnitte vornehmen, um der Situation wirklich gerecht zu werden.

Es wird Ihnen vorkommen, als säßen Sie zusammen mit Kettenrauchern in einem Raum ohne Fenster oder Klimaanlage. Sie brauchen Luft zum atmen, Freiräume. Dabei spielt es allerdings weniger eine Rolle, von wem Sie sich befreien (Chefs, die Firma, Kollegen, der Staat, Partner, Verträge, Schulden).

Wichtig ist, ob Sie in der Lage sind, positive Visionen für Ihre zukünftige Karriere zu entwickeln. Geben Sie sich selbst mehr Freiheiten. Wagen Sie Individualität!

Pluto tr Uranus ⚹ △

Übertragungskapazität

Mit den harmonischen Transiten von Pluto zu Uranus lassen sich Freiheit und Unabhängigkeit verwirklichen. Man muss nur gute Pläne haben. Und machtvolle Mitstreiter. Heutzutage ist das Internet das ideale Medium. Sie sind mit Gott und der Welt vernetzt. Gleichzeitig können Sie von fast jedem Platz aus operieren, auf Wunsch auch anonym.

Jetzt in diesen Wochen und Monaten werden die notwendigen Konzepte dafür ausgearbeitet. Nutzen Sie die günstige Zeit. Auch wenn Sie nicht im E-Business arbeiten. Dieser Planetenaspekt hat viel mit sozialer Kompetenz zu tun. Freunde oder die Familie können ein Netzwerk bilden: Für Sie als Einzelnen von viel größerer Bedeutung ist als ein großer Konzern. Familienbetriebe oder die Arbeit zu zweit sind gute Beispiele hierfür.

Zudem gibt Ihnen dieser Aspekt die Möglichkeit, neue Finanzierungsquellen zu erschließen. Wenn Ihre Geschäftsplanung realistisch ist, wird Ihnen die Bank einen Kredit einräumen, der den Weg in die Selbstständigkeit ermöglicht.

Pluto tr Neptun ☌

Spukbilder

Der Übergang Plutos über Neptun konfrontiert einen mit starken Konkurrenzängsten. Einerseits will man nicht erwachsen werden und scheut übermächtige Kontrahenten. Und andererseits wird in dieser Zeit der Wunsch nach einem Leben, in dem man seine Träume verwirklichen kann, immer größer. Das Unterbewusstsein arbeitet äußerst rege. Ängste kommen hoch - und Sehnsüchte.

Es ist eine Zeit der Desillusionierung, was durchaus sein Gutes hat: Man weiß jetzt viel besser, was sich von den eigenen Visionen tatsächlich verwirklichen ließe und was nicht geht. Haben Sie den Mut, Ihren Fantasien einen bildhaften Ausdruck zu geben. Arbeiten Sie kreativ. Legen Sie überflüssige Scheu ab.

Pluto tr Neptun □ ☍

Morgengrauen

Die Zeit der Träume ist vorbei. Plutos harte Transitaspekte zu Neptun bringen es an den Tag. Was auch immer vertuscht wurde, jetzt wird aufgedeckt. Es kann sich um Fehler in der Produktpalette handeln, um Finanzierungslücken, Korruption oder Betrug.

Wichtig ist es, jetzt auch die positiven Seiten zu sehen. Seien Sie menschlich. Verlieren Sie den Humor nicht. Vergessen Sie nicht den Spruch eines alten, rheinischen Komikers: »Eines Tages kommt für jeden Menschen die Stunde der Wahrheit. Und das heißt es nur noch: Lügen, lügen, lügen.«

Pluto tr Neptun ⚹ △

Lebenskunst

Mit Plutos harmonischen Transiten zu Neptun bewegt sich das Leben vor einem sanften Hintergrund. Wenn man nur genau hinschaut, sieht man die vielen kleinen Ausnahmen und Hilfestellungen, das Glück im Unglück, die Mildtätigkeit inmitten allen Leids. Diese Konstellation begünstigt künstlerische Aktivitäten jeglicher Art. Man findet Mittel und Wege für die Finanzierung lang gehegter Träume.

In dieser Zeit kann einem der Einstieg, aber auch den Ausstieg aus dem Beruf erleichtert werden. Das richtige Maß zwischen Zugreifen und Loslassen, zwischen Wollen und Können ebnet den Weg. Eine gewisse Lässigkeit tut ihr Übriges.

Pluto tr Pluto ☌

Unsterblichkeit

Der Transitaspekt Pluto Konjunktion Pluto existiert nur bei der Geburt eines Menschen und nach circa 240 Jahren. Sobald die Genforschung das Menschenalter derart heraufgesetzt hat, wird der Autor dieser Zeilen eine aktualisierte Berufsprognose nachreichen. Versprochen!

Pluto tr Pluto □ ☍

Zwischenbilanz

Wenn der laufende Pluto in einen Spannungsaspekt zu seiner Radixposition geht, wird es Zeit, Bilanz zu ziehen. Oft wird man von außen gezwungen, das Steuer herumzureißen und notwendige Kurskorrekturen vorzunehmen.

Es sind aber auch manchmal (eigentlich immer) Resultate des eigenen Handelns, die einem hier in der Verstärkung durch die Außenwelt als Spukgestalten begegnen. Je rückhaltloser in dieser Zeit die Selbsterkenntnis betreiben wird, je ehrlicher man sich selbst gegenüber zu sein wagt, desto leichter gelingen das Loslassen und der Neubeginn. Man sollte es jedoch mit der Selbstquälerei nicht übertreiben.

Räumen Sie etwas auf in Ihrem Leben. Machen Sie eine ganz private Innenrevision. Und dann starten Sie schleunigst durch zu einer weiteren Karriere!

Pluto tr Pluto ⚹ △

Reine Taktik

Wenn Pluto einen harmonischen Transitaspekt zu seiner Radixposition eingeht, kann man relativ leicht grundlegende Veränderungen bewerkstelligen. Man muss es aber nicht. Der Druck ist einfach nicht so groß. Und deshalb besteht die Hauptgefahr dieser Zeit im Verpassen von Chancen. Ein alter, mit allen Wasser geschlagener Geschäftsmann würde jetzt vielleicht sagen: »Lebenserfahrung bedeutet nichts anderes, als oftmals kräftig auf die Schnauze gefallen zu sein«. Man könnte es auch vornehmer ausdrücken.

Wichtig ist jedoch nur, dass Sie aus der Vergangenheit lernen. All Ihre in den letzten Jahrzehnten angesammelte Menschenkenntnis steht Ihnen zur Verfügung. Nutzen Sie dieses Wissen für notwendige Reformen. Und die können Sie nun ohne große Schwierigkeiten durchsetzen.

Pluto tr Aszendent ☌

Angstgegner

Plutos Übergang über den Aszendenten wird Ihnen Ihre verborgenen Fähigkeiten schlagartig bewusst machen - über die Konfrontation. Oft gerät man in solchen Zeiten in direkten Konflikt mit Personen oder Institutionen. Harte juristische Auseinandersetzung sind denkbar. Ihnen stehen nun bislang ungenutzte Energie und zurückgehaltene Ressourcen zur Verfügung. Die brauchen Sie aber auch, um im derzeitigen Selbstbehauptungskampf bestehen zu können.

Im Grunde begegnet man bei jeder Auseinandersetzung zugleich dem eigenen inneren Schatten. Ein bisschen psychologische Kenntnis tut nicht schlecht. Das Hauptaugenmerk sollten Sie jedoch auf Ihre ganz persönlichen Interessen legen, auf Ihre innere Lebens- und Überlebensaufgabe. Die wird Ihnen erst jetzt richtig klar. Und das ist das wahrhaft Faszinierende an der augenblicklichen Planetenkonstellation!

Pluto tr Aszendent □ ☍

Einflussreiches Auftreten

Pluto Spannungsaspekte im Transit zum Aszendenten bringen grundsätzliche Wandlungen der äußeren Erscheinung mit sich. Es reicht nicht aus, sich jetzt einen anderen Haarschnitt verpassen zu lassen. Aber schlecht ist die Idee nicht. Und wenn Sie gerade schon dabei sind, dann ändern Sie bitte auch gleich Ihre Kleidung und Ihr Auftreten.

Denken Sie auch über lieb gewonnene Gewohnheiten nach. Vielleicht sind Sie schon zu sehr im alten Trott verfangen. Und dann wundern Sie sich, wenn Sie von außen betrachtet wie ein Trottel aussehen? Pardon, aber wer sich beruflich weiterentwickeln will, muss auch auf sein Äußeres achten - und Biss zeigen.

Ein Spruch aus dem chinesischen Buch der Wandlungen lautet: »Wer seine Axt unter dem Bett versteckt, verliert Haus und Hof.« Damit es dazu nicht kommt, gehen Sie jetzt erst einmal zum Friseur. Und dann bitte die anderen Punkte auf der Liste auch noch abhaken!

Pluto tr Aszendent ⚹ △

Sanfter Druck

Plutos harmonische Transit-Aspekte zum Aszendenten bieten einen wirklich guten Anlass, die eigenen Interessen durchzusetzen: sanft im Auftreten, bestimmt in der Sache. Nicht, dass man Ihnen den Vorwurf machen könnte, Sie seien zu aggressiv. Aber abschütteln lassen Sie sich auch nicht. Aus Ihnen wurde so eine Art Bullterrier mit besonders guten Tischmanieren.

Diese günstige Zeit sollten Sie nutzen, um Dinge ins Rollen zu bringen, die eigentlich keinen Aufschub mehr dulden. Man wird nachgeben, denn anders wird man Sie bei all dieser Hartnäckigkeit doch nicht los.

Pluto tr Medium Coeli ☌

Thronfolge

Wenn Pluto den Medium Coeli überquert, kommt es einem oftmals so vor, als müsse man einen Pakt mit dem Teufel abschließen. Nach und nach durchschaut man die eigenen Karrieremöglichkeiten. Die Perspektive schwankt zwischen wirtschaftlichem Ruin und einen Platz auf dem Goldenen Thron des Königs Midas. Geld stinkt nicht? Es kann jetzt bis zum Himmel stinken! Sie werden sich gut überlegen müssen, welche Entscheidung Sie treffen. Und es bleibt Ihnen in der Regel nicht viel Zeit. Machtkämpfe sind absehbar.

Manchmal wird man bei diesem Aspekt in einen scheinbar krisensicheren, schon seit Generationen existierenden Familienbetrieb aufgenommen. Und die Schwiegermutter hat ihren Daumen auf den Finanzen. Wie war das noch mal mit diesem Teufelspakt?

Pluto tr Medium Coeli □ ☍

Ballast abwerfen

Mit Plutos hartem Spannungstransiten zur Himmelsmitte können und sollen Sie alles über Bord werfen, was Sie von Ihrem eigentlichen Kurs abbringt. Zugleich müssen Sie aber schauen, ob die Richtung, die Sie eingeschlagen haben, wirklich die richtige ist. Wenn bislang ein benebelter Himmel Ihre Orientierung an den Sternen behinderte, dann reißen jetzt die Wolken auf. Sie erkennen überdeutlich, in welche Richtung Sie bislang gesegelt sind. Welche eine Abweichung vom angepeilten Kurs! Da hilft nur noch ein radikaler Richtungswechsel. Und um die verlorene Distanz zum Ziel aufzuholen, schmeißen Sie jetzt alles Überflüssige von Bord. So kommen Sie schnell wieder auf volle Fahrt. Ahoi!

Pluto ^{tr} Medium Coeli ⚹ △

Generationswechsel

Versuchen Sie unter Plutos harmonischem Transit zur Himmelsmitte doch mal, Ihre persönlichen und beruflichen Zielvorstellungen zu verbessern. Und zwar grundlegend. Dabei müssen Sie zwangsläufig von fixen Ideen loslassen. Schmerzhaft, aber es geht. Überkommene Strukturen sollten nicht um jeden Preis erhalten bleiben.

Eine Weiterentwicklung ist oft nur dann möglich, wenn Altes dem Neuen wirklich Platz macht. Das gilt übrigens auch für die Hierarchie in Unternehmen. Unter dieser Konstellation könnte ein längst überfälliger Thronwechsel halbwegs glimpflich vonstattengehen.

Anhang

⊗

Der Autor und seine Berufe

Der Autor dieser Zeilen arbeitet lange als Industriekaufmann und noch länger als Physiotherapeut, ferner als Möbeltransporteur, im Gartenbau, Komparse bei Film und Fernsehen, Radioreporter, Proband in medizinischen Tests, Schriftsteller, Jahrmarktsbudenbetreiber, Maurer, Student der Sozialökonomik und Kunstgeschichte, Rohrleger, Haus- und Grundbesitzer, Ausstellungskurator, Historiker, in einer Putzkolonne, Krankenpfleger, Seminarleiter, Weihnachtsmann, Vater dreier Kinder, Kassenaushilfe, Fahrradmonteur und Autoklempner, Übersetzer, Software-Programmierer, fuhr Kaffeesäcke und Umzugsgut durch die Gegend, leitete Camps in Naturschutzgebieten und der Psychiatrie, züchtete Möhren und Grünkohl, rührte Saunadüfte und Fruchtmarkpasten zusammen, lernte zu allem Überfluss auch noch das Horoskoperstellen und war Mitglied der Astrologers Associations of Great Britain.

Zwischenzeitlich war Drehbuchschreiben angesagt, produzierte er Filme. Dann ging es in den Wilden Osten, ans Bahngleis. Aber das bedeutet keineswegs, dass er schon den richtigen Beruf gefunden hat - oder das er ihn jemals finden wird.

Wozu auch?

Nach Auffassung der Astrologie sind wir Menschen ein Abbild jener Zeit, in die wir hineingeboren wurden. Dieses planetengeprägte Energiemuster verändert und entwickelt sich mit der Zeit und den fortlaufenden Konstellationen des Sonnensystems stetig weiter.

Wir haben also keine starren Persönlichkeitsstrukturen, sondern gleichen energetischen Prozessen, ständig in Entwicklung. Folglich gibt es auch kein ständig konstant bleibendes, berufliches Ziel.

⊗

Verabschieden wir uns von der Vorstellung des festen Berufsbildes und Arbeitsplatzes auf Lebenszeit. Lasst uns hin und wieder eine zweite, dritte oder vierte Karriere starten. So können wir immer wieder andere Seiten unserer Persönlichkeit kreativ ausleben.

Bislang erschienen

Melanchthons Astrologie – Der Weg der Sternenwissenschaft zur Zeit von Humanismus und Reformation. Katalog zur gleichnamigen Ausstellung im Reformationsgeschichtlichen Museum Lutherhalle Wittenberg. Drei Kastanien, Wittenberg 1997, ISBN 3-9804492-8-9, Neuauflage ArsAstrologica, Görlitz 2021, ISBN 978-9403622217

Astrologie der Reformationszeit. Faust, Luther, Melanchthon und die Sternendeuterei. Zerling, Berlin 1998, ISBN 3-88468-069-2, Neuauflage ArsAstrologica, Görlitz 2021, ISBN 978-9403622200

AstroEuros - eine gänzlich unwahre Geschichte. Spielfilm 90 min. Making-of 60 min. deutsch/englisch/polnisch. ArsAstrologica, Görlitz 2007, AN 0700621849186

Astronomia Teutsch – Himmels Lauff, Wirkung und natürliche Influenz. Mittelalter-Astrologie in moderner Transkription. ArsAstrologica, Görlitz 2021, ISBN 978-9403623627, E-Book ISBN 978-9403623894

Berufshoroskop - Jobchancen und astrologische Prognose. ArsAstrologica, Görlitz 2021, ISBN 978-9403623764

Lunarhoroskop - Die Geburt des Mondes. ArsAstrologica, Görlitz 2021, ISBN 978-9403623757

Flirthoroskop - Sterne in flüchtiger Begegnung. ArsAstrologica, Görlitz 2021, ISBN 978-9403623726

Astrologie-Kompendium für schnelle Horoskopdeutung. ArsAstrologica, Görlitz 2021, ISBN 978-9403623733, E-Book ISBN 978-9403623900

In Vorbereitung

Der Astrologe - ein gänzlich unwahre Geschichte. Thriller, ca. 500 Seiten. Erscheint im Sommer 2021 als Hardcover, Paperback, eBook und Hörbuch, auch in Englisch und Polnisch.

Als Software

Zahlreiche Deutungstexte von JGH Hoppmann und Portierungen namhafte astrologischer Autoren wie Alexander von Pronay, Akron C.F. Frey und Dr. Baldur Ebertin wurden u.a. für die Softwareplattformen PCA Argus von Electric Ephemeris, Hermes, Sunlight Through Windows, Galiastro und AstroGlobe erstellt. Weiteres siehe Autorenwebsite.

ArsAstrologica.com

⊗

Inhaltsverzeichnis

Dieses Buch wurde in Übereinstimmung mit den GPSR-Richtlinien der EU zur Sicherheit von Produkten erstellt.

Die Verordnung über die allgemeine Produktsicherheit ist der aktualisierte Rahmen der Europäischen Union, um sicherzustellen, dass alle Verbraucherprodukte, einschließlich Bücher, für Verbraucher sicher sind.

Dieses Buch wurde von Libri Plureos GmbH gedruckt. Der Drucker hat Sicherheitszertifikate für die verwendeten Materialien wie Tinte, Papier und Kleber ausgestellt.

Die Produktkennung ist: 9789403623764

Der Autor ist für den Inhalt des Buches verantwortlich und hat das Buch von Bookmundo produzieren lassen.

Sollten Sie Fragen zur Sicherheit des Produkts haben, kontaktieren Sie uns bitte.

Bookmundo
Delftsestraat 33
3013AE Rotterdam
Die Niederlande
info@bookmundo.com